先賢之路

西貢天主教傳教史

策劃｜天主教香港教區
　　｜教區「古道行」工作小組

主編｜阮志偉

著述｜余嘉浩　許家朗　敖子亮

U0062056

中華書局

目錄

　　「古道行」是天主教香港教區屬下的一個工作小組，於 2018 年
1 月由天主教香港教區已故楊鳴章主教批准正式成立，主要負責復
修、保育及管理香港教區位於西貢半島的歷史小堂。

　　「古道行」還有一個重要的使命，就是整理、研究天主教在西
貢鄉村的傳教歷程。因此「古道行」特別設立歷史研究小組，負責
探討西貢小堂對偏遠村落生活的重要性、各傳教站的建立經過及神
父與村民的聯繫等。而由該小組負責的「西貢天主教會及小堂歷史
研究計劃」就是為了這個目的而籌劃，更獲得香港主要的文物保育
機構──「衞奕信勳爵文物信託」的贊助及支持。這個計劃兩年多
以來的研究工作，雖然曾因新冠病毒疫情肆虐而延期，但到今年年
底將按時間表及目標完成所有項目。這個計劃最重要的一步是為香
港天主教歷史著書立說，現在研究計劃終於接近尾聲，著作《先賢
之路：西貢天主教傳教史》專書的付梓印刷是這個計劃的階段性成
果，實在可喜可賀！

　　這個計劃需要整理天主教在西貢超過一百五十年的歷史，而計
劃主要統籌人阮志偉博士，聯同聖神修院神哲學院林雪碧博士及生
態地理專家楊錦泉先生負責主編及督導研究計劃的進行，他們更帶
領一批年青學者及研究員，翻閱百年以上的教區文獻，還走訪超過
二十條偏遠村落，翻山越嶺，尋找昔日傳教士的路線足跡。在兩年

多的研究過程中，他們每個月均整理及記錄圍繞着小堂發生的在地事跡，向古道行委員會進行歷史考察報告。他們亦負責與古物古蹟辦事處聯絡，一同為十間小堂進行歷史評級工作，而且更將研究發現在我們的面書發佈，讓教友及教外朋友獲悉有關知識，令大家在疫情期間留在家中也可以分享這份喜悦，實在難能可貴！

由於研究規模及地理範圍廣大，我們有幸得到許多教區組織及堂區的全力支持，包括教區檔案處、宗座外方傳教會及寶血女修會等，還有不少兄弟姊妹竭力支持，包括大埔聖母無玷之心堂牧民議會主席黃義天先生及西貢聖心堂牧民議會主席馬家威先生，他們均全力支持及幫助連繫主要的故事主人翁，就像真人圖書館一樣，將歷史娓娓道來。

教區的歷史其實是香港歷史的重要一環，為了讓更多香港人了解這些事跡，我們更非常鼓勵和歡迎各方朋友、學者、村民一齊探索，使各界凝聚起來，在和諧的交流氣氛下，達到知性和感性上的共融。

歷史研究計劃有賴各方的支持與鼓勵，祝願日後歷史研究小組其他研究計劃在這個基礎上繼續推行，有更豐碩的結果！

蔡惠民神父

古道行工作小組主席

　　西貢天主教及小堂傳教史，不單是一本天主教來港的傳教史，也是一本西貢半島的地區、文化風貌史。自 1841 年香港開埠，以至 1860 年英國租借九龍半島後，西貢仍屬清朝管轄的新安縣，傳教士在西貢的傳教工作其實是天主教來華、進入中國傳教歷史的一頁。

　　香港於 1841 年脫離澳門教區，成為「宗座監牧區」，至 1874 年升格為「宗座代牧區」，負責牧養的範圍包括由英國人管治的香港島及九龍半島，以至於仍然屬於清政府管轄的新安、歸善（惠陽）及海豐等地區。直至 1898 年《展拓香港界址專條》，西貢才成為界限街以北、深圳河以南香港新界的一部分。

　　由於西貢地理位置的原因，能取道大鵬灣進入新安內陸等地，因此成為了傳教的要點。西貢亦成為了傳教士福傳工作的「母親和搖籃」，當年不少來華的傳教士到港後，都被派往西貢實習培訓，適應新環境，學習本地的語言和文化。為什麼傳教士長途跋涉、遠渡重洋從西方來到東方，甚至在西貢半島這樣偏遠的村落傳揚福音，和本地的鄉民一同生活，提供教育、醫療等民生福利，與本地不同的族群一起建設家園呢？原因只有一個，就是實踐耶穌升天後對門徒的吩咐：你們往普天下去，向一切受造物宣傳福音（谷

16:15）。因此傳教士以殉道者的精神，不畏艱辛，見證着基督的仁愛和勇毅，活出基督的精神，為中國人成為中國人。

一直以來從事研究西貢天主教史的學者不多，主要是宗座外方傳教會（PIME）的意大利傳教士田英傑神父（Rev. Sergio Ticozzi）、柯毅霖神父（Rev. Gianni Criveller）和香港教區的夏其龍神父。古道行歷史小組在他們三位的基礎上，進行了兩年多的研究，由組長阮志偉博士主編及審訂初稿，兩位資深委員林雪碧博士及楊錦泉先生負責督導研究工作的進行，研究員余嘉浩、撰述員許家朗及敖子亮認真地作資料搜集、上山下海的實地考察及調查、進行口述歷史記錄，李英梅女士亦策劃、整理及編輯了《偕主同行系列》單行本介紹其中四間小堂。西貢天主教及小堂傳教史將西貢本地客家人與天主教信仰的相遇，及西貢地區的轉變和發展呈現給我們，當我們跟隨古道行歷史小組走入西貢地區每一間小堂歷史的時候，每一間小堂和村落的歷史也走進我們的生命。

林社鈴執事

文物保育建築師

　　西貢在清朝時代直至戰後都是香港與廣東寶安、惠陽等地的橋樑。事實上，天主教在 1841 年成立時，傳教士在中環一帶主要服務出入大陸的傳教士及當地的西方人士，但他們希望向大陸傳教，因此便坐船首次踏入西貢如鹽田梓。當時西貢仍屬於清政府新安縣的管轄範圍，因此可算是西方傳教士的首個訓練場所、接觸東方文化的肇始，他們亦可以經由西貢坐船到大鵬灣沿岸的新安縣村落及深入內陸。

　　古道行歷史小組組長、項目統籌人以及本書主編阮志偉博士，多年來從事香港新界宗族的研究，特別是處於邊境地區的客家族群。我在十多年前擔任他的畢業博士論文的評審委員時，他正是以客家村蓮蔴坑作為研究中港邊境的視點，反映他希望逐步將香港史的研究視野轉移到一向被學者忽略的邊境歷史中，他其後更將博士論文出版成《中港邊界的百年變遷：從沙頭角蓮蔴坑村說起》，然後著有《入境問禁：香港邊境禁區史》及《禁區：夾縫中的沙頭角》等。在他之後有著名香港史學者亦對邊境地區的地方志編修產生濃厚學術興趣，此方面阮博士為香港史學界建立一個新的觀點作出一定的貢獻。

　　西貢區域鄉村與小堂關係的研究近年隨着天主教會對歷史研究

的復興而成顯學。西貢是教友村特別密集的地區，包括白沙澳、大浪、赤徑等村早於 19 世紀已有天主教傳教士的足跡，並在此興建小堂，惟以往本地學者對西貢的研究，較少觸及天主教在此區對村民生活的協助及貢獻，如神父、修女及天主教福利會均曾在戰後的西貢墟及漁民社區在社會服務方面建樹很多，像位於西貢墟附近的伯多祿、明順及太平村的教友社區，均反映出教會在西貢區發展的重要性。西貢客家群體村落的聯繫並非單是以宗族祠堂為重點的華南宗族組織，而在某程度上依賴宗教群體而組織起來，譬如白沙澳及大浪等的信仰團體以至六約及十四鄉地區等，以往學者甚少研究東海區西貢分區如北潭涌、浪茄、黃毛應等村。有別於過往有研究機構研究 20 世紀香港天主教歷史是從香港整體社會的角度切入，往往較少涉獵鄉村的信仰團體如何運作，由阮博士主編及其他古道行歷史小組委員督導的這個研究卻能重點詳細探索天主教會與鄉村的聯繫，可算補充了西貢區域歷史的空白。

　　祝願香港天主教歷史研究在這批新一代的歷史學者推廣下，獲得更多學界前輩及資深研究員的支持與鼓勵，令香港史的研究更加全面！

張學明博士

中文大學客席副教授及新亞書院資深書院導師

緒論

傳教士作為東西文化交流的使者

今年是香港天主教傳教區成立 180 年。1841 年 4 月 22 日，天主教會為了牧養當時在第一次鴉片戰爭中攻打中國的愛爾蘭籍英軍官兵，而在香港設立宗座監牧區，若瑟神父為首任宗座監牧。1860 年《北京條約》讓傳教士可以在中國領土內自由傳播信仰，故此羅馬天主教早在 1860 年代已開始在原屬於清朝時新安縣的西貢地區傳教。1874 年 11 月 17 日，香港宗座監牧區晉升為宗座代牧區，高神父為首任宗座代牧，不久在 1880 年於西貢墟的聖心堂首度建成啟用，可見西貢區對當時天主教在香港發展的重要性。1890 年鹽田梓聖若瑟堂啟用，接着於 20 世紀初在企嶺下村、峯下以至浪茄等地也紛紛建立天主堂，當時已有十多間聖堂在西貢地區建立。天主教在某些地區如白沙澳、大浪及赤徑等地教友眾多，到了 1930 年代更成立了獨立的大浪堂區，以教堂為中心建立一個不同於傳統宗族社會的地方組織。

1946 年 4 月 11 日，教廷把香港宗座代牧區晉升為聖統制的天主教教區，恩理覺（Enrico Valtora, PIME）被委任為香港教區首任正權主教，他於 1949 年 11 月親赴西貢西灣村，為戰後第一批慕道者施行入門聖事，遠自大浪村育英學校的教員及學生也前來迎接主教，情況十分熱鬧，可見戰後西方傳教士，特別是天主教傳教士在西貢鄉村社會的傳教方式發生了改變。他們不再着重於以建立傳教

站去將福音傳播開去，而是以在區裏服務的方式，及以了解中國文化與語言及傳播的角度，將這個西方信仰介紹予普羅百姓，尤其是原先受到忽略的水上居民等沒有特權的族群。

本書的第一章簡述西貢的沿革及人口等，此區本身的族群以客家為主，村落散於西貢半島以及墟市周邊，由此了解傳教士如何克服西貢偏遠而多山的地理環境，向未知的村落傳教的歷程。第二章主要講述教會的傳教初創時代：由第一位米蘭外方傳教會神父於 1858 年來港開始，以至和神父及梁子馨神父開始在西貢服務，並回顧後稱宗座外方傳教會（Pontifical Institute for Foreign Missions, PIME）的米蘭會會士如穀祿師神父、丁味略神父，以及傳教區國籍神父如郭景芸神父、黃子謙神父及楊倬華神父等神職人員在西貢的服務工作。

第三章概述代牧區初期至後期西貢半島的傳教情況，闡述歷史小堂在 1874 年代牧區成立後紛紛建立。在距今約一百五十年前的香港開埠初期，西貢已成為天主教傳教士的訓練場所，包括鹽田梓聖若瑟堂、赤徑聖家小堂及白沙澳聖母無玷之心小堂等。傳教士除了要學習客家語外，還要洞悉村民的風俗習慣如風水信仰等，才能順利地在鄉村傳教及建立小堂。其中 1912 年當宗座外方傳教會的意大利籍丁味略神父初來到時，仍在研習中文，不久便要從資深的羅奕安神父手中接管包括龍船灣小堂（1910 年建立）在內的十數間小聖堂。1931 年，大浪成為獨立的堂區，而宗座外方傳教會在此區建立小堂的鄉村，包括大浪村、赤徑村及白沙澳村，都是全村篤信了天主教，為教會在西貢發展的黃金時期。

第四章回顧傳教士的殉道以及日佔時期神職人員面對的苦難。此時期是西貢傳教歷史的黑暗時期，先後有多位神職人員被殺，其中郭景芸神父在 1941 年至 1942 年出任西貢聖心堂署理主任司鐸期間，不幸被歹徒殺害，不久在西貢大浪服務的黃子謙神父亦被歹

徒殺害。而意大利籍丁味略神父，疑因身份特殊，於 1942 年在大洞傳教期間，被不知名的持槍士兵擄走，用小艇載到鄰近深涌的海灣殺害，至今殺死上述三位神父的人仍然是個謎。而負責游擊活動的東江縱隊曾在赤徑聖家小堂成立總部，東江縱隊的港九大隊則在西貢黃毛應玫瑰小堂成立，抗擊日軍，經企嶺下海成功營救許多文化界人士，協助他們逃亡。

第五章講述戰後時期教會的重建。雖然有不少神父返回原來的教友村繼續服務，但教友因移民海外或遷居市區不斷外流。另一方面，由於戰後資源匱乏，傳教士平日到客家村落傳教，多會帶備一些日用品如毛氈、牛奶及麵包等救濟村民。由於西貢的教友村多集中在海岸，他們多利用傳教船帶備這些物品到訪，足見他們十分關心村民所需，並建立緊密的關係。教會又關心鄉村的教育問題，在深涌、蛋家灣及沙咀村建立或擴充多間學校，為天主教徒或非教友的子弟提供教育，這些舉措令教會在西貢區得以重新組織起來。

自 1960 年代末開始至 1970 年代，教會進入一個本地化更新時期，第六章將會介紹此時期不少偏遠聖堂開始廢棄，但天主教會與西貢村民一直保持互動關係，傳教士走進西貢客家鄉村傳教之外，亦提供慈善救濟事業及社會服務予西貢墟的水上居民。林伯棟神父及范賚亮神父等非常關心在西貢墟的邊緣族群，在美國天主教福利會的推動下，兩位司鐸主理的西貢聖心堂為漁民提供居住地方，不遺餘力改善他們的生活，建立多條以水上居民為主的屋邨。

第七章以 1981 年西貢聖心堂慶祝百周年紀念開始，講述在 1980 年代初有個別大埔聖母無玷之心堂區的神父到某些小堂舉行特別彌撒外，其餘大部分時間西貢半島歷史小堂被棄置。直至 1990 年代末，這些小堂由個別熱心教友、村民或神父託管，將昔日神聖之所的用途更新，成為朝聖及靈修聚會之地。到了千禧年代，鹽田梓聖若瑟堂重修，再次喚起教友對歷史小堂的興趣，有個別堂區善會

開始組織朝聖團到訪小堂，重拾傳教士的足跡，細味鄉村生活點滴。

古道行歷史研究小組經過長達兩年的時間，整理及研究天主教在西貢鄉郊的傳教歷程。除了翻閱百年以上的教區及政府文獻外，古道行歷史研究小組成員還走訪超過二十條村落，翻山越嶺，尋找昔日傳教士的路線足跡。古道行期望透過出版這本歷史專書，探討天主教何以會選擇西貢作為香港傳教的根據地，使普羅讀者，包括教友及非教友了解天主教對西貢發展的影響。本書除了細述這個西方宗教在香港市區以外地方傳教的歷史，更令香港歷史中這一片鮮為人知的片段重現於讀者眼前。我們更特別挑選了多達百多幀珍貴照片，希望以圖文並茂的方式，跟隨昔日傳教士的路線，探討教會在鄉村社會的植根，以及其在傳播信仰時，與中國傳統社會組織、建築、風俗及文化的密切關係，以及其作為東西文化交流使者的角色。

本書與宗教學不同，是以歷史人類學的角度研究香港天主教自1841 年監牧區成立後在西貢區的發展，關注的不僅是天主教禮儀或信仰本身，而且也關注天主教在本地實踐的過程，以及參與這過程的信徒們的生活、接受信仰及與傳教士的關係等。故此著者除了要知道傳教士在村落的活動外，更關注信徒或者其他外教人士怎樣看待他們的工作，撰述期間著者更通過實地考察了解個案，以宏觀角度呈現香港自開埠以來傳統教會在西貢發展的真實性及歷史意義。

著者希望這只是一部關注香港天主教史的起點著作，由於時間緊迫及能力所限，書中不免紕漏甚多，敬希各界不吝指正，亦冀望拙作能喚起及鼓勵層次更豐富、更廣闊的香港天主教歷史專書陸續面世。

主編　阮志偉博士
謹識於香港中文大學
2021 年辛丑初秋

第一章

西貢傳統社會及天主教的傳入

1841

1874

1931

1945

1969

1981

2000

今天的西貢區在清朝時原屬新安縣範圍，第一次鴉片戰爭後，中國在 1842 年 8 月 29 日被迫與英國簽訂不平等的《南京條約》，將香港島割讓予英國成為殖民地。在這一歷史性發展下，羅馬天主教藉此機會正式進入華南地區，香港成為當時教廷在華成立傳教區的一個重要組成地域，也是傳教士踏足中國內地的跳板。由於西貢的海岸是進入內陸地區的樞紐，天主教傳教士在西貢鄉村的初創傳教歷程，包括傳教站及小堂的建立，成為傳教工作向內陸輻射開去的重要演示之地。曾經在此區服務的神職人員，與內地的關係亦非常密切，他們巡迴西貢與內地的海岸之間，兩地人員的往來習慣，成為日後西貢與內地保持密不可分的連繫的基礎。

西貢的地理與自然環境

西貢位於今香港新界東南部，屬今香港特別行政區所管轄的行政分區，範圍包括西貢、坑口鄉郊及將軍澳新市鎮三大行政區域，面積為 13,632 公頃，為全港第五大行政區。[1] 西貢鄉現共有五十八條認可鄉村，[2] 其地域範圍北與大埔接壤、南接維多利亞港鯉魚門、西接九龍飛鵝山、東抵大鵬灣。地理上而言有三個組成部分：即馬鞍山中央地區、西貢半島及清水灣半島。西貢大部分地區從 1970 年代開始劃為郊野公園，現在的郊野公園範圍覆蓋馬鞍山、西貢西

部、西貢東部及清水灣半島等，故西貢亦有「香港後花園」或「香港消閒花園」的美譽。西貢地區以丘陵地帶多、平地少見稱，主要包含河谷地帶、多座四百米以上的高山，以及超過七十個大小島嶼。

西貢的地理較為偏遠，交通不便，昔日該區與市區以至九龍半島的交流為山嶺隔斷，居民主要以兩條連繫沙田和九龍的山徑古道往返市區。在 1970 年代之前，從西貢墟連接大網仔的西貢公路也只能抵達大網仔。直至政府開始興建萬宜水庫，建成一個擴展至水庫及其集水隧道和抽水站的道路系統，道路交通終可直達北潭涌，惟由北潭涌至海下的一段北潭道及海下路屬於限制車路，只允許持有許可證的駕駛人士使用。整體而言，現時西貢的主要道路包括清水灣道、西貢公路、西沙路、大網仔路、北潭路、海下路等。此外，西貢萬宜水庫南北兩岸有車路連接東西水壩，然而萬宜路均屬於限制車路或水務署管轄道路，一般市民如非當地居民不能直接駕車使用。

西貢的歷史沿革

根據近代考古發掘，西貢有悠久的人類活動蹤跡，如在東龍島有古老的龍紋石刻，相信是出海捕魚者留下的圖騰，考古專家推斷可能有三千多年歷史。位於企嶺下海村落深涌與榕樹澳之間的黃地峒，則發現舊石器時代古人類製作石器的工場。[3] 在西貢海的滘西洲亦有出土東漢時代的文物，大浪灣亦曾出土文物，包括石斧及陶片。在佛堂門天后廟附近則有一塊宋代石刻，紀念當時鹽官巡視鹽場而立，故此一般相信，人類在區內定居的歷史最早可以追溯至宋代（960 年至 1279 年）。此外，在 1970 年代，人們在西貢沙咀發現古代沉船遺蹟、明代陶瓷片及西洋玻璃珠等。2016 年，香港水

下文化遺產小組更在西貢糧船灣洲發現宋代沉船碇石，並於伙頭墳洲發掘到兩枚 18 世紀的大炮及青花瓷片。這些發現均反映西貢曾是古代海上貿易的中轉站或補給站。[4]

查考明代郭棐所撰《粵大記》中的廣東沿海圖，列有西貢的古老村落及地形，包括龍船灣（即糧船灣）、茭塘村、南蛇尖、官門、榕樹澳、沙角尾、蠔涌、蛇灣等。[5] 明朝萬曆年間開始，龍船灣成為軍事用地，到 18 世紀中葉，此地發展為一個小港口，商人開始設立商店，與水上人進行貿易活動，並於乾隆初年建立天后廟。糧船灣洲在古時稱為「龍船灣」，是兵家必爭之地，有水師戰船駐守。自從明朝以來，糧船灣洲隸屬於南頭寨六個水師基地之一，是防禦倭寇的一道重要海防線。據《新安縣志》記載的「防海形勢」云：

> 南頭一寨，原隸汛地六處，曰佛堂門、曰龍船灣、曰洛格、曰大澳、曰浪淘灣、曰浪白。明萬曆十四年，總督吳、御史汪（鋐）會題：南頭為「全廣門戶」，控制蠻倭，[6] 請以總兵移鎮。蓋番船，固可直達澳門，而由澳門至省，則水淺不能行，必須由大嶼山經南頭直入虎頭門，以抵達珠江。此南頭所以為「全廣門戶」也。[7]

一般相信，西貢最早建立具規模的鄉村時間可追溯到 16 世紀中葉至 17 世紀末，當時至少已有三條村落，包括蠔涌、北港及沙角尾。[8] 其中蠔涌及北港已被售予新安縣的大族梅林黃氏。黃氏是一個具重要地位及富有的宗族，擁有西貢區的大部分土地，雖然該族未曾在西貢居住，卻以西貢作為土地收入的主要來源，向當時的佃農收取租金，因此曾於 19 世紀初與佃農發生爭執。

到了清代康熙年間，蠔涌已獨立成村，並曾受到賊匪的侵擾。據《新安縣志》云：

郭棐撰《粵大記》的廣東沿海圖所見西貢古老村落。（圖片來源：《粵大記》）

> 康熙十一年九月內，台灣巨逆李奇等率寇船，流劫地方，游移蠔
> 涌登岸，屠掠鄉村。知縣李可成、游府蔡昶聞報，即統集鄉勇官
> 兵，協力擒剿。賊見勢難遏敵，回奔無路，潛遁瀝源等山。旋督
> 兵勇追搜，盡行擒殺，執馘獲醜，地方始寧。9

　　在清朝時，西貢屬於新安縣一部分，而新安縣的縣官則設於深
圳南頭，根據於 1819 年編纂的嘉慶版《新安縣志》記錄，當時西
貢有大約二十六條廣府圍村及二十一條客家村落。10 惟由於地形多
山，並沒有出現如元朗、大埔或沙田區的大型村落，大部分村落在
20 世紀初期的人口少於一百人。由於縣衙設在深圳的南頭城，與
新安縣其他地區距離較遠，縣政府官員較少在各鄉村巡視，故在稅
收方面，主要由元朗和新界東北部的大族，如鄧族或廖族等有勢力

的大族代表官府收取，這些大族長期影響着這些西貢較小的村落。《新安縣志》未有列出西貢墟及坑口墟，而在西貢附近的墟市則包括大埔墟、上水石湖墟、元朗墟和深圳墟。

古時西貢對外交通與九龍半島基本上隔斷，居民大致依賴兩條古道來回沙田及九龍。古道都與前述的古老村落有聯繫，其一是由蠔涌出發，經大藍湖、百花林、伯公坳而出牛池灣或九龍城。其二是由北港出發，經茅坪、石壟仔、梅子林、花心坑、黃泥頭、插桅杆村出小瀝源。水路則經海路，繞過清水灣半島，到將軍澳坑口作為中途站，再前往香港島的東部海岸筲箕灣等地。

由於西貢半島南部的村落早期已以船隻與西貢連繫，故此如北潭涌、沙咀、爛泥灣、鹽田梓、斬竹灣、早禾坑等均納入了西貢的管轄範圍。惟由於西貢半島北部、吐露港及赤門海峽沿岸的村落，如深涌、荔枝莊、赤徑以至高流灣等多以船隻連繫大埔墟附近的大埔滘碼頭，故此在戰後這些西貢村落統稱為「西貢北約」，而被納入大埔區的範圍。[11] 因此連帶這些地區的小堂均被列入大埔堂區的管轄範圍。

本書以天主教傳教的歷史角度出發，因此書中所指的西貢區包括原西貢堂區（即西貢墟市、企嶺下、北潭涌、黃毛應、窩尾及鹽田梓）、大浪堂區以及西貢北約（即吐露港南岸村落）的小堂範圍，而不包括從屬於現今西貢行政區域的坑口及清水灣半島。

西貢的人口分佈及社會

19 世紀西貢仍是一個邊陲地帶。大部分本地人與客家人均是到 18 世紀才漸漸定居於西貢，相信當時亦有許多水上人已在西貢海附近停泊靠岸。在 17 世紀末時，整個新安縣內只有三條村落列入《新安縣志》，包括蠔涌、沙角尾、北港等以講廣州話或本地話為主的

鄉村，它們均位於西貢水源充足的山谷，並且接近通往沙田和九龍的小徑。當中沙角尾的村民以姓謝、劉、韋、張、曾等十餘姓氏為主。[12]

1819年嘉慶版《新安縣志》除列有上述三條鄉村，官富司管屬村莊亦列入了大浪村及北潭村，而官富司管屬客籍村莊則包括井欄樹、上洋、馬油塘、大腦、孟公屋、沙角尾、檳榔灣、爛坭灣[13]、高塘、黃竹洋、嶂上及早禾坑等，反映了清代中至末葉，客家人移遷至新安縣區域的趨勢。他們只可以佔據一些旱地或山地，以務農為主，住在岸邊的客家人也會以捕魚作為副業。事實上，當時較富裕的宗族主要為接近西貢墟的大族，如蠔涌、沙角尾或南圍為主的村落。但在20世紀初時，大部分的村落人口仍不足100人。[14]

1897年的《廣東通志》，列出了多條鄉村，包括海下、上洋、下洋、潭仔、白沙坳、南山、深涌、榕樹坳、平墪、北潭、荷木墩、屋頭、土家平、赤徑、大柳、張屋圍、大浪、正坑、黃泥洲、爛泥灣、龍腳、北丫、蛇灣、白臘等。

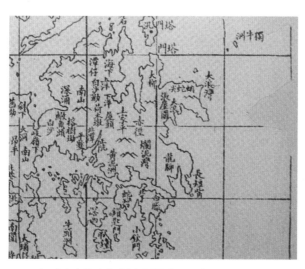

1897年《廣東通志》新安縣圖的西貢部分。
（圖片來源：《廣東通志》）

　　1898 年英國租借新界時所撰寫的《駱克報告書》指出，當時新界村落有自己的地方政府，如一個人被村落的更練所拘捕，會被送到村中一處特別的地方，為鄉紳及父老審理處罰。這種鄉村的「局」由村民選出，代表該宗族去處理案件。通常這類案件會涉及盜竊、爭取土地、家庭糾紛或者欠債，一概由該鄉村局按鄉例習俗簡易處理，而局方的決定便是最終的決定。如果某一方不服決定，可以上訴到「洞」的局，又或一個更大的、有各「洞」代表的局。屬於今日西貢區的村落均被納入六個分區（洞）的「雙魚洞」或「九龍洞」。但在其後 1899 年由英國政府繪畫的香港地圖，將部分原屬此兩洞的地域，包括西貢、樟木頭、高塘、赤徑、白臘洲（糧船灣）劃入了「東海洞」。

《駱克報告書》中「九龍洞」及「雙魚洞」的村落名稱、人口及族群（部分）

九龍洞			雙魚洞		
村名	人口	族群	村名	人口	族群
大埔仔	100	本地	大圍	250	本地
布代澳	60	本地	塔門	200	客家
白蠟	40	本地	白沙凹	150	本地
大浪	80	本地	海下	50	客家
西灣	40	本地	屋頭	20	客家
赤徑	150	客家	高塘	100	本地
爛泥灣	150	客家	蛋家灣	80	客家
黃坭洲	60	客家	大柳	160	客家
北潭涌	30	客家	鹽田子	120	客家
滘西	80	本地／客家	西貢	800	客家
荔枝莊	60	客家	蕉坑	20	客家
南山	30	客家	响鐘	20	客家
鹹田	50	客家	沙角尾	250	本地
深涌	50	客家	北港	100	本地
樟木頭	40	本地	蠔涌	600	本地

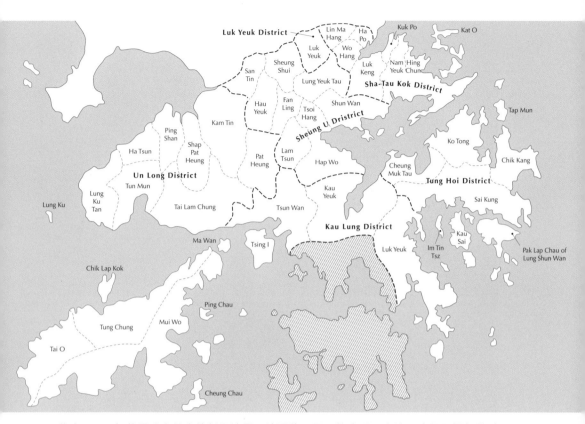

仿畫 1899 年英國政府繪畫的新界地圖。地圖將西貢、樟木頭、高塘、赤徑及糧船灣列入東海洞（Tung Hoi District）。[15]

1899 年英國政府繪畫
新界「東海洞」部分
範圍內的村落，包括
大浪、西灣、浪茄、赤
徑、北潭涌、黃泥洲、
黃毛應及鹽田梓等。（右
圖放大原圖東海洞的範
圍）

族群

廣府人（即本地人）相傳來自長江流域南面的省分，他們的祖先早於南宋時期已來到新安縣定居，佔有了較為肥沃的土地。然而由於區內多山，並沒有較大的平原，故此較難形成大型村落，大部分村落在 20 世紀初期時均少於 1,000 人。在《駱克報告書》中，本地人主要集中在蠔涌谷、沙角尾及北港一帶，此外今天「西沙公路」一帶的樟木頭、烏溪沙、大洞、馬牯纜、西徑等村亦是説本地話。他們佔有較為平坦的河谷地帶，以務農為主，亦有從事商業貿易、行船或其他在海外經營的行業。西貢的本地人包括蠔涌的張氏，沙角尾的劉氏和韋氏，北港的鄭氏和駱氏，大浪的湛氏、張氏和林氏，西灣的黎氏及樟木頭的溫氏等。[16]

客家人則大部分於 18 世紀來到此區居住，於山地及較為貧瘠的土地開墾耕種。關於客家源流之説，由羅香林首先提出「客家先民」是原本生活於北方的土著（即中原人士），他們是漢民族的一支民系，經歷了五次大遷徙南下。[17] 客家人遷入新安縣與當時朝廷的政策有密切關係，根據《新安縣志》，清廷在順治十八年（1661）以「海氛未靖」，明遺臣鄭成功仍受到沿海居民接濟為由，議定遷徙民眾以避其害。至康熙元年（1662），朝廷頒佈示諭將民眾向內地遷入五十里。在遷界其間，居民流離失所至野棲露宿，甚或死喪異鄉，部分流徙至東莞及歸善等縣。康熙七年（1668），在兩廣總督周有德及廣東巡撫王來任等官員的復界倡議之下，經多番勘展邊界及設防守土，清廷在康熙二十二年（1683）全面撤銷遷界令，新安縣民眾才可恢復生活。[18] 清廷更鼓勵客族遷入新安以填補沿海空虛。嘉應州人士在清政府復界政策的帶動下，遷徙至珠江三角洲包

括新安縣（含香港地區）開墾定居，他們因方言、生活習俗與土著相異，故被稱為「客家」。遷入粵中、粵西以後，比較起當地居民，亦有「客」這個意識。雖然「客家」先是他稱，但後來「客家人」這個稱呼漸漸為族群認可，甚至自稱「客家人」。

客家除了在山區耕種，沿海地區的客家人還有一個副業 —— 燒窰業。在一些客家村落如海下、北潭涌等地均建造了大石灰窰，客家人使用岸邊的珊瑚燒成石灰，作為鄉村或墟市建屋的牆壁粉飾。於 20 世紀初，北潭涌亦興起了製磚業，初時以紅磚為主，後來以燒製青磚為利，供建築鄉村屋宇之用。另外畜牧業以養豬為主，亦是西貢及坑口一帶村民的副業，除了供本區食用外，亦有外銷到九龍一帶。客家人在西貢墟亦有經營渡船，也為漁民販賣鹹魚。西貢客家人的氏族有白沙澳何氏、海下翁氏、高塘杜氏、屋頭鄭氏、黃宜洲黃氏及深涌李氏等。[19]

至於水上人的人口亦佔新安縣一定數目。明代末葉，當地漁民較清初時多。自清初遷界後，水上人口一直有所增長，直至 1900 年為止。他們昔日多集中在滘西洲（因在英軍操炮區範圍，於 1952 年被遷到西貢白沙灣的滘西新村）、糧船灣洲、官門水道（已興建萬宜水庫）、塔門等一些小島，以及沿岸的漁港如高流灣等灣泊。聚居於這些漁村、昔日從事捕魚的居民包括高流灣（較流灣）的石姓，三門仔的李、馬、鄭及石四大姓氏，塔門的陳、張、黎、石、杜、何和方姓及魷魚灣鍾姓等；[20] 此外，聚集在西貢海面的漁船上的水上原居民以馬、吳、郭、袁及黎姓為主。位於白沙洲、橋咀及枕頭洲之間的小蓼仔，數十年前亦有十餘艘以罟仔作業的漁船停靠，該處亦是維修漁具及魚網的好地方，漁民並曾建造數間俗稱「漁寮」的泥屋，以保存漁具，至今仍存。至於西貢墟是糧船灣、三門仔及

滘西漁民補給的地方，昔日漁民會將漁獲運到墟的大街碼頭及各圍村，進行以物易物的交易，換取雞、肉、糧油、茶及柴等。前街坊值理會的總理周天生及街坊蔡氏曾在墟裏經營船廠，為漁民提供支援服務。至 1970 年代末，因為萬宜水庫的興建，導致漁獲減少，漁民開始用魚籠養魚、發展魚排，亦有部分漁民改為經營遊艇，接載前往西貢度假的市民到離島遊船河或垂釣。[21]

西貢水上居民的另一分支是鶴佬漁民，當中有漁民早於 1939 年便由廣東下涌附近的鶴佬海灣駛風帆漁船到西貢涌尾篤。最初只有三隻鶴佬漁船，後來有徐、石及李三姓漁民遷入西貢，漁船增加。昔日漁船是利用木槳、風帆等方法操作，漁民原居住在船上，直至 1947 年後才在西貢墟的西橫巷建木屋居住。水上居民所祭祀的神靈主要為天后，他們亦有參與西貢墟的天后祭祀活動。[22]

根據 1964 年的一個統計調查，西貢的漁民人數有 4,482 人，漁船達到 627 艘。[23] 其後水上居民因捕魚業的日益發展而增加了收入及財富，因為墟市令鮮食或鹹魚的需求增加，促成了墟市中魚市場的發展。其中港島的筲箕灣成為漁民集中地，又與坑口及西貢諸島增加了不少聯繫，西貢的漁獲經過坑口墟運送至港島地區，成為一條頗為發達的貿易路線。此外西貢出產的柴木亦會被運出九龍城的商店售賣。

墟市的發展

西貢墟的發展可以追溯到 18 世紀中葉。[24] 約於一百多年前，西貢墟市規模漸成，有五十間店舖及四間造船棚，並建有天后廟。坑口市集也在那時開始形成，有十八間店舖及四間造船棚。1916 年，

墟市商人集資重修天后廟，並將協天宮從蠆場遷來，合建為天后關帝古廟，商人更組成街坊組織「西貢街坊會」，處理墟市事務及扮演仲裁角色。1941 年，有一批年青商人組成西貢商會與之抗衡，並在日治時期籌糧支持游擊隊。至 1941 年 12 月香港淪陷，西貢陷入無政府狀態，傳教士郭景芸在西貢墟被人擄殺。中共游擊隊東江縱隊於 1942 年 2 月 3 日在黃毛應玫瑰小堂成立港九大隊，港九大隊再成立西貢中隊，對日進行游擊戰，並引領西貢村民作情報工作，更成功從企嶺下海護送許多文化名人及國際友人回內地。此外，基督教的西貢崇真堂在戰時曾被徵作日軍憲兵部，1945 年東江縱隊代表鄧振南與日軍談判迫其投降，村民亦曾在此與英軍代表開會，將西貢移交英方。

　　二戰後，西貢墟發展迅速，當時包括幾條主要街道：正街、大街、普通道、德隆前後街、醫局街、市場街、西貢海傍街。正街是西貢墟最初發展的街道，各式店舖林立，各村的村民會到墟市購買日用品及糧油雜貨等，當時有名的店舖包括中藥店人生堂和人壽堂、華盛國貨，雜貨店有泰益、金利源及協興隆，餅家有三益成及謝海記，另有東江酒家、雪糕佬奶茶及和昌號打鐵舖等。[25] 西貢道則是西貢墟市對外的街道，較多民居，至四五十年代出現了一間由潮洲人經營的山貨店，名為「駱有勝」。此外榕樹坳方氏建有「方氏大屋」，1942 年曾在該大宅開設公立學校。涌尾篤本為漁船停泊的避風港，於 1990 年代填海興建房屋協會轄下的翠塘花園。[26]

聯鄉組織

在西貢地區的鄉村社會多是雜姓村落，未有出現較強的單姓主導宗族，如上水廖氏、龍躍頭鄧氏或新田文氏等，故此社區管理主要以祭祀與輪甲的方式組成。[27] 如在蠔涌谷的蠔涌村（包括南便村）、大埔仔村、莫遮峯村、相思灣村、大南（藍）湖、蠻窩村及竹園村等七條主要村落以蠔涌河畔車公廟為中心，每十年組織一次以車公為主的地域性祭祀組織 —— 蠔涌聯鄉建醮委員會，舉行一連數天的太平清醮儀式；[28] 鄰近的北港聯鄉則由北港、相思灣及大坑口組成，以村中天后宮為中心，每十年一屆舉辦太平清醮。北港村主要的姓氏包括駱姓、梁姓、鄭姓及李姓等。[29] 北港及蠔涌兩個聯鄉原屬於「六約」，但後來因甚麼原因而分裂成兩個聯盟則無從考究。[30]

企嶺下海西岸則以七聖古廟為中心的「四甲（社）」分佈（見下表），四甲內有十多條鄉村，負責共同創建及管理古廟，並輪流籌辦神功戲。其後原本組成此四甲的十一條村落，聯結企嶺下老圍、企嶺下新圍及田寮（大洞禾寮），統稱為「十四鄉」。[31]

以官坑七聖古廟為中心的四甲成員

東平社	烏溪沙
西平社	西徑、鴨麻寮（瓦窰頭）
南慶社	泥涌、西澳、官坑、樟木頭
北慶社	馬牯纜、輋下、大洞、井頭

至於西貢北約七鄉則由嶂上、土瓜坪、北潭坳、高塘、屋頭、大洋及大灘所組成，當中高塘村的溫族約二百多年前從沙頭角榕樹澳村遷至高塘定居。早年，村民以務農為生，在瀕海地方種植水稻，山腰梯田種植蕃薯、花生、竹蔗等，並以捕魚為副業。

戰後西貢沙角尾一帶的風貌。（圖片來源：宗座外方傳教會）

2020 年蠔涌聯鄉十年一屆太平清醮。

　　然而同屬西貢北約的深涌、荔枝莊、白沙澳、蛇石坳、南山、赤徑、大浪等，並不屬於七鄉，這可能與他們早期已屬天主教傳教士的傳教重地有關。[32] 該地域以南則有八鄉，包括大網仔、大埗仔、坪墩、蛇頭、鐵鉗坑、石坑、黃毛應及氹笏八條村。[33] 雖然該鄉以石坑村的大王爺神壇為中心，組成地域聯盟，惟部分村民亦是天主教徒，如於 1923 年建立的黃毛應玫瑰小堂，教友便是來自黃毛應村及其他八鄉村落。[34]

　　西貢南約亦有十鄉，包括大環、南丫、山寮、沙下、早禾坑、禾寮、黃竹灣、昂窩、浪徑及澳頭，他們大致上以黃竹灣大眾天后古廟為中心。該廟由黃竹灣鄭氏家族所建，根據該廟重建碑記所載，鄭氏十七世祖從西貢飛鵝山茂草岩村分支到西貢黃竹灣灰窰下定居，十八世祖鄭創有於 1905 年向西貢理民府交納地租，於黃竹灣岸邊創建該廟，並由他本人出任司理。他將天后古廟名為「黃竹灣大眾」天后古廟，並在西貢理民府田土廳註冊為廟宇。由於當時村民多以務農、打魚煅灰為生，為求村內風調雨順，國泰民安，因而建天后廟。初期古廟為鄭氏所供奉，後期鄰近的十鄉村落相繼前來參拜，香火日漸興盛，其後鄭氏十九世祖後人搬遷到新窰村（即今早禾坑）定居。雖然該廟並非由十鄉共同管理，但其重修均得到十鄉大部分村落的捐款支持。

　　由牛耳石山南部伸延至上窰及黃宜洲一帶，則屬於北潭涌的範圍。由於地理位置相近和互相照應的需要，北潭涌一帶有六條鄉村組成「六鄉」，包括斬竹灣、黃麖地、上窰、鯽魚湖、北潭和黃宜洲。據黃麖地的年長村民憶述，北潭涌六鄉每年慶祝兩次大王誕，六鄉每條村落會派一名村民負責主持大王誕儀式，惟在 1900 年左右，由於北潭涌和北潭的村落領袖本身信奉基督信仰，故不再參與這個慶典。[35]

鄉村傳教先驅：宗座外方傳教會與客家的相遇

在西方傳教士進入中國時，基督宗教已經傳入中國大概幾個世紀，現今中國境內最早的傳教文字記錄，可追溯到唐朝建中二年（781）在西方大秦寺所立的「大秦景教流行中國碑」。該碑記錄了最早進入中國的基督教派 —— 景教（亦稱「聶斯脫里派」[Nestorian Church]）在唐朝時期的流播。元朝時，羅馬教皇曾遣使東來傳教，當時景教在中國境內已有十二座教堂。至元三十一年（1294）傳教士孟高維諾（Giovanni da Montecorvino, 1247－1328）抵達大都（即今北京），受到元成宗的歡迎，並邀其長駐在中國傳教。惟當時歐洲教會已呈頹靡狀態，所以至元朝滅亡時仍未有很大的發展。[36] 直至明代中葉，以利瑪竇（Matteo Ricci, 1552－1610）為代表的傳教士才開始深入內地傳教，成為中西文化交流的重要契機。[37]

利瑪竇於明朝萬曆八年（1580）自羅馬航海來華，抵達當時西洋人在中國的唯一根據地廣東香山縣的山奧（即澳門），翌年便進入中國內陸肇慶、南雄，然後入江西省至臨江南昌二府。[38] 正如阮元於《皇清經解・疇人傳》所述：「利瑪竇明萬曆時航海至廣東是為西法入中國之始。」[39] 利瑪竇在中國凡二十八年，以傳播天主教為天職外，其所著《天主實義》能以六經附會上帝之説，成功向中國人傳佈福音的真諦；他亦有翻譯《幾何原本》、撰寫《乾坤體義》等書冊，又傳授天文數算之學，當時朝廷名噪之士如李之藻、徐光啟、李天經等均出自其門第。[40]

利瑪竇將天主教傳入了廣東省等地，但其後因朝廷禁教，天主教只可以暫時在澳門傳播。[41] 這是因為明朝時葡萄牙人在澳門建立政權，澳門被納入葡萄牙護教權制度之下。至清中葉至末葉，天主教會得到允許，可以再次進入廣東內陸，而當時的先驅為巴黎外方傳

教會（Missions étrangères de Paris, M.E.P.）。巴黎外方傳教會是1658年於法國巴黎成立的一個傳教組織，目的是監管海外傳教事業、培訓本地傳教士，以及協助建立本地教會。[42] 1825年至1887年間，已有964位傳教士被遣派到遠東傳教，然而當中被教外法庭判以死刑而殉道的傳教士有24人，有七位在傳教時被殺害。當時據報有600位傳教士在韓國、西藏、中國大陸、日本及東印度群島傳教，每年平均有一萬位成人、十萬名嬰兒領洗，基督徒有七十萬之多，反映出西方傳教士在東亞，特別是中國大陸的傳教事業的規模之大。[43]

至於香港，被英國佔領前是在葡萄牙的護教權下，附屬於澳門教區。羅馬教廷雖然對葡萄牙在中國擁有護教權不滿，但亦不想與之直接衝突。故此當英國在1841年1月於香港島水坑口登陸，佔領港島後，羅馬教廷視之為一個契機，在1841年4月22日把香港島和六里周邊的傳教區劃出澳門教區的管轄權之外，並頒佈《羅馬傳信部長宣佈香港為宗座監牧區的法令》（*The Decree Establishing the Prefecture Apostolic of Hong Kong*），香港宗座監牧區正式成立。[44] 當時羅馬傳信部駐澳門代表、瑞士籍司鐸若瑟神父即派遣西班牙籍方濟會士陸懷仁神父（Rev. Michael Navarro, 1809–1877）從澳門往香港實地視察，於1842年1月22日抵達香港，展開傳教與牧靈工作，成為香港第一位天主教傳教士。因此可以說，自1842年香港成為英國殖民地後，西方的傳教士開始向當時香港島的維多利亞城以外的鄉村傳教，更出現不少全體村民領洗奉教的例子。

自從羅馬帝國宣佈宗教自由，並承認天主教為國教之後，帝國境內大部分城市都信仰了基督。每座城的主教便集中精力向城外的鄉村，甚至其他國家傳播福音。究竟西貢這些鄉村居民的原有東方

宗教信仰是甚麼？西貢與宗座外方傳教會是怎樣建立關係的？洋教士是如何引導各鄉村歸信天主教，並以此建立傳教點呢？

　　原來意大利傳教士修會「宗座外方傳教會」早在 1860 年已根據協議，從巴黎外方傳教會手上取得香港及九龍界限街以南土地的宗教管轄權。[45] 宗座外方傳教會，英文名稱「Pontifical Foreign Missions Institute」，簡稱「PIME」是意大利文「Pontificio Istituto Missioni Estere」的縮寫。1850 年其前身「米蘭外方傳教會」（米蘭會）在意大利成立，由致力福傳的聖職人員及獻身生活的平信徒傳教士組成。修會來到香港至今超過 160 年，是最早來到香港傳教的修會之一。該傳教會與香港天主教活動和教區同步成長，密不

香港在英國佔領前是在葡萄牙的護教權下附屬於澳門教區。
（圖片來源：宗座外方傳教會）

可分，是研究香港天主教史必須認識的傳教會。全盛時期，香港教區範圍涵蓋當時屬英國殖民地的香港，以及位於廣東的寶安、惠陽及海豐。來自宗座外方傳教會的傳教士均以香港作為踏腳石進入中國內陸服務。

首批米蘭會傳教士早於 1858 年到港，最早是在 4 月 10 日到達的雷納神父（Fr. Paolo Reina, 1825－1861），之後則有高神父（Fr. Timoleone Raimondi, 1827－1894）及其主要的同行者穆神父（Fr. Giuseppe Burghignoli, 1833－1892）。[46]1870 年，米蘭會進入內地，其後約有 250 名隸屬該會的傳教士在廣東省、河南省及陝西省工作。他們自 1874 年至 1949 年期間在內地傳佈福音，當中包括在 1900 年 7 月殉道的郭西德神父（Alberico Crescitelli, 1863－1900）。1888 年春，郭神父從家鄉意大利阿利諾省阿塔維拉（Altavilla Irpina）出發，歷經萬難終於來到陝西漢中的傳教區。十二年來，他在不同的村落工作、照顧教友、傳揚福音，令很多教外朋友成為信徒。可惜他在 1900 年被反對天主教及外籍人士的義和團襲擊而不幸殉道。[47]這次事件被視為晚清農村天主教傳教區的問題和衝突的縮影，但卻沒有改變西方傳教士對在中國傳教的嚮往及熱心。

1926 年，教宗將米蘭外方傳教會與羅馬外方傳教的聖伯多祿及聖保祿神學院合併，成為「宗座外方傳教會」。1934 年惠州有三位意大利傳教士及兩位國籍神父在當地服務。[48]在日治時期（1941－1945），由於意大利屬於敵國，主教改派國籍神父在香港西貢區服務。1954 年，最後一批傳教士撤離內地，被派遣到香港各個堂區。1968 年隸屬宗座外方傳教會的最後一位香港主教白英奇，把香港教區的管理工作移交予徐誠斌主教及其他華人聖職人員。現時宗座外方傳教會的傳教工作遍及亞洲、非洲、美洲等地。該會先

後有十八位傳教士在中國、孟加拉、緬甸、菲律賓及大洋洲傳教時殉道，包括在香港西貢被殺害的丁味略神父及范賚亮神父。

根據天主教學者田英傑神父及夏其龍神父的分析，客家人鄉村最樂於接受福音。由於客家人來自北方，定居廣東後是為「客人」，故有一種寄人籬下的感覺。他們勢孤力弱，在清朝時受到在雙魚洞一帶擁有眾多田地的本地氏族所控制，他們作為佃農需要繳付田稅，因此當時傾向倚靠傳教士的力量去抵制氏族；而在客家人地區而言，沒有本地宗族那種緊密的社會組織，例如以廟宇或祖堂為中心的核心組織，傳教士亦較易進入這些客家村落傳教。因此早於 1860 年代，天主教開始在西貢傳教，包括在鹽田仔（即鹽田梓）及窩美村建立聖堂。

夏其龍神父亦指出天主教在廣東客家地區的傳教工作始於道光年間，當時一些已經在南洋接受了天主教信仰的客家人，將信仰帶回自己的家鄉，例如客家人吳東。他在泰國及馬來西亞檳城謀生時，於 1844 年領洗入天主教，並在回到嘉應（今梅縣）的家鄉時，帶領了鄉親接受天主教。後來吳東身邊願意信教的人愈來愈多，他在 1850 年邀請了在香港傳教三年多的李神父（Fr. Pierre Le Turdu, 1821－1861）為他們付洗。[49] 此外客家人重視教育，多在村落中興辦義學，令以教育服務為主的傳教士更易融入客家人社區。在西貢的天主教村落如白沙澳，傳教士當年正是透過建立村校讓客家子弟接受教育，同時向他們傳播天主教信仰。1858 年，巴黎外方傳教士開始管理由澳門教區分割出來的廣州宗座代牧區，並向該區的客家人傳教。該代牧區於 1914 年將汕頭分割出來，成立汕頭宗座代牧區管理客家人聚居的地方。專為客家人而設的嘉應宗座代牧區便包括梅縣、大埔、平遠、興寧、龍川、蕉嶺、和平、連平、五華等縣。

一般而言，法國巴黎外方傳教會傳教的方式都是買下土地建聖堂，在土地周邊建立房舍，然後僱請當地人耕種，使他們能世代安居於教堂附近，在教會買下的田地上耕種，住在教會提供的房子，以漸漸改善生活。後來，宗座外方傳教會從巴黎外方傳教會接收了香港監牧區後，亦以相似的方式運作。因此在香港政府檔案處的紀錄中，常見有羅馬天主教會以「天主堂」、「羅瑪堂」或「羅馬廟」作為土地登記者的名稱，在 1898 年英國租借新界時所做的土地紀錄，顯示在深涌、北潭涌及白沙澳等村落均以上述登記名字其中之一作註冊。此外，天主教會亦在 1910 年代於十四鄉企嶺下及輋下一帶購買土地作耕種之用，並在土地附近建立小堂。雖然這些小堂至今已不存在，但從土地的註冊登記，可以直接印證傳教士利用購買土地作為引子，讓客家人可藉耕作改善生活。此外，深涌一

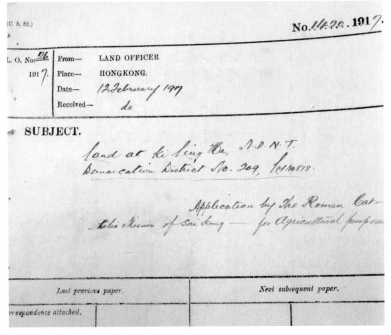

1917 年羅馬天主教會向香港政府申請企嶺下農地。（圖片來源：政府檔案處）

帶，現時仍可見和神父（Rev. Luigi Maria Piazzoli, MEM, 1845-1904）[50] 協助村民興建的長堤、以圍海造田方式建立的土地。教會以低價賣田給耕者，實行先進的「耕者有其田」的土地改革，這是當時傳教士在鄉村傳教的一個重要步驟。

此外，神父在客家村落傳教時會周遊各站，每處停留不多過八天。傳教士除了要學習客家語外，還要洞悉村民的風俗習慣，才能順利地在鄉村傳教及建立小堂。因此神父除了傳教外，亦提供不少生活所需的救濟，及協助客家人解決困難，又申請興建如學校或私塾等教育場所，附設於小堂內或旁邊。到戰後傳教士亦接濟難民，尤其在戰後從內地逃難到港的難民，或社會的低下階層如水上人（或稱「疍家」）。在此後幾個章節，將會回顧傳教士在西貢區與客家人相遇後所建立教會的發展和遇到的多種困難，以及他們如何面對困境，並鞏固了教會在此區的根基。

昔日西貢一帶的梯田。（圖片來源：宗座外方傳教會）

注釋

1　《西貢區議會地區摘要》，http://www.districtcouncils.gov.hk/sk/chinese/welcome.htm
　　（瀏覽日期：2011 年 8 月 1 日）。

2　規劃署，www.pland.gov.hk/pland_tc/press/publication/nt_pamphlet02/sk_html/（瀏
　　覽日期：2021 年 8 月 12 日）。

3　香港考古學會：《香港西貢黃地峒遺址二零零五年度考古發掘工作報告》（香港：香港考
　　古學會，2006）。

4　見香港海事博物館：「糧船灣志‧『活』地方志研究」計劃。據香港海事博物館引古物古蹟辦事處的展品介紹，這塊船錨碇石是船隻用以固定位置的設備，糧船灣洲所發現的碇石，是木石船錨的其中一個石製組件，糧船灣洲碇石形狀與日本博多灣、福建泉州及南海一號的沉船的碇石相似，體積較小，初步推斷是來自外地商貿船隻。

5　〔明〕郭棐撰、黃國聲、鄧貴忠校點：《粵大記》（廣州：中山大學出版社，1998），頁918。

6　西貢現在有村名為「蠻窩」，與「蠻倭」同音，有人推測可能與此地受到倭寇侵襲有關。

7　舒懋官主修，王崇熙總纂：《新安縣志》（香港：黃承業重刊本，1982），頁 115。參見張一兵校點：《深圳舊志三種》（深圳：海天出版社，2006），頁 862。

8　P. H. Hase, *The Historical Heritage of Ho Chung, Pak Kong, and Sha Kok Mei, Sai Kung* (Hong Kong: S. Y. Consultancy Services Co. Ltd, 2003).

9　〔清〕靳文謨修、鄧文蔚等纂：〈防省志〉，《新安縣志》。參見張一兵校點：《深圳舊志三種》（深圳：海天出版社，2006），頁 444。

10　《新安縣志》在明萬曆十四年（1586 年）第一次纂修完成，至民國初年曾經過多次重修增補，可惜目前存世的僅餘兩個版本，分別是康熙版（1688 年）及嘉慶版（1819 年）。

11　西貢北約包括輋下村、赤徑村、樟木頭村、嶂上村、下洋村、海下村、企嶺下老圍、企嶺下新圍、高流灣、高塘村、官坑村、荔枝莊村、馬牯纜村、泥涌村、南山洞村、瓦窰頭村、昂坪村、白沙澳村、北潭凹村、平洲洲尾村、平洲洲頭村、平洲奶頭村、平洲沙頭村、平洲大塘村、西徑村、西澳村、沙頭村、深涌村、大灘村、大洞村、蛋家灣村、塔門村、塔門漁民村、田寮村、土瓜坪村、井頭村、東心淇村、屋頭村、黃竹塱村、黃竹洋村、榕樹澳村。見「西貢北約鄉事委員會村代表名單」，民政事務局，www.had.gov.hk/rre/chi/images/elections_1519/saikungnorth.pdf（瀏覽日期：2021 年 4 月 30日）。

12　西貢區議會：《西貢》（香港：西貢區議會，1983），頁 8。

13　爛坭灣，後稱萬宜灣。於 1970 年代因政府須在該村位處的官門水道興建萬宜水庫，故整條村須搬遷至西貢墟。

14　Johnston, Elizabeth, *Recording a Rich Heritage : Research on Hong Kong's "New Territories"* (Hong Kong: Leisure and Cultural Services Department, 2000), pp. 61-76.

15　參照 Map of Hong Kong and of the Territory Leased to Great Britain under the Convention between Great Britain and China signed at Peking on the 9th June, 1898. Based on the 1866 Map of Sun On District (Source: Hong Kong Public Records Office; ref. HKRS208-12-51).

16　*A Gazetteer of Place Names in Hong Kong Kowloon and the New Territories* (Hong Kong: S. Young, Government Printer, 1960), pp. 128-141, 182-192.

17　羅香林：《客家源流考》（北京：中國華僑出版公司，1989）。除了羅提出的「北方土著說」外，亦有房學嘉於 1994 年出版的《客家源流探奧》提出的土著說，指客家其實是一個共同體，為南遷中原人與福建、廣東及江西三角地區的古越族遺民混化以後的共同體。有關當前學界關於客家源流的主要爭論，參見謝重光：《客家文化述論》（北京：中國社會科學出版社，2008），頁 13 — 21。

18　李麗梅：〈報德祠之源流〉，載周王二院有限公司：《周王二公史蹟紀念專輯》（香港：周王二院有限公司，1982），頁 2 — 7。

19　*A Gazetteer of Place Names in Hong Kong Kowloon and the New Territories* (Hong Kong: S. Young, Government Printer, 1960), pp. 128-141, 182-192.

20　*A Gazetteer of Place Names in Hong Kong Kowloon and the New Territories*, pp.128-

141, 182-192;〈塔門漁民村建村簡介〉,《塔門漁民村五十週年金禧特刊》(香港：塔門漁民村管理委員會,2014),頁 22。

21　西貢街坊會:《西貢天后關帝古廟戊子年重修特刊》(香港：西貢街坊會,2009),頁 29—34。

22　同上。

23　可兒弘明:《香港艇家的研究》(香港：新亞研究所東南亞研究室,1967),頁 6。

24　David Faure, "The Making of the District and its Experience in World War II", *Journal of the Hong Kong Branch of the Royal Asiatic Society*, Vol. 22 (1982), pp. 161-216.

25　西貢街坊會:《西貢天后關帝古廟戊子年重修特刊》,頁 29。

26　同上。

27　根據科大衛的研究,新界鄉村是以宗族和地域兩個原理組織起來的。參見 David Faure, "Sai Kung, The Making of the District and Its Experience During World War II", *Journal of the Hong Kong Branch of the Royal Asiatic Society*, Vol. 22 (1982), p. 174。轉引自：馬木池等:《西貢歷史與風物》(香港：西貢區議會,2003),頁 103。

28　蠔涌聯鄉最近一次太平清醮於 2020 年 12 月 24 日至 28 日舉行。

29　「醮」是一個具有多重目的,包括天、地、水、陽四界、人、鬼和神的節日。對鄉民來說,「醮」是一個祭陰祭陽、許願酬還的節日。因此,在打醮過程中,我們可以看到盂蘭節時的祭幽儀式、神誕時的酬神活動,亦可看到在盂蘭節時監視孤魂野鬼,分衣施食的鬼王(或叫大士王),也可看到神誕時的舞獅、舞麒麟。有關西貢地方群體的整合,參見馬木池等:《西貢歷史與風物》(香港：西貢區議會,2003),頁 34—35。

30　Government Records Service, HKSAR, Map of Hong Kong and of the Territory leased to Great Britain under the Convention between Great Britain and China signed at Peking on the 9th June, 1898 (1899). 該地圖有附註：This map has been compiled from existing intelligence Division maps of Hong Kong Admiralty Charts and a map of the Sun on District compiled in 1866 from the observations of an Italian Missionary.

31　另一說指烏溪沙一席應為將軍里(樟木頭分支)。

32　西貢北約,即西貢中屬於原北約理民府管轄範圍的部分。新界北約理民府於 1907 年建立,至戰後分為大埔理民府及元朗理民府,由於西貢半島北岸的村落歷史上多以船隻連繫大埔墟附近的大埔滘碼頭,故在第二次世界大戰之後劃入大埔理民府範圍,西貢半島北岸的村落組成西貢北約鄉事委員會,西貢墟則由北約改劃至南約。

33　阮志偉、曾家明、鍾素珊編:《借主同行系列：黃毛應與玫瑰小堂》(香港：教區「古道行」工作小組,2020),頁 7。西貢南約即西貢中屬於南約理民府管轄範圍的部分。西貢墟原屬於西貢理民府,於 1963 年歸入新界南約理民府,見《大公報》,1963 年 11 月 1 日。

34　馬木池:〈十九世紀香港東部沿海經濟發展與地域社會的變遷〉,載朱德蘭主編:《中國海洋發展史論文集》,第八輯(台北：中央研究院中山人文社會科學研究所,2002),頁 73—103。

35　教區「古道行」工作小組歷史研究小組:《歷史建築評估報告：北潭涌上窰聖母七苦小堂》(香港：教區「古道行」工作小組歷史研究小組)(未刊印)。

36　羅香林:《中國民族史》(台北：中華文化出版事業社,1966),頁 217。

37　李紀:〈巴黎外方傳教會所藏滿州代牧區檔案的整理與研究〉,載《天主教研究學報：中國天主教會史學：歷史資源和方法論》,第十期(2019),頁 131—152。

38　中村久次朗著,周一良譯:〈利瑪竇傳〉,載周康燮主編:《存萃學社編集：利瑪竇研究論集》(香港：崇文書店,1971),頁 5—28。

39 〔清〕阮元：〈利瑪竇〉，載周康燮主編：《存萃學社編集：利瑪竇研究論集》，頁 1—4。

40 周康燮主編：《存萃學社編集：利瑪竇研究論集》。

41 方志欽、蔣祖緣主編：《廣東通史：近代下冊》（廣州：廣東高等教育出版社，2010），頁 1148—1157。

42 "Catholic Missionaries in the East", *The China Review*, 1887；李紀：〈巴黎外方傳教會所藏滿洲代牧區檔案的整理與研究〉，載《天主教研究學報：中國天主教教會史學：歷史資源和方法論》，第十期（2019），頁 131—152。

43 "Progress", *The China Review or notes and queries on the Far East*, Vol. 9, No. 5, 1881.

44 法令寫道：「教宗額我略十六世詳細考慮傳信部的意見後，為了天主教士兵教友的精神需要，同時為了傳教，暫時委任居於澳門的傳信部總務長為宗座監牧，處理上述海島及其周圍六里地方的牧民及行政工作」，見《羅馬傳信部長成立香港宗座監牧區的法令》，香港教區歷史檔案網站，https://archives.catholic.org.hk/（瀏覽日期：2021 年 3 月 31 日）。

45 夏其龍著、蔡迪雲譯：《香港天主教傳教史，1841—1894》（香港：三聯書店，2014），頁 78。

46 Sunday Examiner, "Another China: PIME Missionaries between China and Hong Kong", Sunday Examiner, November 2020, p. 12.

47 1951 年教宗庇護十二世宣佈：郭西德神父列入真福品，並定每年二月十八日為聖郭西德的紀念日。見柯毅霖著：《殉道者郭西德傳事件的背景及爭議》（香港：公教真理學會，2014）。

48 國籍神父即由原香港代牧區委派的中國（華）籍神父。

49 夏其龍：〈客家人與天主教的相遇〉，《天主作客鹽田仔——香港西貢鹽田仔百年史蹟》，頁 223－235。

50 和神父於 1869 年抵港，於 1870 年在西貢傳教。他於 1895 年 1 月 11 日繼任為第二位香港代牧區代牧，故後改稱和主教。

第二章

監牧區時期：西貢傳教之初

　　自第一位米蘭會（後稱「宗座外方傳教會」[PIME]）神父於 1858 年來港開始，西貢便成為傳教士了解中國文化與語言及傳播西方文化的重要場所。一批巡迴西貢區的傳教士到不同的村落傳教，開展在西貢的服務，包括和神父（安西滿）（Rev. VOLONTERI, Simeone, MEM, 1831－1904）[1] 與梁子馨神父（Rev. Andreas Leong Chi－Hing, 1837－1920），隨後其他會士如穀祿師神父（Rev. Riccardo Brookes, PIME, 1892－1980）、羅奕安神父（Rev. Angelo Ferrario, PIME, 1876－1933）等神職人員陸續接任西貢的傳教工作。傳教士選擇西貢為天主教傳教士的訓練場所，除了在地理上方便他們經由大鵬灣進入中國內地，亦由於西貢有不少散居村落及客家群體需要解決生活困難，例如對抗當時大族的控制。大部分西貢半島具歷史的小堂均在此時期建立，包括鹽田梓聖若瑟堂、赤徑聖家小堂及白沙澳聖母無玷之心小堂等。

　　1866 年，第一批西貢鹽田梓居民領洗後，宗座外方傳教會會士借助西貢為前往內地傳教的踏腳石，陸續移入內陸地區傳教。惟其後內陸地區發生多次教難，傳教士的生命受到威脅，故此不少傳教士亦多了在西貢本土的小堂工作。

西貢歸香港監牧區管理

　　早於 1860 年，清朝管轄的新安縣地區便被納入為「香港宗座監牧區」（Prefecture Apostolic of Hong Kong），而負責在廣州區傳教的巴黎外方傳教會則把原屬他們的傳教範圍、仍在清朝管轄下的大埔、西貢等地交給已身處香港的意大利米蘭外方傳教士負責。[2]其中高監牧（Rev. Timoleone Raimondi, MEM, 1827－1894）首先在該區進行探索之旅。他從荃灣起步，橫越大帽山而抵達十八鄉、林村、大埔墟以至碗窰（前稱「碗陶」），再返回荃灣。後來穆若瑟神父於 1861 年初接續住在他位於荃灣的居所，直至高監牧在碗窰定居為止。

1861 年至 1874 年的香港監牧區範圍。

1862 年，太和村傳教站設立，這裏更加接近廣東省橫崗。和神父（安西滿）在該地與一位來自香港仔的男村民在 1861 年已開設了一間學校。很不幸地，在 1864 年因為風水問題，神父被迫離開這個地方，轉移至離大埔墟不遠的汀角。[3] 在汀角村，和神父在梁子馨神父及穆神父與柯神父（Fr. Gaetano Origo, MEM, 1835－1868）的協助下，開辦了學校、[4]建立小堂及居住的地方。在這段期間，神父們四出遊走各村落，認識新的村民及傳播福音；而和神父後來亦開始造訪西貢，認識當地客家人，及後決定開展在當地的天主教會傳教事業。

在 20 世紀初期，西貢的教友人口日增，成為新界地區一個以客家人為主的天主教社群。在 1867 年 8 月 16 日，高神父（即後來的宗座監牧）在向傳信部作的一份報告中指出：

> 傳教區內還有其他小聖堂分佈在香港仔、汀角、西貢、鹽田梓、大浪、水門頭等地。每座女修道院內也設有保存着聖體的小聖堂……。[5]

其後由於汀角堂區缺乏毅力，沒有進展，西貢成為整個區域傳教士的主要居住地。

第一位米蘭外方傳教會神父到港

回首 1850 年代，雖然香港島已成為英國殖民地多年，但島上的維多利亞城仍是以歐洲人為主的社區，有不同外國國籍人士居住。1858 年，路德傳教會神父 Rudolf Krone 在福永居住，他寫出新安縣的告示，並描述到荃灣的傳教工作：

基督信仰傳到這個省已有幾年，在區內有一些人領洗入天主教，但數目未知，在淺灣（荃灣）有一間天主教聖堂，但沒有歐洲傳教士在那裏居住。

首批米蘭會神父自 1858 年到達香港後（最早是雷納神父，見第一章），他們除了向來自歐洲的天主教徒做牧民工作，也渴望向中國人傳揚福音。一些本地神父如梁神父就在赤柱及石排灣等港島村落傳教及施洗；而和神父和穆若瑟神父學成中文後即離開維城，到偏遠村落傳教。和神父在 1860 年抵達香港仔，[6] 而穆神父則跟隨其後。事實上，他們並不滿足於只在島上幾個村落傳教，反而致力在內地開啟新的路徑，使後人有機會承繼工作，接力到內地傳教。[7]

融入客家小島：聖福若瑟神父在鹽田梓

在此大背景下，傳教士初次與鄉村人民的接觸始於 19 世紀中葉，當時香港設有兩個支援中國內陸傳教的工作支部，一個屬於巴黎外方傳教會（見第一章），另一個則屬於道明會（拉丁文：Ordo Praedicatorum，簡稱 O. P.）。自從巴黎外方傳教會將傳教區交予米蘭傳教會，不少米蘭會神父便到大埔及西貢開展傳教工作。有傳教士開始到西貢海內的小島 —— 鹽田梓傳教。

鹽田梓，亦稱「鹽田仔」、「鹽田子」，為祖籍廣東五華的陳氏所建立，其祖先陳德於 18 世紀遷到新安縣觀瀾松元廈，於 19 世紀分三支移居西貢鹽田梓、大埔鹽田仔（近船灣避風塘）及打鼓嶺坪洋等地。鹽田梓原有五畝鹽田，並以漁農為生，其後子孫繁衍，全盛時期有二百餘人，島上的鹽獲皆運往西貢墟及鄰近地區出售。[8] 和神父於 1864 年已到鹽田梓傳教，到了 1866 年被委派協助和神

父的柯神父已在西貢興建小堂及學校，亦於五旬節主日在鹽田梓為
十九名村民付洗，成為香港首批來自內陸地區的教友。[9] 同年聖誕節
又邀請和神父為另外三十三位島上的陳氏村民付洗。這一批在聖誕
同時領洗的村民有陳氏三代，分別是源字輩的陳源昌（80歲），基
字輩的龍基（43歲）、星基（41歲）、廣基（27歲）、存基（19歲）；
廷字輩的廷和（3歲）、廷興（9歲）。根據學者研究，這次有連續
三個字輩的村民領洗，是香港地區傳教史上，全村三代同時進教最
有根據的例子。[10]1867年島上村民開墾土地及借出草棚村屋，初建
成小堂及學校，以聖人大聖若瑟為主保，是香港最早建立天主教小
堂的其中一處地點。

根據後來師多敏主教（Bp. Pozzoni, Domenico, MEM, 1861–
1924）在西貢傳教時的述說：「除了履行牧民職務外，還要為教徒
或非教徒排難解紛。」[11] 當時村民經常受到土豪劣紳等地方勢力侵
擾，因此和神父為村中教友自組自衛組織——更練自保。[12] 在神父
的努力下，鹽田梓村在1875年成為了「教友村」。同年，高主教
在他第二次牧民探訪鹽田梓時，見證全島都是教友，並時常舉行巡
遊及瞻禮，使他想起家鄉意大利的教友村落，認為在這裏一樣可以
找到信德及純樸的精神。[13]

聖福若瑟神父（Rev. Josef Freinademetz, SVP, 1852–1908）
亦曾在香港開埠初期到西貢傳教。[14] 他在1852年生於意大利（時為
奧國蒂羅爾［Tirol］），在一個虔誠的天主教家庭成長。他二十三
歲晉鐸，兩年後加入了剛成立的傳教修會——聖言會（Society of
the Divine Word，簡稱「SVD」）。[15] 聖福若瑟神父是在1879年抵
達西貢，並曾在鹽田梓傳教。一座新聖堂於1890年在當地落成，
取代原有的小堂。他曾於該村服務兩年，其間為兩名女嬰付洗。

巡迴傳教士：和神父等繪製首張《新安縣全圖》

在第一章略述、前稱米蘭外方傳教會的宗座外方傳教會，於 1850 年在意大利成立，由致力福傳的聖職人員及獻身生活的平信徒傳教士組成。早在 1850 年代，這些傳教士便重視大埔及西貢等比較接近內地的鄉村，並在那裏設立傳教站，讓他們可以較容易進入內地如寶安及惠州等地，設立更多的傳教點，慢慢讓重心北移。當時的主教、會士或傳教士經常在此區進行傳教之旅（mission journey）或鄉村傳教探訪（visitation of country mission），柯神父與和神父（安西滿）是其中表表者。1865 年，柯神父及和神父開始在大埔汀角傳教，經常以小艇或徒步在村與村之間巡迴傳教，故有「巡迴傳教士」之稱。在該年的復活節過後，他們便前赴廣東淡水，在 7 月 1 日，柯神父又到西貢的企嶺下為一名成人施洗，其後便到西貢其他村落去。[16] 可見這些傳教士通常不會在某地或某村停留太久，他們在建立傳教站後，往往便會到其他村落找尋值得發展的地點，如發現某地沒有潛力，他們也不會逗留太久，因此在一些已經有傳統宗族或民間信仰的村落，他們也未必會發展下去，而索性轉移去其他更有發展潛力的村落。因此位於偏遠而零散的客家村落，便是他們集中傳教的地方，而不是一些大族聚居之地。

和神父後來與梁神父繼續留在汀角傳教。他們不時到周邊村落服務，並要翻山越嶺才能到達，和神父每次都將經過的村落記下，後來於 1866 年 5 月完成繪製著名的《新安縣全圖》（*San On Map*）。它被視為第一幅詳細描繪香港早期狀況的地圖，當中記錄了新安縣無數的村落，包括以中英文顯示了他們探訪過或知悉的村落 [17]（見拉頁）——相信圖中的中文地名是梁神父的字跡。[18] 有學者指出雖然地圖是中英文對照，但主要是以英語讀者為對象；而且它除了是一幅地圖外，也可說是該區的一本地方志，可供當地旅行或

公幹之用。

事實上，當英國租借新界時，其外交官及行政人員便是以這份地圖作為藍本，撰寫新界報告作為殖民地統治的參考。在 1899 年 2 月 10 日，當港督卜力（Sir Henry Arthur Blake, 1840－1918）發電報給在北京的英國駐華大使麥當勞（Sir Claude Macdonald, 1852－1915）時，曾敦促他要設法獲取深圳的重要市鎮，並指明可以參考「1866 年的傳教士地圖」（"the Missionary Map of 1866"），顯然那是指和神父的地圖。[19] 租借新界時，英國曾派遣輔政司駱克撰寫《展拓香港殖民地報告》（即《駱克報告書》），當中所列村落亦是參考自和神父在《新安縣全圖》所載的村落。和神父也曾在 1866 年 5 月 10 日的《香港轅門報》（即《香港政府憲報》[Hong Kong Government Gazette]）中刊登告示，建議每張地圖售 5 元，估計要有 120 張訂閱量才足以應付刻印的費用，若有盈餘則會撥作傳教事業之用。告示內容翻譯如下：

　　該地圖涵蓋從北到南約四十五英里，從東到西約有六十英里的區域 —— 即南頭城所在的新安縣範圍，亦是香港及其附屬島嶼被割讓之前所處的新安縣範圍之內，而毗鄰許多英里的整個海岸線都由南頭的清朝官員管轄。

　　這張地圖是我四年工作的成果，完全是根據作者的個人觀察得出的。工作危險、困難和非常艱辛，該地區多山，在所有情況下都必須依靠直覺前行，由於土著的資訊不可靠，旅途所導致的疲累實在不易受。由於村民認為他們山上面富有鐵礦，因此非常忌諱外國人對其進行檢查，導致往往難以得到嚮導的協助，而且在任何地方都很難獲得正確的資訊，令虛假訊息甚容易傳播，並且對旅行者的前進造成極大的阻力及危險，在這種情況下本地圖是在艱苦、危險及困難之下的成果，可悲的是這些事實不足對人

言。現在科學、宗教和商業，是與知識傳播和西方文明廣泛地聯繫在一起，而且無可疑問地理學是此運動的先驅者。

但是從本地和功利角度出發，作者相信自己的作品不應該放在木桶下面。這個富裕且最重要的殖民地位於新安縣中部，似乎在世紀末毗連社區的地形不會是令人關心的課題。對於博物學家、旅行者、運動家和傳教士來說，這些訊息應該是可以接受的，更不用說其政治價值了。此外鑑於警察需要處理如海盜的種種罪案，當了解到清朝官員的微妙之處，作者不會懷疑此工作會對英國當局有裨益。因此作者呼籲關注這幅地圖，並徵求訂閱者的青睞，以使他能夠發佈地圖。

監牧區傳教區和神父

香港，1866 年 5 月 10 日 [20]

當時分佈於西貢半島的十數條村落，即西貢、鹽田梓、赤徑、大浪、企嶺下、崒下、烏溪沙、大網仔、斬竹灣、黃毛應、白沙澳、南山、糧船灣等，都是上述米蘭外方傳教會神父的工作地區。從駱克所撰的新界報告可見，這些西貢的村落主要以客家及本地人為主。[21]

《駱克報告書》中關於西貢的部分村落及人口

村落	人口	族群
張屋圍	40	本地
大浪	80	本地
西灣	40	本地
赤徑	150	客家
土瓜坪	20	本地
龍腳	50	本地
爛泥灣	150	客家
黃泥洲	60	客家

（續上表）

村落	人口	族群
北潭涌	30	客家
正坑	20	客家
北潭	10	本地
坪墩	10	客家
昂窩	80	客家
黃毛岌	40	客家
蛇頭	20	客家
斬竹灣	60	客家
排凹	10	客家
大網仔	100	客家
北丫	80	客家
東灣	—	—
白臘	40	本地
蛇灣	10	客家
滘西	80	本地／客家
荔枝莊	60	客家
南山	30	客家
鹹田	50	客家
深涌	50	客家
塔門	200	客家
海下	50	客家
潭仔	10	客家
白沙凹	150	本地
上洋	120	客家
下洋	220	客家
高塘	100	客家
荷木墩 [22]	50	客家
屋頭	20	客家
帳上凹 [23]	10	本地
疍家灣	80	客家
禾狸叫 [24]	60	客家

（續上表）

村落	人口	族群
大柳 [25]	160	客家
南圍 [26]	60	本地
林屋圍	60	本地

另外，巡迴傳教士之所以重視規模較小的村落，亦源於西貢並未被大族侵擾，因此神父可以幫助他們，他們也因為依靠神父而皈依天主教。如和神父除了在西貢傳教外，也為西貢和鹽田梓的教友解決上水大族的侵擾。由於西貢屬於由上水廖氏所擁有的雙魚洞範圍，因此當地村民需要繳納田稅予上水廖氏，成為佃農。在長期受欺壓剝削下，這些村民倚靠和神父幫助，組織自衛的武裝團練來抵抗大族。然而在向上水大族討伐的過程中，有村民被殺。事件發生後，和神父於 1870 年 2 月 8 日被調往河南省工作。[27]

此外，許納男爵（Baron Hübner, 1811－1892）的《1871 年環遊世界》（*A Ramble round the World*, 1871）還提及了高主教和另一位神父的事跡，以至自己對香港的觀察。許納是奧地利帝國的官員及外交家，後來晉升為伯爵，出任大使，到訪不同國家包括法國、葡萄牙、意大利及德國等。當他於 1848 年被派往米蘭時，因涉及革命活動，一度被囚禁三個月，其後獲釋。[28] 他於 1867 年開始環遊世界，1871 年到訪香港，於同年著《1871 年環遊世界》。他在書中這樣描述當時從遠處眺望的九龍城及若干客家村落：

> 這裏的鄉村，住着的不是農人便是匪徒，他們謀生技能所需的不是鏟，便是槳和槍。那些在山徑往來的小販和小商人，更經常遇劫，時常經驗到諺語所說的「趁機打劫」。「如此，我們打消到新安縣的念頭吧。」高神父正好在場，聽見我們的話微笑地對我們說：「我親自帶你們去吧，保證你們平安無事。」[29]

該遊記記載高主教與另一位能説拉丁語的神父，曾與許納一起出發往新安縣，在五十分鐘內渡過分隔香港及中國大陸的海（相信是指維多利亞港），然後攀登上一座圍牆，香港的景色便一覽無遺。從他的描述，可見當時他們是登上九龍城寨的圍牆觀看風景：[30]

> 在這三天中，我們的行裝簡便，在這些偌大的地區和海盜結集的地方居留往返。那裏部分的海盜已願皈依天主教，改邪歸正，其他的也逐漸改過遷善。第一晚，我們在西貢村度過；翌晨往訪鹽田仔，這小島上的居民，全都領了洗；傍晚則來到新安傳教區域中心 —— 汀角，這裏有所寬敞的房子，為神父所有，隱蔽在樹蔭深處，原因是非教徒迷信，不肯將那些樹砍去。

自 19 世紀中葉以來，中國內地的政治動盪，使內地傳教工作舉步為艱。香港因為成為殖民地的身份，政局相對較穩定，傳教士可在新界地區傳教，建立多個傳教站，包括大埔汀涌、汀角、西貢、元朗等地。在他們而言，雖然建立小堂時曾引發一些紛爭，但香港的傳教區域相對仍是一個安全的地方，整體上未有爆發嚴重暴力事件。而西貢雖然海盜問題比較猖獗，但因沒有得到任何支持而未能成氣候。根據宗座外方傳教會的紀錄，當時雖然內地的傳教區曾發生逼害天主教傳教士及教徒的事件，香港的新界地區卻很少發生這類事件，香港的天主教徒反而能利用機會幫助內地受困的人。

同一時間，傳教士到新界東部傳教區的交通漸趨方便。例如他們可以乘坐小船到沿海的村落，避免了要由行山徑長途跋涉前往；以前需要用舢版前往，但那時候已經有機動小艇了。[31] 因此在香港宗座監牧區時期，傳教士初步打通了在西貢客家地區的關係，為後來成為宗座代牧區的進一步發展建立了重要的基礎。

注釋

1　和神父（安西滿主教）於 1860 年抵港，曾服務西貢赤徑、大浪、鹽田梓、大埔汀角等地，後轉往河南為傳教，於 1874 年升為主教。

2　夏其龍：《香港傳教歷史之旅：碗窰、鹽田仔、汀角》（香港：天主教香港教區福傳年專責小組，2005），頁 3。

3　據說和神父命人在住所開鑿一扇窗，但在開鑿那天，村裏的一名嬰孩夭折，而另一女人則感到不適，村民相信是因為驚動了神靈，和神父只有離開。同上，頁 13。

4　根據夏其龍神父的推測，這間學校的原址應在汀角村武帝宮旁的一塊空地，今已拆卸。同上。

5　柯毅霖神父：《香港西貢區鹽田梓傳教史略》（香港：出版社不詳，2004），頁 3。

6　宗座外方傳教會傳教士和神父（Monsigneur Simeone Volonteri）在新安縣（即寶安縣）的新界鄉村傳教時，繪製「新安縣全圖」（Map of San On District, Kwangtung Province）。該圖在 1898 年英國租借新界時，成為英國政府重要的參考藍本。

7　有關和神父的事跡，參看 Ticozzi, Sergio, *IL PIME e La Perla Dell'Oriente* (Hong Kong: Caritas Printing Centre, 2008), http://www.atma−o−jibon.org/italiano8/ticozzi_pimehk12.htm (date of access: August 13 2021).

8　見蕭國健：《香港新界之歷史與鄉情》（香港：中華文教交流服務中心，2008），頁 76−77。

9　柯毅霖：《從米蘭到香港 150 年傳教使命：宗座外方傳教會 1858−2008》（香港：良友之聲出版社，2008），頁 14。柯神父於 1868 年 3 月 26 日逝世，享年三十三歲。

10　夏其龍：〈香港客家村落中的天主教傳教工作〉，http://www.cultus.hk/writings/hakka.htm#_ftn96（瀏覽日期：2021 年 3 月 28 日）。陳氏宗族原以孟、可、源、基、廷、國、榮、華、富、貴字輩為名，近年十代字輩完成，故經村委會決定，後裔應以百、年、樹、大、業、萬、世、展、新、猶字輩為合，以正長幼序。見蕭國健：《香港新界之歷史與鄉情》（香港：中華文教交流服務中心，2008），頁 76−77。

11　夏其龍：〈香港客家村落中的天主教傳教工作〉。

12　蕭國健：《香港新界之歷史與鄉情》，頁 76−77。

13　柯毅霖：《從米蘭到香港 150 年傳教使命：宗座外方傳教會 1858−2008》，頁 14。

14　鹽田仔領洗紀錄，天主教香港教區檔案處，IV−14−04；福若瑟神父（Josef Freinademetz, 1852−1908）於 2002 年 10 月 5 日被教會宣佈為聖人。見夏其龍：〈香港客家村落中的天主教傳教工作〉。聖言會福若瑟神父於 2003 年獲教宗封聖。

15　柯毅霖神父：《香港西貢區鹽田梓傳教史略》，頁 2。

16　田英傑著、游麗清譯：《香港天主教掌故》（香港：聖神研究中心、聖神修院校外課程，1983），頁 76。

17　1866 年由意大利傳教士和神父所繪製的《新安縣全圖》（Map of the San On District, Kwangtung Province）由澳洲國立圖書館（National Library of Australia, Canberra）收藏，https://nla.gov.au/nla.obj−231220841/view（瀏覽日期：2021 年 8 月 13 日）。地圖詳見本書開首的拉頁。

18　夏其龍：《香港傳教歷史之旅——碗窰、汀角、鹽田仔》，頁 16。

19　James Hayes, "The San On Map of Mgr. Volonteri", *Royal Asiatic Society Hong Kong Branch,* Vol. 10, pp. 193−196.

20　Ibid.

21　資料摘自：*Report by Mr. Steward Lockhart on the Extension of the Colony of Hong Kong October 8, 1898*, Eastern, No. 66, Colonial Office, 1900；劉智鵬主編：《展拓界址：英治新界早期歷史探索》（香港：中華書局，2010），頁 225－226。

22　「荷木墩」相信指今天的「牛湖墩」。

23　「帳上凹」即今天西貢半島高原的「嶂上」。

24　「禾狸叫」即今天西貢赤徑東北的「狐狸叫」。其人口其後被納入高流灣，見 *A Gazetteer of Place Names in Hong Kong Kowloon and The New Territories* (Hong Kong: S. Young, Government Printer, 1960), p. 190.

25　「大柳」即今天西貢狐狸叫附近的地方。

26　「南筆」即今天「蚺蛇尖」。

27　柯毅霖神父：《香港西貢區鹽田梓傳教史略》，頁 4。

28　Count Alexander Hübner, *Catholic Encyclopedia, New Advent*, https://www.newadvent.org/cathen/07509a.htm (date of access: August 13, 2021).

29　同上，頁 77。

30　同上，頁 78。

31　Thomas F. Ryan, S.J., *The Story of a Hundred Years, The Pontifical Institute of Foreign Missions (PIME) in Hong Kong ,1858-1958* (Hong Kong: Catholic Truth Society, 1959), pp. 113－120.

第三章

代牧區時期：艱辛與收獲

1841

1874

1931

1945

1969

1981

2000

　　高主教（Bishop Giovanni Timoleone Raimondi, MEM, 1827 – 1894）是米蘭外方傳教會會士，被形容為「一個性格剛愎、具權威性、有智慧和鋼鐵般意志的人」[1]。他基於不同原因，認為當時由司鐸率領、屬於宗座監牧區的香港教會有需要升格為由主教管理的宗座代牧區（Apostolic Vicariate）。[2]

　　高主教在 1858 年到香港，並在 1868 年正式獲羅馬教廷委任為宗座監牧，負責管理香港天主教教會。在高主教擔任監牧時期，香港天主教會的發展在數年間取得很大進展。天主教徒人數由 1867 年的 1,500 人上升三倍至 1872 年的大約 5,000 人。其次，高主教所屬的米蘭外方傳教會，很渴望在中國的門戶設立一個屬於自己的傳教區，而香港的條件正正符合要求。相比起耶穌會、方濟會和巴黎外方傳教會等傳教團體，當時的米蘭外方傳教會只是一個細小而且沒有權力的傳教會，而香港卻能夠成為該會在內地傳教事業發展的基礎。[3] 此外，傳教會認為升格為代牧區是出於中外外交禮節的階級意識，因為當時一名外籍主教可獲得滿清政府的巡府接見及平等對待，但一名司鐸只會獲得知縣的接見，可見神職人員的頭銜確實影響他們與中國官員打交道。再者，香港即將迎來一個新的聖公會主教，廣州的宗座監牧區亦已經有一名主教，因此高主教認為香港教會的領袖不能僅是司鐸，而且澳門教區的主教空缺在出缺超

過十年後將會被填補，高主教擔心在港的葡萄牙天主教徒會因階級問題而傾向於跟隨澳門主教。

另外，當時羅馬教廷改變了對香港的看法和政策，不再視香港為教廷代表及讓香港擔任教廷的駐華總務處的角色。清廷於 1858 年至 1860 年間簽訂的《北京條約》准予傳教士在中國境內合法地居住和傳教，例如條約便規定：「必須在整片土地上公佈在中國所有地方的所有人士，都可以傳揚和進行天主教的教義。」[4] 羅馬教廷因此留意到，大批傳教士可以在沒有駐華總務處的協助下進入中國開展傳教事業，而交通和通訊工具的改善亦減少了中國傳教區在與羅馬教廷溝通時對駐華總務處的依賴。羅馬教廷了解到設於香港的駐華總務處的重要性已經下降，香港天主教會的首長毋須兼任駐華總務長，因此不用再像前任一樣既處理中國內地傳教區的財務事宜，又同時負責香港本地的傳教工作。

基於以上考量，高主教游說羅馬教廷把香港升格為由主教領導的宗座代牧區。他暗示自己有意辭去香港天主教首長一職，以表示自己並非此建議的得益者。經過一輪游說工作，教廷接受讓米蘭外方傳教會正式管理香港天主教會，並在 1874 年 11 月 17 日把香港升格為「宗座代牧區」，管轄範圍擴大至包括廣東的歸善（後稱「惠陽」）和海豐縣，面積比原來的大了五倍。同時，高主教被祝聖為第一任「香港宗座代牧」（Vicar Apostolic of Hong Kong）。

隨着升格，香港天主教會有更大面積的管轄範圍去開展傳教活動，在脫離了駐華總務處後，香港由米蘭外方傳教會正式接管，享有自主權。在高主教的管治下，香港天主教會的發展已步入成熟期，迅速地發展其牧民、傳教、慈善福利和教育工作。[5]

高主教在颱風吹襲後牧訪西貢

1874 年 9 月 22 日，一個罕見的強颱風吹襲香港及鄰近地區，造成一場巨大災難，導致至少 2,000 人喪生及 350 艘船在香港水域失事。颱風破壞了西貢的一切，所有人都辛勤地為災後重建而努力。[6] 高主教在意大利被祝聖為主教並回到香港後，立即到內陸各傳教站進行牧訪。1875 年 2 月，高主教首先探訪了西貢地區的鹽田梓、黃泥洲、赤徑、大浪、蛋家灣和深涌等地，然後前往烏溪沙和九龍城，才返回香港島。[7] 在這次牧訪過程中，當高主教到達西貢墟市時，便受到村民熱情招待，更有一隊樂隊歡迎他，事關他們從未親眼見過主教。高主教又轉乘小艇到鹽田梓，島上居民全部都是教友，而且十分好客。從那裏再乘小艇到港灣北部的黃泥洲，發現該村由原來只有一位教徒，增至二十五位，亦有相同數目的慕道者。高主教之後更步行兩小時到達赤徑，該村已建立傳教站八年，原本的小堂十分細小，而且已被強風摧毀，需要重建一座較大的聖堂。他探訪完赤徑後，又再跨越山嶺到大浪村，村中父老都來到山坳迎接他，該區村民差不多已全部信奉天主教，而主教亦與他們慶祝了華人的重要節日——農曆新年，並以基督徒的方式進行。

蛋家灣這個地方在高主教訪問歐洲其間已經興建了小堂。雖然小堂屋頂已經被強風吹塌，但村民仍然繼續使用着。他其後搭乘另一艘名為「海星」號（Star of the Sea）的舢舨沿海岸前進，到達一處由強勢的傳教士為村民拼搏的地方——深涌。這條村位於一個內灣的最深處，當中有河涌流入一大片平地。和神父（Rev. Luigi Maria Piazzoli, MEM, 1845-1904）曾鼓勵該處的村民建造防波堤，使該村的土地得以擴展，容納多一半人口。當高主教到達當地時，見到村民正為被風吹塌的防波堤而苦惱，於是他聚集所有公教徒合力重修堤堰，令其更加堅固。然而該村的小堂仍受到強風波

及，還未復修好，雖然村民為此感到歉疚，惟高主教勉勵他們不要放棄，村民因而受激勵。相傳該地由於教會影響，海盜及土匪亦得以絕跡。[8]

走畢整條探視路線後，高主教從深涌一直步行到「沙田半島」，[9] 並返回九龍。其間途經烏溪沙，該村曾在數年前建立過一間小堂，當時有三十名公教徒。高主教的西貢之旅以烏溪沙作結，並在聖灰瞻禮（Ash Wednesday）[10] 日回到香港島維城區。[11]

此行由於時間短促，高主教未有深入剛被納入香港宗座代牧區的歸善和海豐，而其後由和神父（安西滿）及梁子馨神父代為探訪，[12] 其中梁神父曾在 1877 年至 1892 年期間在海豐傳教。[13] 因應着傳教區域的擴展，教會感到有需要較有系統地推展服務，於是在 1875 年 5 月 9 日，高主教召開了一次宗座代牧區會議（Vicariate Synod），其目的是檢討傳教工作及方法，所有傳教士均有參與會議，會議決定把香港天主教會分為四個鐸區：

（1）美利兵房[14] 以東、包括赤柱在內的香港島地區被列為「東區」；

（2）美利兵房以西至皇后大道西的香港島地區被列為「中區」；

（3）皇后大道西、包括香港仔在內的其餘香港島地區及英屬九龍、荃灣、大嶼山及離島被列為「西區」；

（4）第四鐸區是「大陸區」，包含九龍半島北部及九龍山脈以北的所有香港宗座代牧區範圍。換言之，內陸區包括整個歸善和海豐縣，以及除離島和荃灣以外的新安縣範圍。

當中第四鐸區由四位神父擔任領導，包括：和神父、梁子馨神父、朱神父（Fr. Stephen Chu, ？－1882）和譚神父（Fr. Antonius Tam，1850－1875，其事跡載於第五章）。此鐸區將西貢半島包

1874 年成立的香港代牧區範圍，包括香港、九龍、海豐、寶安及惠陽。

含其中，包括西貢的聖心堂、九龍的聖芳濟各堂、鹽田梓的聖若瑟堂、碗窰的聖伯多祿堂及汀角的聖安德肋堂。譚神父後來在汀角海遇溺身亡，於 1877 年改由符神父接任其職責。[15]「大陸區」亦有三位專門負責雜務的修女（Lay Sisters）及兩位母佑會（Daughters of Mary）的修女在此服務。[16] 根據 1877 年《天主教手冊》的紀錄，大浪村已建立了聖母無原罪小堂，而在赤徑的小堂名為「天主之母堂」（Holy Mother of God，亦即聖家小堂的前身）。整個大陸堂區，以

大浪作為神父在東部的居住地方，而中部的居住地則為西貢；堂區有約十五個傳教站工作，為遍佈約四十個村莊的七百名天主教徒提供服務；當時 [17] 西貢區亦已建立學校。[18]

是次於 1877 年舉行的宗座代牧區會議更決定把大陸區的中心定於西貢，而負責人繼續以西貢作為主要住所。自此西貢成為福傳工作的「母親和搖籃」，所有新到的米蘭外方傳教會會士都會先到西貢落腳，接受實習培訓和適應新環境。這安排遂成為了傳統，而西方基督信仰便是以此方式，從西貢傳到寶安其他地方，以至惠陽和

—25—

WESTERN DISTRICT.

This district comprises that part of Hong-kong lying between Gap Street, and Queen Road West, and Aberdeen inclusive; and on the Mainland, British Kowloon, Chinwan and the Island of Lan-tao.

RESIDENT PRIESTS :

REV. A. TAGLIABUE, ...Miss. Ap.

CHAPELS :

THE SACRED HEART, ...West Point Reformatory.
ST. PETER'S,... ... ... Chinwan.
ST. JOSEPH'S, ...Aberdeen.

EDUCATIONAL AND CHARITABLE INSTITUTIONS :

REFORMATORY
FOR CHINESE BOYS.

Under the direction of the Christian Brothers, one school for boys, shops for Carpenters, Tailoring and Shoemaking.

Director :
BROTHER ISFRID.

Assistants :

BR. IBONDIUS. | BR. PETER.

宗座代牧區會議於 1875 年訂定的西區，包括西環、香港仔、英屬九龍、淺灣（今荃灣）和爛頭島（今大嶼山）。（圖片來源：教區檔案處）

—26—

ON THE MAINLAND.

CONTINENTAL DISTRICT.

REV. A. PIAZZOLI, ...Superior
REV. A. LEANG,
REV. S. CHU AND REV. MATHEUS FU.

Sisterhood :

Three lay Sisters and two Daughters of Mary.

SUNON.

EASTERN RESIDENTIAL PLACE AT TAILONG.

CHAPELS :

OUR LADY OF THE
IMMACULATE CONCEPTION,
At Tailong.
HOLY MOTHER OF GOD,
At Chukau.

CENTRAL RESIDENTIAL PLACE OF SI-KUN.

Chapels :

THE SACRED HEART, ...At Si-kun.
ST. FRANCIS XAVIER, ...At Kowloon.
ST. JOSEPH, ...At Yan-tin-sei.
ST. PETER, ...At Wan-yau.
ST. ANDREW, ...At Tankok.

Schools :

BOARDING SCHOOL, ...At Si-kun.
DAY SCHOOL, ... At Wong-nei-chong.

刊於《1877 年天主教手冊》內關於大陸堂區的神職人員及聖堂資料。

（圖片來源：教區檔案處）

海豐一帶。這個角色一直持續到 1898 年新安縣的一部分被英國租借九十九年成為「新界」時；而新安縣的另一部分則成為自治區。[19]

此外，傳教士向羅馬教廷提議任命香港主教的人選時，曾在大陸區工作是其中一個主要的考慮因素：除了首任宗座代牧高主教外，其餘四位出任香港主教的米蘭外方傳教會會士，即和主教（Bishop Piazzoli）、師多敏主教（Bishop Dominic Pozzoni, PIME, 1861－1924）、恩理覺主教（Bishop Enrico Valtorta, PIME, 1883－1951）和白英奇主教（Bishop Lawrence Bianchi, PIME, 1899－1983），全部都曾經在大陸區範圍內的鄉村工作過。

香港天主教會在 1874 年得以升格為宗座代牧區，與西貢的傳教活動息息相關：歸善和海豐被納入香港宗座代牧區，管轄範圍大幅增加促使傳教士重新檢視傳教活動，並把香港天主教會劃分成四個鐸區。西貢成為其中一個鐸區——大陸區的中心，奠定了它當時在香港傳播天主教信仰的獨特之處。從那時起，西貢成為所有新到港外籍傳教士的訓練場所，此後的歷任外籍香港主教均曾在大陸區傳教，由此可見西貢的重要地位。

1878 年至 1879 年，諷刺、指摘歐洲人的海報、傳單和小冊子令內陸地區彌漫着一股仇恨歐洲人和其信仰的情緒。如在歸善縣的桃園，敵視天主教的狀態持續了差不多十年。根據和主教在 1879 年年初的記錄，村民印製了反對傳教士和天主教的海報，並四處張貼誹謗他們的告示。該地有五名天主教徒由於其信仰而被殺，亦有其他天主教徒受傷、兩名傳教士被搶劫。村民強迫教徒放棄聖堂，天主教團體被迫解散。[20] 與此同時，西貢地區由於沒有敵視歐洲人的傳統，相對上較為和平，傳教工作更取得進展：龍船灣、北潭涌和其他地方都形成了新的天主教團體，北潭涌更在 1900 年新建了小堂。

又如高主教在繼 1875 年的牧訪後，在 1879 年年初再度造訪西貢。在將軍澳及大環頭逗留了一天後，他與隨行的朱神父在翌日到了西貢，受到村民以爆竹和樂隊歡迎。在西貢待了兩天後，高主教與朱神父先後到過鹽田梓、黃泥洲、赤徑、大浪、深涌及峯下等村，探訪當地的天主教徒。

和主教的牧訪

1884 年，中法戰爭令在廣東、廣西以至貴州的基督徒團體與法國傳教士一同受到迫害。香港代牧區也同樣受到牽連：外國傳教士都被認為是法國人，面對極大生命危險與威脅。負責管理大陸區的和神父因持有法國護照，被中國政府懸紅 500 元捉拿他，更引來內地士兵到西貢搜捕。[21] 和神父在 9 月被迫離開，返回香港島。[22] 其後的幾年傳教工作因而停滯不前，入教的人不多，一年只有十餘名成人領洗。[23]

但總的來説，新安縣的天主教團體所承受的損失，並不如受法籍傳教士管轄的廣州傳教區嚴重。1884 年 12 月，所有傳教士都可返回原處居住。不過，1885 年 3 月至 12 月期間，和神父再次因病被迫請假。他的工作由穆若瑟神父接替，但穆神父只能偶爾抽時間探訪該區。往後的主要工作由國籍神父負責，還有剛從意大利來港的師多敏神父，他是來接替調往海豐的符神父。[24] 當和神父在 1891 年被召回市區後，大陸區僅餘兩位司鐸，他們分別是師多敏神父和梁子馨神父，前者成為大陸區負責人，直至他在 1905 年被委任為香港的宗座代牧時才離任。

1895 年和神父被任命為香港的宗座代牧，並祝聖為主教，接替高主教。同年 11 月某天，和主教重臨舊地探訪他過去工作地方

的老朋友。主教只能探訪西貢半島的教友，他們放鞭炮並奏樂歡迎主教與隨行人員，莊嚴地陪伴他們進入教堂，當天他們在那裏舉辦歡迎會。晚上是教理講授和悔罪禮；第二天早上舉行彌撒和領聖體。和主教在深涌、白沙澳、赤徑和大浪度過了相當美好的時光。離去時，信徒亦同樣莊嚴地陪同主教從教堂走到海邊，乘船返回香港。根據留下來的記錄，村民們的熱情感動人心，慶祝活動亦極其美妙。[25]

1896 年的復活節後不久，和主教再度探訪西貢地區，是次牧訪只用了三天，由一年前才開始服務大陸區的沈若瑟神父（Rev. Giuseppe Zamponi, MEM, 1870－1925）陪同。在 1897 年至 1898 年，由於歸善和海豐逐漸成為自治區，管理大陸區的師多敏神父便主力着眼新安縣的工作，重新分配其轄下的人手，把新安縣內的西貢和南頭定為兩個傳教中心。[26]

英國租借新界：西貢脫離內陸

隨着滿清與英國在北京簽訂《香港展拓界址專條》，英國在 1898 年 6 月 9 日租借新界。在 1899 年 4 月，英國國旗在大埔徐徐升起，象徵英國正式接管新界。從那時起，由於新安縣在政治上被分割為兩部分，西貢和南頭從此步上不同的路途：從宗教角度來看，前者由於脫離內陸地區，其地位下降至只為新界的中心地區，後者則負責新安縣餘下的地方。雖然新界居民最初並不歡迎英國管治，但也的確為該地區帶來某程度的安定與平靜。當時位於歸善縣的土洋天主堂的教友，曾被當地人仇視長達十年，1879 年更有五名教徒被殺，並有十個家庭及兩個傳教士被劫掠。[27] 而新界總算避過了 1900 年前後中國反洋反教的義和團運動；至於推翻大清帝國而造成的各種社會政治動盪和騷亂，對新界地區的傳教工作沒有帶

來太大的干擾。其後的主教除了繼續牧訪西貢外，亦會到大陸傳教區如海豐等地訪問當地的神父及天主教團體。

1885 年 11 月 10 日，師多敏神父離開意大利出發往香港，在 12 月 19 日抵港。在其後兩年間，他便到過寶安的南頭、惠陽及海豐等地傳教，主要為客家人服務。[28]

1904 年夏天，師多敏神父離開西貢，陪伴生病的和主教返回意大利，和主教最終於 12 月 26 日在意大利去世。1905 年初師多敏神父便回香港，亦回到他主管的西貢，在 1905 年 6 月於赤徑所寫的信中提到，他曾向長上報告到訪大陸地區的情況。當時羅馬正在考慮任命新的代牧，[29] 與此相關的是，當三位主教候選人的名字被提交給教宗庇護十世時，教宗問到：「哪個人全力為中國人工作？」當他被告知是師多敏神父時，便回應：「那他就是當選的那個人。」[30]

師神父在 7 月收到庇護十世任命他為香港第三任宗座代牧的消息，並被稱為「聖潔的主教」，以培養教區的靈修生活而廣為傳頌。[31]1905 年 10 月他祝聖為主教，而原本由他主管的新界職務和工作，由在 1900 年底被派到新界的羅奕安神父（Rev. Angelo Ferrario, PIME, 1876－1933）接替，並由陳蘭芬神父（Rev. Francis Chan, 1869－1941）協助。1906 年，「丙午風災」是香港史上最多人死亡的風災之一，颱風於 9 月 18 日登陸香港，造成過萬人死亡，大埔市內有三十八間房屋倒塌，而中環的建築物亦受損，最保守估計損失達二千至三千萬港元。[32] 在西貢和幾個村莊，包括傳教士的所有房屋倒塌，學校損毀尤其嚴重，傳教士須立即修葺以便能繼續服務。

在接任代牧的翌年 1 月，師主教到訪由文多藝神父（Rev. Antonio Banchi, 1878－1930）主持的大陸地區，亦曾訪問海豐地區（他其後曾在 1917 年及 1923 年再次訪問海豐）；緊接於 1908 年亦到訪過菲律賓。師主教最後一次到西貢是他六十二歲時，即 1923

師多敏主教（前中）與梁子馨神父（前右）及其他華籍神父共攝於 1914 年或 1915 年。（圖片來源：宗座外方傳教會）

年 12 月。[33] 在他管治的十八年中，代牧區的天主教徒人口大量增加，據估計大約有 21,000 人，其中 15,000 人是中國人。[34]

　　1910 年清朝被推翻前的政局動盪對新界影響不大，情況尚算平靜。三位主教多次放下繁重的職務，親身到偏遠的西貢進行牧訪，縱然需攀山涉水，過程疲憊不堪，他們仍甘之如飴。這正好側面反映出西貢在當時香港天主教會的重要地位。

　　總括而言，在 19 世紀末至 20 世紀初，西貢的天主教傳教活動與本港的宗教及社會大事密不可分：香港天主教會在 1874 年升格，西貢隨即躍身成為大陸區的中心，既成為大陸區負責司鐸的駐地，又是外籍傳教士的訓練基地。雖然當時僅得四名神父服務偌大範圍的地區，但他們的努力取得滿意的成果。西貢的教徒人數及天主教

團體陸續增加，與整個香港宗座代牧區一起成長。傳教活動曾經因颱風、仇視洋人風氣及中法戰爭等因素遭遇挫折，但對於相對平靜的西貢卻影響有限，這或許證明了把西貢定為大陸區的中心是個獨具慧眼的決定。

1898 年，英國租借新界，西貢的地位下降為新界區的傳教中心，但也因而避過大清帝國的政治動盪和騷亂。在這段期間，即使面臨人手不足、天災人禍的問題，西貢的傳教活動仍得到長足發展。幾位主教牧訪時往往受到西貢村民的熱切歡迎，師主教離世時亦哀慟痛哭，正好說明村民與傳教士之間的深厚感情，足證傳教工作所收穫的豐碩成果。他們的繼任人亦繼往開來，在艱辛之中迎難而上，把福音向外傳播。

恩理覺任代牧及丁味略接任西貢司鐸

外籍傳教士離鄉別井，致力把福音介紹給尚未認識基督的人，把青春和光陰奉獻給彼邦，更可能會客死異地。他們的種種經歷，應該被永遠記下；其對信仰的投入和犧牲，更值得奉為楷模。來自意大利的丁味略神父（Rev. Emilio Teruzzi, PIME, 1887－1942）正是其中一位偉大的傳教士，他服務西貢十五年，非常喜愛當地風土與人情。其後曾短暫返回意大利，但由於始終念念不忘香港，他決定重返這片土地，後來更在西貢殉教。丁神父的事跡至今仍在其家鄉廣泛傳頌，當地的年輕天主教徒對他的偉大信德都深表敬佩。[35] 丁神父在 1914 年至 1927 年主管西貢區，其間與該區各處的天主教團體及信徒接觸頻繁，關係密切，他的工作點滴正是這段時間西貢傳教事業的縮影。

年青時的丁味略神父。（圖片來源：宗座外方傳教會）

　　丁味略神父於 1887 年 8 月 17 日在意大利北部米蘭的萊斯莫鎮（Lesmo）出生。年青時的丁神父要求加入米蘭外方傳教會，並於 1912 年 6 月 29 日晉鐸。同年 12 月，丁神父到達香港後，不久便得到師主教的允許，到西貢區進行牧職工作，並由當時主管新界的資深傳教士羅奕安神父指導，學習當地的語言及適應其習俗。當羅奕安神父及其助手司徒廷昭神父（Rev. John Situ, 1872－1947）在社區及學校探訪以及做牧民工作時，丁神父則全神貫注地研習中文，很快肩負起照顧整個新界區的重任。

在 1915 年，丁神父已需要管理十五間教堂及小堂，[36] 甘沛霖神父（Rev. Angelo Grampa, PIME, 1882－1957）及楊倬華神父（Rev. Joseph Yeung, 1878－1945）相繼協助他。在其 1914 年至 1915 年的報告中，[37] 他對於西貢的傳教成果興奮不已，因為在該年度，浪茄有婦女領洗，西灣和北潭涌兩地均有村民要求領洗入教。[38] 但傳教工作並非一帆風順，丁神父亦同時抱怨資金不足、尋找傳道員有困難及缺乏慕道者等問題。[39]

丁神父和他的國籍助理經常與其轄下十多個教徒社群保持聯繫。為了舉行聖事，不論天氣如何，神父仍堅持走過陡斜的小徑，到達偏遠村落的聖堂。有些村落因散佈在海邊，他們需要乘船才能抵達，經常會在大海上遭遇風暴等危險。丁神父亦造訪許多貧窮的鄉村，包括元朗、八鄉及大埔等地，並取得成果。

1917 年，西貢迎來另一位新晉鐸的神父：出生於廣東順德的盧履中神父（Rev. Philip Lo Lee Tsung, 1889－1970）。盧神父晉鐸後隨即被派往西貢，作為丁神父的助手和教務的助理。這兩位傳教士像往常一樣，不斷造訪每一條村，為忠實的信友舉行聖祭，吸引新的慕道者入教，並在有需要的地方停留較長時間。丁神父全力支持信友，聲譽十分良好，連異教徒也尋求他的幫助。兩位神父也忙於修復被白蟻及颱風破壞的建築物，並建設新教堂，如 1918 年在浪茄興建的小堂、蛋家灣的居所及小堂和 1923 年於黃毛應建成的小堂。[40]

丁味略神父不只舉行聖祭、傳教和建立新聖堂，他也十分着重透過教育牧養村民。雖然籌建學校的過程經常遇到困難，但丁神父沉着應對。如他計劃在西貢墟的後山建設一所大型學校以及住宅。他籌集到經費購買土地後，才發現除了有財務困難外，亦有來自西貢居民的強烈反對，因為他們認為這個建設會破壞山坡，砍伐樹木也會冒犯當地神靈，為眾人帶來不幸。在 1930 年代負責西貢區的

何達華神父（Rev. Ottavio Liberatore, PIME, 1901－1972）記得丁神父最終花了很長時間說服他們，甚至要動員警察介入才能平息事件。

　　恩理覺神父在 1926 年被委任為香港代牧區第四任宗座代牧，並在同年 6 月 13 日被祝聖為主教，接替因心臟病離世的師多敏主教。除了香港教會領導層更換，新界的傳教士人手編配亦有所變動。1926 年 5 月 1 日，新界被劃分成東鐸區（西貢）、西鐸區（大埔）和離島區。丁神父負責東鐸區，專注於西貢的教務，此區的公教徒數目縮減至 1,620 人，分成十四個團體，有八間教堂和小堂，信徒全都是「老教友」。這說明了為何丁神父於 1927 年 9 月的報告中，開始抱怨「宗教精神低落」、「缺乏新皈依者」和「信徒自以為比傳道員認識更多，不再聆聽他們」。

恩理覺主教與一班年青修生及導師攝於 1930 年。（圖片來源：宗座外方傳教會）

丁味略神父（中）與一班童軍領袖於約 1930 年代的安達臣谷。
（圖片來源：曾永燊）

　　丁神父不只承受傳教方面的挑戰，也需要面對龐大財政壓力。
丁味略神父與所有其他傳教士一樣，只能從教區收到少量資助，故
必須尋找其他捐助者甚或借貸才能支付全區開支。在繁重的壓力
下，丁神父當時曾詢問恩主教可否調派他到其他地區。最終丁神父
因財務負擔極為沉重，提出辭職，他向主教解釋：「教堂和小堂、
傳教士的住所及課室，都需要大規模修復。此外，我的龐大個人債
務連須急付的利息，將耗盡我從津貼和彌撒奉獻節省得來的些微金
額，使我無法承擔任何新的開支。」[41] 結果其職務從 1928 年起由達
依理神父（Rev. Pietro Daelli, PIME, 1893－1965）接替。

　　離開東鐸區後，丁神父被派到主教公署工作，擔任秘書長、檔
案主任及禮儀主管等職位；後來被任命為殖民地監獄的神師，亦曾
短暫出任主教座堂和跑馬地聖瑪加利大堂的主任司鐸。他亦熱心支
持教友成立公教進行會及提倡公教童軍運動。[42] 縱然職務繁重，但
丁神父仍與西貢保持聯繫，尤其是在一些特別紀念活動或當某些堂
區出現財政問題而需要處理的時候。

白沙澳教友村建成新聖堂

白沙澳村是代牧區時期便出現的天主教教友村。西貢半島北面分佈了不少客家村落，當中包括清代已建成的客家圍村白沙澳。[43] 白沙澳位於山谷，位置頗為偏僻；其他較近的村莊包括其北面的白沙澳下洋村、屋頭及海下村等，這些村落與白沙澳一樣在 19 世紀建成。[44] 意大利籍神父早於 1870 年代便到白沙澳村傳教，其後全村領洗，成為天主教教友村，沒有供奉先人及設祠堂，有一所小堂建於一座客家碉堡後面的小山崗上，像梁子馨神父、丁味略神父及黃子謙神父就曾先後在該村服務。村中的小堂則是由師多敏主教親自祝聖。

根據清代道光年間（1827－1850）編成的禾坑李氏族譜中，白沙澳又作「白砂凹」。[45] 但可能受和神父在 1866 年繪製的《新安縣全圖》影響，1899 年的香港政府憲報把村落稱為「白沙凹」，[46] 但該村的原居民自 19 世紀起一直都是以「白沙澳」為村名。白沙澳建村可追溯至明朝初年，在嘉慶版《新安縣志》中被列為官富司管轄村莊；其村民的姓氏包括何、劉、林、葉、黃、翁和陳等。[47] 根據紀錄，最早遷居白沙澳的相信是何真家族。明朝洪武年間（1393年）藍玉陰謀兵變推翻朱元璋事敗，何氏家族受牽連而潛逃。直至朱元璋駕崩（1399 年）後，何真才敢偕兒子何崇到深圳寶安筍崗村定居，其家族分支後到香港新界地區包括白沙澳立村。[48] 然而，深圳、香港地區有很多何氏族人都自認是何真第二子何華、第五子何崇之後，此外，由何氏後人所建的碉堡式客家民居至今仍在，以青磚所建，是何氏家族建村的代表性建築，由此可見，何氏家族在西貢地區的發展相當悠久。

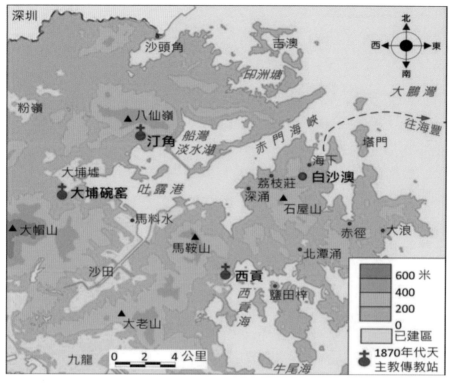

白沙澳及 1870 年代天主教傳教站的位置。（楊錦泉繪）

1990 年代何氏碉堡式客家大宅外觀。（圖片來源：阮志偉）

至於劉氏家族，曾於 1805 年遷居白沙澳。另外，林、葉及黃氏於 1810 年至 1820 年間遷至此村。翁氏則在 1855 年自海下村遷到白沙澳。[49] 村民主要以務農、斬柴及製炭維生，亦有部分村民從事漁夫及泥工。根據口述歷史，白沙澳村曾經有一個炭窰，村民聘請來自內地的工人負責製炭。村後的山丘名叫「燒炭坪」，顧名思義是指山上有一片用於製炭的平地。[50]

如第二章所述，早於 1869 年之初，意大利米蘭外方傳教會的傳教士已曾經踏足白沙澳。這是因為當時大埔的碗窰和汀角均設有傳教站，傳教士利用水路交通，從這兩處地方往返同屬宗座監牧區範圍的歸善和海豐，到那裏傳教和進行牧民工作。臨近赤門海峽的白沙澳村就成為大埔與海豐之間的水路中途站。[51] 和神父是最早從歐洲來到香港的主要傳教士，當時在汀角村傳教的他便經常往來赤門海峽一帶，有時亦停留在白沙澳傳教。

白沙澳村屬新安縣雙魚洞管轄，該地以上水廖氏為主，並由他們代朝廷徵收稅項。1880 年代中葉，上水廖氏向海下及白沙澳村民收取地租時發生爭執。[52] 天主教傳教士利用協助白沙澳村民解決衝突的機會，向他們傳教。在 1869 年至 1870 年間，數十名白沙澳村的村民領洗皈依天主教，[53] 成為一條天主教的教友村，並於 1880 年在村尾谷地建了一間能容納 160 人的小堂，[54] 梁子馨神父曾於 1868 年至 1882 年在此服務。[55]

香港宗座代牧區在 1915 年把原白沙澳小堂土地賣給何氏家族，然後丁味略神父購買了小堂現址的所在土地，興建新小堂，取代已殘破的舊堂。新聖堂由師多敏主教親自在 1916 年 4 月 25 日祝聖，陪伴他的三位神父分別是：送贈了「聖母與聖嬰像」的顏伯祿神父（Rev. Pietro Gabardi, MEM, 1866－1919）；擔任教堂建築師、興建者的甘沛霖神父，他有時甚至充當石匠、木匠和畫家；以

及負責為新聖堂奠基的楊倬華神父[56]——後兩者都曾服務大陸區。小堂最多能容納190人，新落成初期平均參與彌撒人數多達180人，[57] 近乎座無虛席，難怪師主教在報告中指出新堂落成令白沙澳的團體「重拾朝氣與力量」。[58] 小堂旁邊的學校由丁神父在1920年代初期建立，在1930年代已有大約三十名學生就讀。學校的課程根據政府的教學範圍而定，教授的科目包括中國語文、信箋寫作、數學和珠算、常識、衛生等學科。學生除了來自白沙澳和南山頭，也有住在荔枝莊和海下等非教友村的小童。[59]

1916年4月25日，師多敏主教親自在祝聖新建的白沙澳小堂。
（圖片來源：宗座外方傳教會）

2002 年白沙澳小堂正門（圖片來源：李偉光）

　　當時，一名神父需要同時服務數條村落，包括大浪、赤徑、深涌等地，由於各地有相當距離，因此丁味略神父及黃子謙神父只能每月到訪白沙澳一次。每當他們到達白沙澳，信徒都會齊集在小堂內參與彌撒及祈禱。由於沒有神父長駐村中，被村民稱為「阿姑」或「姑娘」的修女會輪流在村中逗留，向村民講授教義及教他們唸經。每位修女待了不多於兩個月便會轉去另一村落，由另一位修女接替。沒有神父到訪時，修女或於小堂旁邊學校就讀的小學生每逢星期日早上便會帶領村民誦唸聖經和祈禱。**60**

　　白沙澳附近有一條名為「南山洞」的許氏村落，同樣信奉天主教，其成員也會在白沙澳的小堂參與禮儀。另外，少數住在附近非教友村落的信徒亦會到小堂參禮——當中有部分婦女本來是白沙澳居民，後來嫁到海下等周邊村落。[61] 參禮教友來自多條村落，信徒甚眾。根據政府的統計數字，最多可容納 190 人的白沙澳小堂，在 1912 年至 1934 年間通常有 180 人參與彌撒，即接近滿座，可以想像當時舉行聖事的熱鬧情況。[62]

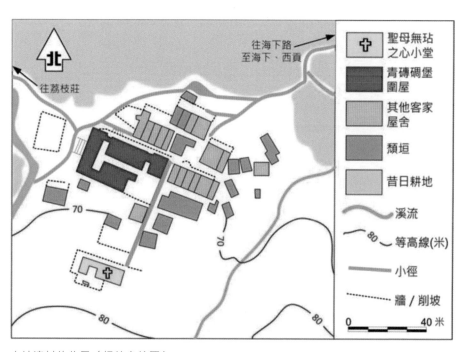

白沙澳村的佈局（楊錦泉繪圖）

2018 年重修前的白沙澳小堂外貌
（圖片來源：大埔聖母無玷之心堂）

2018 年重修後的白沙澳小堂外貌
（圖片來源：大埔聖母無玷之心堂）

海灣小堂：北潭涌「羅瑪堂」及龍船灣「天主堂」

由傳教士所建立的小堂中，以兩間位於西貢海的小堂最接近西
貢墟，一間是北潭涌的聖母七苦小堂，另一間則是位於北丫的龍船
灣小堂。「北潭涌」本身是河涌之名，位於西貢大網仔路的盡頭與
西貢東、西郊野公園之間，發源於一座名為「雷打石」的山峰一帶
的花潭石澗（又名「龍坑」）出海處。相傳於月光映照下，河涌水
面會呈現大片白光，初名「白潭涌」，其後一音之轉而成為「北潭
涌」。在昔日未有陸路接駁北潭涌之時，河涌可供航行之用。[63] 北潭
涌一帶由六條鄉村組成「六鄉」，包括北潭、斬竹灣、黃麖地（排
坳）、上窰、鯽魚湖（正坑）和黃坭（泥）洲（黃宜洲）。

北潭涌村的地理位置優越，位於六鄉中心，是水陸交通樞紐。昔日六鄉村民多經「榕北走廊」（即榕樹澳至北潭涌之古道）至企嶺下海乘船至大埔，或從位於黃麖地及上窰的小碼頭乘搭船隻至西貢墟、筲箕灣等市集，出售豬隻、柴炭、石灰和磚等，然後收購糧食和油等物資。據北潭涌村長憶述，其家族曾建青磚房子於「榕北走廊」要衝，居住之餘亦經營雜貨店和開辦村塾。一百五十多年前，黃氏族人在其居室建了有瓦遮頭的長廊，讓西貢各鄉村民通過及前往「榕北走廊」，這些村民也會在這個通道避雨、歇息和聊天，故被稱為「過路廊」。[64] 1900 年至 1910 年代，每天會有一班木船由黃麖地碼頭往返西貢，早上十時開出，下午二時由西貢返回，以應居民生活所需。但遇風向不順時，船隻有可能滯留西貢，往往要在入夜後才能返回北潭涌，家人即會攜同燈籠往碼頭接船。

「六鄉」的中心是「上窰」，根據 1898 年英國租借新界時的測量圖，當時這一條村亦同用「北潭涌」為名。上窰的成村歷史及經濟活動與「六鄉」的黃泥洲村息息相關。二百多年前，祖籍廣東惠州淡水的黃氏客家人，首先到西貢斬竹灣畔建立黃泥洲村。多年後人丁繁衍，故需開拓土地發展。約 1830 年代，黃氏族人在岸邊建立同屬六鄉的上窰村。[65] 由於西貢地區曲折的海岸線形成為數眾多的海灣，而海中藏有豐富的珊瑚和蠔殼，因此近岸處十分適合發展燒灰業，上窰也不例外，旁有山嶺供應柴炭，黃氏便把握地理優勢，在海灘上建造灰窰。這座窰約十尺深，至今仍然遺存，燒成的石灰可作建築及肥料之用。

另外，由於山上都是黃黏土（yellow clay），所以方便了上窰黃氏在灰窰對岸設磚窰，燒製磚瓦，作為建築屋舍材料。在 20 世紀初黃氏村民用船將燒成的磚及石灰，利用村前的小碼頭運到鄰近的村落或筲箕灣出售，全盛時期此處曾僱用了百多名工人。[66] 黃氏更一度因積蓄了財產，引致盜匪經常來犯，甚至需要加固圍牆防

盜。可惜在 1940 年代英泥興起後，石灰的需求日漸減少，當時青洲英坭公司的開設令本地燒窰業受到沉重的打擊，村民開始離開本村尋求出路，當中不乏居民返回內地，亦有一些村民選擇到東南亞一帶，戰後則以移居英國為多。雖然上窰村的居民已大部分移居外地，但土地的擁有權仍然在村民的手上。[67] 另根據村長憶述，村內的客家婦女會上山斬柴作為燃料之用，他們亦會耕種稻米、種菜、養豬等，故此在上窰的民居中亦設有豬欄。[68]

六鄉並非每條村落都信奉天主教，而是主要以黃泥洲和上窰兩村的傳教成果較為顯著，而前者較早有村民歸化，後者建立的小堂則屹立至今。1869 年，傳教士在斬竹灣開啟了傳教站。高主教在1875 年進行牧民探訪，從記錄此行的報告中可見黃泥洲的教友人數錄得顯著上升：

> 從鹽田梓到黃泥洲需半小時的船程，黃泥洲在兩年前僅有一名天主教徒，但現時已有 25 名受洗，另有 25 名慕道者。[69]

1877 年，在傳道員馬金秀的葬禮上，有黃泥洲的村民前往西貢小堂悼念這位對西貢傳教事業貢獻良多的良師。1879 年初，高主教到大陸區進行另一次牧訪，報告提及黃泥洲的天主教社群得到進一步擴展：

> 7 號那天，主教去了離西貢一個半小時的黃泥洲，探望新領洗者團體。這個團體正迅速增加，有超過 50 人領了洗，近 20 人準備接受洗禮。[70]

根據由 1898 年至 1904 年政府完成的新界土地測量及其後的「集體官契」紀錄，天主堂的地段為「羅瑪堂」，教會於 1900 年

在此建立聖母七苦小堂。[71] 又因為羅瑪堂的兩側地段亦稱作「黃宜洲」，故幾乎可以肯定的是羅瑪堂就是位於黃宜洲；另外在 1905 年的政府檔案顯示，羅奕安神父曾向政府申請豁免西貢小堂的納糧，亦包括位於「黃泥洲」（Wong Nai Chau）的小堂；[72] 而六鄉的其他村落村民亦陸續要求聽道，並接受洗禮。19 世紀末，北潭涌上窰村黃氏客家人全村皈依天主教。為應付北潭涌日益增長的教友人數，傳教士於 1900 年在上窰興建聖母七苦小堂，使此處的教友能定期聽神父講道、辦告解及望彌撒。

1905 年 10 月 13 日的政府紀錄，顯示羅奕安神父要求政府豁免西貢小堂的納糧但不獲接納。（政府檔案處提供）

　　根據土地註冊處的記錄，1905 年政府發出的「集體官契」顯示，聖母七苦小堂的業主為「羅瑪堂」。[73]「羅瑪堂」並非上窰村某個姓羅的村民，而是指羅馬天主教教堂的譯音「Lo Ma Tong」。上窰黃氏族人在該年已將此地讓給香港天主教會，並由教會興建教堂。其後於 1908 年，小堂的土地業權由「羅瑪堂」轉移到香港羅馬天主教會宗座代牧名下。根據政府檔案，當年小堂的管理人是時任新界主管羅奕安神父，一般參加彌撒的教友約為八十人（估計當時有不少教友站在小堂外的空地上參與彌撒）。[74] 當時基督教的新教宗派之一信義宗亦初到寶安一帶傳教，包括中華基督教崇真會（原名「巴色會」），他們的兩位宣教士韓山明及黎力基是來華之始祖，竭力傳教以消除文化障礙。韓山明牧師專門學習客語，黎力基牧師專門學習潮語，以方便進入東莞、歸善及寶安三個縣。[75] 根據歷史紀錄，由於基督新教及天主教差不多同時在英國租借新界作測量時於黃宜洲建立教會，向客家人傳播信仰或福音，因此推斷兩個教會在土地登記時曾有過一定的協調，信奉天主教的村民才以北潭涌或上窰為村名或地址（按：原六鄉沒有「北潭涌」這村名），信奉新教的村民則仍稱「黃宜洲」。

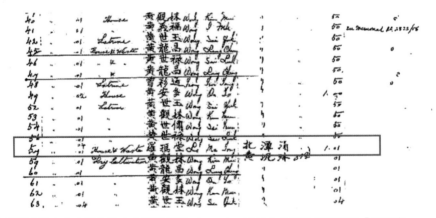

北潭涌聖母七苦小堂在政府「集體官契」（1898－1903）內首次被登記為「羅瑪堂」。

　　聖母七苦小堂啟用後，陸續有更多人信教。羅奕安神父描述其1913 年至 1914 年間在西貢的傳教工作時表示：「北潭涌有六個家庭決定加入天主教會，我會盡力照顧他們⋯⋯」[76]丁味略神父接替羅神父後，在其 1914 年至 1915 年的報告中寫道：「北潭涌有幾個新教家庭，家中仍然置放偶像（編按：即傳統華人宗教的佛像與神像），但亦有些異教徒家庭請求我為他們施洗入教。」[77]

　　除了教友人數增長，北潭涌還有更振奮人心的消息。經過天主教傳教士多年的努力，一位出生於北潭涌的人士受司鐸聖召，成為神父。丁味略神父於 1937 年 3 月 1 日致函文明德神父，向他索取關於出生於北潭涌及已入讀沙巴的省會亞庇（Jesselton，現稱 Kota Kinabaru，中譯「哥打京那巴魯」）神學院的一位黃姓村民的洗禮和堅振證明文件，間接使我們知悉北潭涌亦曾出現聖召。然而該村的天主教團體亦面臨挑戰，小堂在 1920 年代的參加彌撒人數一度由八十人跌至六十人，[78]至 1935 年更減至四十人，這些教友的流失可能與為數不少的村民前往市區工作有關。從時任西貢堂區本堂何達華神父（Rev. Ottavio Liberatore, PIME, 1901－1072）的年度報告可見，1935 年 7 月上窰和下窰（即今天的起子灣）有幾個天主教徒家庭，而北潭涌村落大部分人都在市區工作。何神父每次到訪北潭涌時，平均只有七至八人領聖體。[79]至於小堂能容納的人數則由落成時的 120 人減至 1939 年的 80 人。[80]

　　從文獻紀錄，二戰前小堂的天主教傳教情況較為興盛，當時小堂附近的村民大部分已是教友，會到西貢墟崇真學校那裏取分派的麵粉、生油等食品——這體現了「信者得救」的教義。當時的傳教方式除了能醫治人心，為了配合那年代的社會生活環境，不得不配合村民兩餐溫飽的需要。這些物質上的援助對普羅大眾的吸引力很大，因此奉信天主教者眾。不過，由於他們信奉天主教前，多信奉

伯公、大王爺及崇拜其他自然神，因此在通往北潭涌的小徑上仍有一個大王爺神位，是由六鄉的村民捐建；而在上窰的村民信教後，六鄉也有一些村民並信奉民間神祇，昔日的伯公神位仍然可見在上窰的路上，反映了教會對中國傳統的了解和尊重。神父在開彌撒前，多在村中吃飯及住宿；而在「北潭涌復興橋」碑可見在樂捐者芳名中列出「天主堂樂捐叁百元」，證明天主堂有捐款維修該條橫跨河涌的橋，反映出神父在天主教節期以外，與村民的融洽生活及合作。

聖母七苦小堂建於涌口的東岸，昔日潮漲時村民可以乘搭小船直接在小堂外的碼頭上岸。[81] 由於當時毗鄰的上窰村為防海盜，選址建在一個高台上，相信小堂亦因同樣原因建於高於地面約兩米的地基上，而另一說法是為避免在潮漲時淹浸小堂的方法，與上窰村同屬典型的客家建築風格，兩者均就地使用花崗石砌築屋牆。小堂有中西合璧的建築風格，一方面有硬山式的山牆，門額兩側豎立長方形立柱，柱上突起捲雲裝飾，裝飾為棗紅色，立柱為白，呈現出當時流行的裝飾藝術；門上的牌匾刻着「天主堂」三字，其風格混合了中、西與教堂的元素。

由於小堂外貌與一般客家村屋民居無異，因此估計小堂原是民居，由村民奉獻給教會作小堂之用。小堂是兩間式，左面一間用作聖堂，牆上嵌有十字架，上有耶穌受難雕像，下有卷雲紋裝飾。右面的一間以門相通，內設閣樓，是神父的居室。聖堂左側設有三個窗，窗框為長方形，窗內外俱有鐵枝，有防盜的作用。整間小堂的外牆和內牆都髹上白色，有簡潔樸素的風格。

約於 1980 年代的聖母七苦小堂（圖片來源：公教童軍）

今天的聖母七苦小堂

小堂側原是一塊農地，在 1982 年小堂由公教童軍管理後，農地供作小堂的一部分而填為平地，改作宗教聚會的場所。傳統建築智慧認為南北座向能讓房子冬暖夏涼，兼之光線充足，但上窰村的兩座建築物均採用東西座向，這是符合當地背山面海的風水要求。

1909 年時，整個西貢堂區有 1,215 位公教徒和 60 位慕道者。1910 年內地發生動亂，但對新界的治安並沒有太大影響。故此位於糧船灣洲的北丫村於 1910 年仍然可以建成龍船灣小堂[82]（現已倒塌[83]）。根據師多敏主教的報告，他曾為該小堂祝聖，又回憶當他未成為主教時，他亦曾到訪過該村。當時所有村民，包括年長的及年輕的，均前來小堂歡迎師主教，令他十分高興，在該次祝聖儀式時，他又重遇很多舊朋友，他們已經領洗。[84] 當小堂建成後不久，丁味略神父從羅奕安神父的手中接過管理權，由於小堂所在的村落是由多個姓氏的客家人所聚居，神父需要學習客家話才能在這裏傳教。根據實地考察，龍船灣小堂屬兩間式，右面的一間為聖堂，祭台設於小堂末端的中央位置，對着正門。祭台的牆壁為典型柱式設計，祭台右邊有側門通往隔鄰的祭衣房。祭衣房的閣樓應為神父的宿舍，祭衣房另有一門通往後面連接的內堂。聖堂的門牆有中式鏤空窗飾設計，可見傳教士在此地傳教時，大多融合了村民的傳統風俗與西方教會的手法。聖堂的旁邊建有一間中式祠堂。

由於糧船灣北丫村及東丫村擁有歷史悠久的糧船灣天后廟祭祀組織，該地村民大多數均信奉海神天后，傳教士在這條村傳教亦遇到不少阻力，教友人數未有大量增加。然而龍船灣小堂隔鄰是該村的祠堂，是祖先崇拜的中心，顯示該村雖然沒有形成較大的教會群體，但亦容許天主教在村中傳教。根據該村原居民黃義天憶述，該村的教友人數一直不算太多；另按西貢聖心堂的領洗紀錄，1924 年12 月 28 日仍有一位黃姓居民領洗，主持聖洗聖事的神父是穀祿師神父。當中地點是寫「糧船灣」，教區則寫「Lung Shun Wan」。

龍船灣小堂屋頂現已倒塌，只餘下部分牆壁供人憑弔。（圖片來源：阮志偉）

龍船灣小堂所在的北丫村。（圖片來源：黃義天）

1924 年至 1925 年西貢堂區的領洗紀錄，顯示糧船灣、鹽田梓、浪茄、石坑及黃毛應有教徒領洗。（圖片來源：西貢聖心堂）

可見傳教士在該村傳教，仍然獲得一定成果。

　　宗座代牧區成立後，西貢的傳教事業得到長足的發展，與主管西貢堂區司鐸的熱誠密不可分，雖然曾遇上了不少阻力，西貢的天主教團體，特別是白沙澳、北潭涌等村均成為具影響力的教友村，成為代牧區中鄉村傳教的典範。

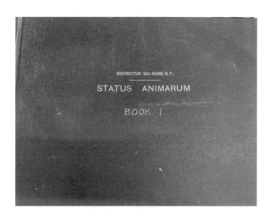

西貢聖心堂保存的西貢區教會紀
錄冊（圖片來源：西貢聖心堂）

林柏棟神父與誼子黃義天於 1990 年代到訪龍船灣小堂時，
祭台形貌尚存。（圖片來源：黃義天）

注釋

1　Giovanni B. Tragella, *Le Missioni Estere Di Milano*, Vol. 1 (Milano: Pontificio Instituto Missioni Estere, 1950), p. 236.

2　宗座代牧區是由教宗透過傳信部，以教宗任命函件委派領衘主教管理的教會。

3　夏其龍：《香港天主教傳教史，1841－1894》（香港：三聯書店，2014），頁 229。

4　D'Elia, Pascal M., *The Catholic Missions in China* (Shanghai: The Commercial Press, 1934), pp. 55－56.

5　夏其龍：《香港天主教傳教史，1841－1894》，頁 158－160。

6　Sergio Ticozzi, "The Catholic Church in Nineteenth Century Hong Kong", *Journal of the Royal Asiatic Society Hong Kong Branch*, Vol. 48 (2008), p. 129

7　Ryan, Thomas F., *The Story of a Hundred Years: The Pontifical Institute of Foreign Missions, (PIME), in Hong Kong, 1858－1958* (Hong Kong: Catholic Truth Society, 1959), pp. 115-118, p. 67－74.

8　傳説由於教會的影響，在深涌一向出沒的海盜及盜賊，不再在這裏群集。穆神父也在深涌傳過教，他認為這是一個優良的教友小團體。《高主教 1875 年 3 月 26 日的信》，載於 Le Missioni Cattoliche, Milano, 1875. Vol. IV, pp. 247－250；《1877 年 11 月 19 日穆神父（Burghlignoli）的信》，載於 Les Missions Catholiques, Lyon, 1878. Vol. X, p. 125;《1877 年 11 月 19 日穆神父（Burghlignoli）的信》，載於 Les Missions Catholiche, Milano, 1878. Vol. VII, p. 28。見夏其龍：〈香港客家村落中的天主教〉，http://www.cultus.hk/writings/hakka.htm#_ftnref124（瀏覽日期：2021 年 8 月 24 日）。

9　沙田半島應指今天馬鞍山一帶。

10　根據教宗若望保祿二世講解聖灰禮儀的意義：「聖灰禮儀這一天在頭上撒聖灰並不是要給教友製造悲觀消極、聽天由命的氣氛，而是要邀請大家不要受到物質世界的約束，因為物質世界固然有它的價值，畢竟是要消失的。只有在天主內，人才能重新完全找到自己，並發現自己存在的最後意義。」引自「聖灰瞻禮」，天主教香港教區禮儀委員會，http://catholic－dlc.org.hk/s02ash.htm（瀏覽日期：2021 年 8 月 24 日）。聖灰瞻禮是四旬期的開始（大約在每年二月至三月），當日信徒應守大小齋。守大齋的規定適用於年齡在十八歲以上但未達六十歲的人士。守小齋的規定，適用於所有十四歲以上的人士。所謂小齋，即放棄取用熱血動物的肉類食品。所謂大齋，即只可飽餐一頓，但在早上及晚間卻可進少量食物，其餘時間只可取用流質飲品，而不能進食。

11　"Hong Kong a Vicariate", *The Story of a Hundred Years*, pp. 67－71.

12　Sergio Ticozzi, "The Catholic Church in Nineteenth Century Hong Kong", *Journal of the Royal Asiatic Society Hong Kong Branch*, p. 131.

13　劉蘊遜編：《海豐天主教七十五年大事記（1873－1948）》，頁 64。

14　美利兵房為香港昔日一個軍營，位於現時中環花園道與紅棉路之間。

15　The Catholic Directory 1877. HKCAD, Section IV, Box 13, Folder 01.

16　母佑會，全稱聖母進教之佑孝女會，英文簡稱 FMA，Salesian Sisters of St John Bosco（Daughters of Mary Help of Christians）為慈幼會的姊妹會，天主教組織之一。

17　Sergio Ticozzi, "The Catholic Church in Nineteenth Century Hong Kong", *Journal of the Royal Asiatic Society Hong Kong Branch*, p. 131.

18　The Catholic Directory 1877. HKCAD, Section IV, Box 13, Folder 01.

19　田英傑著，阮志偉譯：〈丁味略神父在香港的傳教使命與貢獻〉，《天主教研究學報》，第七期（2016），頁 34－35。

20　HK－CCA, Piazzoli file; G. Tragella, *Le Missioni Estere di Milano nel guadro degli avvenimenti contemporanei*, Vol. III, Milano 1963, pp. 318－321.

21　G. Tragella, *Le Missioni Estere di Milano nel guadro degli avvenimenti contemporanei*, Milano, 1963, Vol. III, p. 65.

22　Sergio Ticozzi, "The Catholic Church in Nineteenth Century Hong Kong", *Journal of the Royal Asiatic Society Hong Kong Branch*, pp. 134－135.

23　1888 年 3 月 21 日聖馬爾定瞻禮師多敏神父在西貢致長上的信，載於 *Le Missioni Cattoliche*, Milano, 1889, Vol. XVIII, p. 8.

24　Sergio Ticozzi, "The Catholic Church in Nineteenth Century Hong Kong", *Journal of the Royal Asiatic Society Hong Kong Branch*, p. 135.

25　朱神父的報告，日期為 1896 年 11 月 18 日。載於 *Le Missioni Cattoliche*, Milano, 1896, pp. 38－42.

26　Sergio Ticozzi, "The Catholic Church in Nineteenth Century Hong Kong", *Journal of the Royal Asiatic Society Hong Kong Branch*, pp. 111－149.

27　同上。

28　「師多敏主教」，天主教香港教區檔案處，https://archives.catholic.org.hk/In%20Memoriam/Clergy－Brother/D－Pozzoni.htm（瀏覽日期：2021 年 4 月 27 日）。

29　Germani, Ferdinando, *Mons. Domenico Pozzoni, Vescovo titolare di Tavia Terzo Vicario Apostolico di Hong Kong 1861-1924: Presentazione del Cardinale John Baptist Wu Chu Chang-Chung Vescovo di Hong Kong*（P. I. M. E）(Napoli: Pontificio Istituto Missioni Estere, 1991), pp. 73－74.

30　「師多敏主教」，天主教香港教區檔案處，https://archives.catholic.org.hk/In%20Memoriam/Clergy－Brother/D－Pozzoni.htm（瀏覽日期：2021 年 4 月 27 日）。

31　柯毅霖著，陳愛潔譯：〈傳教會來華百年回顧〉，《宗座外方傳教會百五年在港傳福音》，2012 年，春季號，卷三十二，總第一百六十四期。

32　從傷亡數字看，1906 年與 1937 年的颱風是香港歷年來人命損失最嚴重的風災，單是死亡人數已超過一萬多，「丙午」風災的死亡數字是當年全港人口三十二萬的百分之五。何佩然：《風雲可測：香港天文台與社會的變遷》（香港：香港大學出版社，2003），頁 89。亦參見香港海事博物館〈一九〇六年九月丙午風災：香港海事博物館藏的精選照片〉展覽，2006 年 9 月 26 日至 11 月 30 日。

33　師主教在 1924 年 2 月 21 日在香港的聖保祿醫院去世。Germani, Ferdinando, *Mons. Domenico Pozzoni, Vescovo titolare di Tavia Terzo Vicario Apostolico di Hong Kong 1861-1924: Presentazione del Cardinale John Baptist Wu Chu Chang-Chung Vescovo di Hong Kong*（PIME), pp. 10－11.

34　「師多敏主教」，天主教香港教區檔案處，https://archives.catholic.org.hk/In%20Memoriam/Clergy－Brother/D－Pozzoni.htm（瀏覽日期：2021 年 4 月 27 日）。

35　〈西貢神父殉道五十周年　親友千里迢迢參禮紀念〉，《公教報》，1992 年 8 月 28 日。

36　《天主教傳教事業》，1915 年，頁 277－278。

37　同上。

38　同上，頁 243。

39　田英傑著，阮志偉譯：《天主教研究學報：丁味略神父在香港的傳教使命與貢獻》，第七期（2016），頁 36。

40　同上，頁 39。

41　《丁味略致恩理覺主教信》，1927 年 3 月 14 日（Sai Kung, HKCDA）。

42　田英傑著，阮志偉譯：《天主教研究學報：丁味略神父在香港的傳教使命與貢獻》，第七期（2016），頁 45－46。

43　蕭國健：《大埔風物志》（香港：大埔區議會，2007），頁 62－63。

44　屬於西貢半島北部的村落部分位於三百米以上的高原，被石屋山及雞公山等圍繞，如嶂上及黃竹塱村以小徑連接高塘村及榕樹澳村，而沿岸的小村則有深涌、榕樹澳、海下、土瓜坪及大灘等，見 P. H. Hase, "Uk Tau and the Books of Cheng Yung（鄭榕）", *Journal of the Hong Kong Branch of the Royal Asiatic Society*, Vol. 47 (2007), pp. 33－40

45　《新界禾坑李氏族譜》。參考〈新界文獻補編〉的〈新界白沙澳海下村翁仕朝地契與地契目錄〉，載於香港中文大學東亞研究中心：《新界文獻》（香港大學孔安道紀念圖書館收藏，1983）。

46　*Hong Kong Government Gazette*, 1899; 見楊錦泉：《白沙澳：歷史、文化與信仰的傳承》（香港：公教童軍協會，2014）。

47　Antiquities and Monuments Office, Record of Historical Buildings Studies in 2002 2004: Immaculate Heart of Mary Chapel, Identification Number: AM04 2030, 2004, P. 2. 引《南華早報》，1980 年 1 月 31 日。

48　〔明〕孫宜撰、何崇祖：《皇明本紀：不分卷；洞庭集：四卷．盧江何氏家記．不分卷》（台北：國立中央圖書館，1985），頁 471。

49　Antiquities and Monuments Office, Record of Historical Buildings Studies in 2002 2004: Immaculate Heart of Mary Chapel, Identification Number: AM04 2030, 2004, p. 2。

50　西貢白沙澳葉運口述歷史訪問；何義發口述歷史訪問，2003 年 11 月 13 日。訪問者：區顯鋒。Antiquities and Monuments Office, *Record of Historical Buildings Studied in 2002 – 2004: Immaculate Heart of Mary Chapel, Pak Sha O, Tai Po, New Territories* (Unpublished).

51　楊錦泉：《白沙澳：歷史、文化與信仰的傳承》（香港：公教童軍協會，2014），頁 6。

52　〔明〕孫宜撰、何崇祖：《皇明本紀：不分卷；洞庭集：四卷．盧江何氏家記．不分卷》，頁 3。轉引自楊錦泉：《白沙澳：歷史、文化與信仰的傳承》，頁 5。

53　Ticozzi, Sergio, *Historical documents of the Hong Kong Catholic Church. Hong Kong* (Hong Kong: Hong Kong Catholic Diocesan Archives, 1997); 亦見中譯本：田英傑著，游麗清譯：《香港天主教掌故》（香港：聖神研究中心暨聖神修院校外課程部，1983），頁 76－77。

54　"Ecclesiastical returns: Churches and chapels of each denomination to be returned consecutively", *Hong Kong Blue Book* for the years, 1908－1934 (Hong Kong, Printed by Noronha and Co., Ltd. Government Printers).

55　小堂曾數次易名，它在 1954 年先被命名為聖神小堂，1956 年易名為聖母聖心小堂，至 1960 年才改名為現稱的聖母無玷之心小堂。

56　《天主教傳教事業》，1916 年，頁 321、336。

57　"Ecclesiastical returns: Churches and chapels of each denomination to be returned consecutively", *Hong Kong Blue Book* for the years 1908－1934.

58　《天主教傳教事業》，1916 年，頁 321、336。

59　《何義發訪談錄》，2004 年 4 月 27 日。

60　同上。

61　同上。趙四、翁亞蓮、趙二妹口述歷史訪問記錄，1981 年 5 月 7 日。訪問者：李麗梅、鄭萃群。整理者：鄭萃群。香港中文大學圖書館館藏。

62　"Ecclesiastical returns: Churches and chapels of each denomination to be returned consecutively", *Hong Kong Blue Book* for the years, 1908－1934.

63　現時，北潭涌是地名，卻不是指某條村落，而是泛指在西貢由牛耳石山南部伸延至上窰、黃宜洲一帶的範圍。

64　《西貢鄉文化探索》（香港：西貢區議會，2013），頁 28－－31

65　Antiquities and Monuments Section, Urban Service Department, and Department of Architecture & University of Hong Kong, *Survey of Chinese historic rural architecture in Saikung district, New Territories* (Hong Kong: Antiquities and Monuments Office, 1977), pp. 65－67.

66　Ibid.

67　有關黃氏上窰村的歷史，古物古蹟辦事處曾於 1970 年代後期進行西貢區的中式鄉村建築普查，當時由於上窰村已荒廢，主要訪問村代表黃觀秀。見 Antiquities and Monuments Section, Urban Service Department, and Department of Architecture, University of Hong Kong, *Survey of Chinese historic rural architecture in Saikung district, New Territories*, pp. 65－66.

68　同上。

69　Ticozzi, Sergio, "The Catholic Church in nineteenth century Hong Kong", *Journal of the Royal Asiatic Society Hong Kong Branch*, p. 130.

70　見天主教報章《香港天主教紀錄報》的完整報告，卷二，1879 年，頁 22。

71　香港公教真理學會：《香港天主教手冊》（香港：香港公教真理學會，1957），頁 144。

72　昔日的黃宜洲並不只包括今天我們所見的黃宜洲村，故此在今天的黃宜洲村找不到聖堂亦不足為奇的，但根據另一份的土地紀錄及學者指出，黃宜洲曾有基督教會「福音堂」設立。

73　Block Crown Lease of D. D. 257.（香港土地註冊處：丈量約份 257 號地段 57 號土地記錄）。

74　"Ecclesiastical returns: Churches and chapels of each denomination to be returned consecutively", *Hong Kong Blue Book* for the years, 1908－1934.

75　1895 年崇真會說客語的黃宜洲村建立黃宜洲堂（舊稱福音堂），及後村民加入基督新教。有關崇真會於新界的傳教歷史，見李志剛：《香港基督教會史》（香港：香港浸信教會，1996），頁 8－9。

76　田英傑著，阮志偉譯：《天主教研究學報：丁味略神父在香港的傳教使命與貢獻》，第七期（2016），頁 35。

77　《天主教傳教事業》，1915 年，頁 243。

78　*Hong Kong Blue Book 1929* (Hong Kong: Noronha & Co., Government Printer, 1930), p. 273.

79　Report for 1924－35. HKCDA, Sai Kung, Section IV, Box 14.

80　*Hong Kong Blue Book 1939* (Hong Kong: Noronha & Co., Government Printer, 1940), p. 344

81　*The Catholic Guide to Hong Kong*, p. 204.

82　《香港天主教手冊》（主曆一九七〇年）（香港：香港公教真理學會，1970），頁 111。.

83　該小堂未被香港特別行政區古物諮詢委員會評為歷史建築。

84　Germani, Ferdinando, *Mons. Domenico Pozzoni, Vescovo titolare di Tavia Terzo Vicario Apostolico di Hong Kong 1861-1924 : Presentazione del Cardinale John Baptist Wu Chu Chang-Chung Vescovo di Hong Kong* (PIME), pp. 105－106; Ticozzi, Sergio, "Evangelisaiton in Sai Kung" (unpublished version).

第四章

大浪堂區及日佔時期：失控與危險

1841

1874

1931

1945

1969

1981

2000

在意大利傳教士和一些國籍神父（包括在廣東傳教的黃子謙神父和郭景芸神父等）的努力不懈下，西貢的天主教徒人數逐漸增加。但根據 1933 年的政府檔案《教會年報》（*Ecclesiastical Return*）所記錄的天主教徒人數，整個地區有超過一千二百五十名信徒，其中西貢、鹽田梓、大浪、赤徑和白沙澳的天主教徒人數已超過一百人；十二間小堂總共可以容納二千三百多人。比較 1920 年

1933 年的政府檔案《教會年報》中有關西貢小堂的容納人數及教友出席率

小堂	容納人數	1908 年出席率	1920 年出席率	1933 年出席率
西貢	300	80	100	100
鹽田梓	400	180	180	180
黃毛應	100 (60)*	40	80	80
北潭涌	120	80	60	60
企嶺下	150 (80)	60	90	30
深涌	120	90	60	60
白沙澳	190 (160)	130	180	180
赤徑	200	150	130	130
蛋家灣	130	70	80	80
大浪	400	300	250	250
浪茄	100	-	80	80
龍船灣	100	20	25	25
總計：	**2,310**	**1,200**	**1,315**	**1,255**

＊（ ）為 1908 年有關小堂的容納人數

代的天主教徒人數（1,315），減少了 8.7%，例如在企嶺下的教徒人數由 1920 年的 90 人，減少至 1933 年的只有 30 人，可見某些傳教站的趨勢，這地點可能受到當地的傳統民間信仰的影響，如原本在 1908 年有紀錄的峯下傳教站，當地原本有一間可容 100 人的小堂已沒有紀錄，此村後來參加祭祀官坑七聖古廟。[1]

　　西貢小堂當中，以西貢墟、鹽田梓、赤徑、大浪及白沙澳等地人數最多，因此其後於 1931 年由赤徑、大浪等小教區組成的「大浪堂區」獨立開來，成為繼西貢墟及鹽田梓後，另一個活力十足的堂區。惟戰爭臨近，進入 1940 年代時，西貢的傳教活動亦蒙上陰影。第二次世界大戰是西貢傳教歷史的黑暗時期，先後有多位神職人員被殺，其中郭景芸神父在 1941 年至 1942 年出任西貢聖心堂署理主任司鐸期間，不幸被歹徒殺害，不久在西貢大浪服務的黃子謙神父亦被歹徒殺害；而意大利籍丁味略神父，疑因身份特殊，於 1942 年在大洞傳教其間，被不知名的持槍士兵擄走，用小艇載到

西貢是宗座外方傳教會在香港傳教的發源地。（圖片來源：宗座外方傳教會）

鄰近深涌的海灣殺害，至今殺死上述三位神父的人仍然是個謎。同期負責游擊活動的東江縱隊曾在赤徑聖家小堂成立總部，直屬於東江縱隊的港九大隊則在西貢黃毛應玫瑰小堂成立，抗擊日軍，經企嶺下海成功營救許多文化界人士，協助他們逃亡，之後各節會詳細論述。

大浪堂區及日佔前的西貢社會

位於西貢半島東部的大浪是西貢各地中最早信奉天主教的地區之一，亦被認為是最多教友的西貢村落之一，該村建村距今至少有三百年，於《新安縣志》中亦有記載這條村。早於 1867 年，大浪已建有小堂。19 世紀末，香港天主教會主教留意到這個地方教務蓬勃，如高主教便曾在晉牧後五年內三度牧訪大浪。1892 年 7 月，當時未成為主教的師多敏神父剛接手負責管理大陸區的傳教活動，他留意到大浪已成為教友村，並形容它是新安縣其中一個重要的基督徒團體（其時英國還未租借新界，西貢仍屬新安縣範圍）。

1931 年大浪更獨立成為一個堂區，其範圍還包括赤徑、大浪村、白沙澳、深涌、蛋家灣和東平洲，其中大浪村的聖母無原罪小堂參與禮儀的人數冠絕西貢，[2] 足見它在戰前的西貢天主教村落中具有舉足輕重的地位。在教區的信函中，亦特別提到教會要加倍照顧這個堂區，包括提供適切的援助及為小堂進行修葺。[3] 屬大浪堂區的大浪村，坐落於西貢東部的大浪灣以西約一公里，瀕臨滄海，與大鵬灣口接壤，三面群山擁抱，背山面海，左方是蚺蛇尖山。[4] 大浪村村民以溫、張和陳三個姓為主，與大圍、林屋圍、張屋圍、鹹田圍等幾個村落組成大浪灣村群。村民以務農和捕魚為生，並信奉海神天后，當地原有一間稱為「門仔廟」的天后廟。曾擔任南約理民官的許舒（James Hayes, 1930－）在紀錄中提及大浪村以南確實曾

經有一座天后廟，但似乎已被村民遺忘。他估計在大部分村民於 18 世紀下半葉改信天主教後，天后廟便被放棄。[5]

1867 年，大浪村的小堂落成，它坐落在一處遠離海邊的肥沃山谷中。穆若瑟神父於聖誕節為村中首批信徒施行洗禮，當中包括湛、陳、張、黎和林姓的村民，[6] 神父亦會負責主持主日彌撒、婚禮和洗禮等。隨着當地教友人數上升，小堂因容量不足而須於 1873 年進行擴建工程，擴建後足以容納 200 至 300 人，成為當時西貢區最大的小堂，同時亦是教友人數最多的小堂，足證大浪村的教友人數在短短六年間的迅速增長。小堂被分為兩邊，每邊有各自的入口，一邊給予男士使用，另一邊則給予女士使用。當時未被祝聖為主教的高神父在 1873 年評價它可媲美歐洲的任何一間聖堂，[7] 但這不是現存的小堂。

高神父在羅馬領受主教聖職後返回香港，立即到內地各傳教站進行牧民探訪，包括 1874 年曾被颱風破壞的大浪村。事隔兩年，高主教在 1877 年又牧訪大浪，他在信中提及村民幾乎全部都是天主教徒。[8]1879 年，高主教再次造訪大浪及其他西貢村落，讚揚大浪小堂的規模是西貢區數一數二，傳教成果非常可觀。高主教在 1875 年至 1879 年間頻密地三度探訪大浪村民，既與他們慶祝農曆新年，又肯定該村的傳教成果及小堂規模，足以證明宗座代牧區對它的重視，這或許能解釋何以教會在 1893 年特意派了一名司鐸長駐在大浪，以滿足當地的牧民需要。

新界在 1926 年被劃分成東鐸區（西貢）、西鐸區（大埔）和離島區。在五年後，再次出現變動。1931 年 3 月 30 日，主教決定把東鐸區分為兩堂小區，分別是大浪堂區和西貢堂區。前者由黃子謙神父管理，範圍包括大浪、赤徑、白沙澳、深涌、蛋家灣以至平洲；[9] 根據 1941 年給教區的信函，黃神父十分關注於在當地服務的一班修女，在同年 7 月的一場風暴，修女所住的屋被強風吹塌，他

黃子謙神父與村民合照。（圖片來源：宗座外方傳教會）

向教區報告這批住在赤徑的修女亦會到蛋家灣教慕道班。[10] 至於穀祿師神父（Richard S. Brookes, PIME, 1892－1980）除負責原本的新界西和離島外，還須兼顧西貢。

　　1932 年一座新的小堂於大浪村建成，取代了昔日的舊堂，而這座新建築就是我們現今所見的小堂，今稱聖母無原罪小堂。[11] 它位於大浪村口、登大浪坳的上坡路起點處，毗鄰大浪灣村公所。村民記得以前教堂旁邊有條溪，稱為「龍脊」，流水淙淙，水特別清甜，但可能因為受到工程影響，現已截流。政府紀錄顯示，小堂最多能容納 400 人，是西貢最大容量的小堂；而在 1930 年代，人數比起 19 世紀末時有所增長，平均有大約 250 名教友參與禮儀，在西貢地區中首屈一指。[12]

　　就現時所見，聖母無原罪小堂以意大利或西班牙風格建造，頂部鋪設了波浪形瓦片，牆身塗上灰泥，窗戶呈拱形。小堂設正門和

側門，兩門的門楣上均有半圓形窗戶。至於內部結構，每對八角形羅馬柱形成一個個拱頂，支撐小堂天花。小堂的焦點落在末端的精緻祭壇，它豎立於以廣州瓷磚鋪成的地台之上，其上方牆壁中央位置的凹入龕位放置一尊聖母像，頂上橫眉書「無染原罪」，左右對聯是「預簡殊恩無染原罪，滿被聖寵卒世童貞」。祭台右側有一扇木門，通往祭衣房，是神父主持彌撒前預備的地方，祭衣房之上設有閣樓，神父從前可能在此留宿及工作。

聖堂內部空間被綠釉短欄分隔成前後兩半區域。根據 1930 年代擔任輔祭的村民薛生所說，原來當時男女教友會分別從小堂的側面和正門進入，男士坐在小堂的前半區域，而女士則會坐在小堂的後半區域；在領聖體的時候，男女也會分開領受，女教友在領聖體時需佩戴頭巾。1970 年代颱風吹毀了小堂的入口位置，因此後來增建了現時所見的門廊。除此以外，小堂保存了其原貌。

村民薛生小時候除了於彌撒中擔任輔祭（彌撒中輔助神父及有關禮儀的人員），亦會跟隨神父到西貢其他村落（例如赤徑、白沙澳、蛋家灣、北潭涌等）服務和留宿，並為神父煮食。在沒有彌撒的主日，大浪村村民會於早上 7 時到小堂聚會和唸經，而薛生則負責敲打懸掛在教堂門口的鐘，通知教友前來，但此鐘現在已被搬走。

> 因為當時我在彌撒中擔任輔祭，當時就只有我一個人做輔祭，那是一九三幾年。燭台很高的，劃火柴，點蠟燭……都是我負責。神父兩三個月才來到大浪村，每個禮拜我都會（敲）打鐘，噹噹聲……提示村民來唸經，每星期如是。懸掛在教堂門口的鐘很高，要用很大力（敲）打。我一出生就領洗了，我的爸爸媽媽都是天主教徒，歷史很久了。從前的聖堂在田中心那邊，颱風把它摧毀了，現在這個新建的。[13]

有兩位修女，教村民唸經、教書、教村民……（她們住在村內嗎？），兩位姑娘（修女）住在大圍。兩位姑娘（修女）教村民唸經，因為村民不懂唸經。辦聖事、恭領聖體……只是教唸經，沒有教讀書：在天我等父者，我等願爾名見聖……這樣的。[14]

　　這反映了村民的日常生活方式：原來他們的作息時間與日出日落相配合，普遍早睡早起，在早上 6 時就會起床。小堂旁邊建一所育英學校，根據薛生憶述，學校於戰前經已設立。當時神父聘請老師授課，開設了中文、數學和中國歷史等科目，然而卻沒有教授英語。另外，學校每星期都會教導學生唱聖詩。

　　透過比較教會文獻和政府檔案的數據，我們可以了解到大浪村在戰前數十年間的教務工作非常活躍：1867 年有首批村民領洗後，教友人數節節上升，在 1870 年代已超過 160 人，而在 1930 年代，參與天主教禮儀者多達 250 人，在 1950 年代更增至 500 名教友；1870 年代，村中小堂能容納 200 至 300 人，規模在西貢數一數二，於 1931 年新落成的聖堂容量更達 400 人，其他鄉村小堂只能望其項背。

　　聖母無原罪小堂坐落大浪灣村公所旁，是鄉村的中心地帶。事實上，它在昔日大浪村也扮演重要角色：每逢星期日早上，村中教徒齊集其中參與彌撒，如果神父要兼顧其他村落而無暇到來主持彌撒，信奉天主教的村民仍會一起到小堂唸經。它無疑是村民的聚腳點，除了具有宗教功能，亦可凝聚團體中的成員。另外，旁邊的育英學校不只為適齡學童提供就學機會，更能藉課程傳教，培育出更多年輕教友。

　　雖然大浪在戰前已經有天主教會，但西灣要到戰後才建立海星

小堂，因此曾為輔祭的薛生對西灣成為天主教信仰之處的印象不太能確認，指西灣主要是以民間信仰為主，但其子則補充這可能是因為西灣並非整條村都信仰天主教：

> 可能不是整條村，而是某部分人。因為我們大浪村和西灣的一向沒甚麼聯繫，有發生過衝突，打架、搶「圍」，總之甚麼都搶奪。即使很接近西灣，我們（的村民）也很少與他們「通婚」。大多與赤徑、企嶺下（的村民）「通婚」。我們都不去西灣，因為彼此有過節，所以很少過去（西灣）那邊。聽說有牛發瘟，「西灣佬」不讓我們過路，令到大家要跨過山路，多走很遠距離的路。[15]

自 1960 年代開始，由於大浪村交通不便以及遠離工作地點，村民陸續搬到市區，也有不少人選擇移居英國謀生。翻查報章，大浪村在 1960 年方鋪設食水管，[16] 至 1977 年才首次引入電話服務，[17] 其遲緩的發展步伐幫助我們了解村民搬離的原因。隨着村內居民愈來愈少，大浪村逐漸走向衰落，一些村屋因缺乏打理而開始坍塌，教友人數亦自然大幅下降。1962 年，大浪堂區已由大埔堂區代管，至 1980 年更取消大浪堂區，區內各小堂撥歸大埔堂區管轄。由於參與彌撒的信眾不斷減少，聖母無原罪小堂遂於 1988 年後停用及荒廢。

傳教士昔日披星戴月、日夜兼程、踏上山路，不怕沿途艱辛，牧養大浪村民的靈性需要甚至日常生活。儘管傳教士已離開，無原罪聖母像至今仍留守堂內，頭頂太陽、背倚星宿、腳踩惡蛇，象徵傳教士的努力不會被湮沒，即使村民搬離大浪，散居各處，但植根在他們心中的天主教信仰仍會繼續發芽。

日佔的西貢社會：國籍神父遇害

在 1940 年 5 月 26 日的記事中，他對當時即將爆發的香港保衛戰有這樣的感覺：

今天我們以一貫莊嚴的方式慶祝「聖體聖血節」（Corpus Domini），這也是為戰爭而祈禱的特殊日子。我在主教公署出任伯多祿神父（Fr. Garbelli）的職務：每一天早上我仍走到聖若瑟中學做神師。直至今天修院沒有發生任何事，而且如果意大利不參與戰爭，我們將不會有太多問題。[18]

不過，這種狀況隨着時間推移變得愈來愈脆弱。自 1937 年 7 月 7 日蘆溝橋事變起，日本正式入侵中國，而且由於意大利與納粹德國及日本結盟為軸心國，使意大利傳教士的處境更為危險。1941 年 4 月起，由廣東人民抗日游擊隊所組成的共產黨游擊隊，後來成為東江縱隊的其中一支隊由曾生將軍（1910－1995）於 1939 年成立。為了進行對香港的活動，他們的總部設在大鵬灣北岸的土洋的天主教堂內。

雖然在戰爭爆發前與意大利的通訊已很難，但丁神父仍能與某些朋友和協會雜誌 *Le Missioni Cattoliche* 保持接觸。這本雜誌刊載由神職人員提供的各地新聞，包括一篇由丁神父傳過去的文章，是在 1941 年 6 月 21 日所寫的，從中可以更詳盡地了解他及其他神職人員在戰爭邊緣的危險狀況：

我們與中國領土內的神父被隔絕，沒有人敢於陳述，因為這裏有官兵及土匪掌控着。在香港我們準備最壞的情況時，同時希望風暴不是向着我們來襲。我們亦在聖神的光照中慶祝恩理覺主教被

東江縱隊港九獨立大隊 1945 年在香港邊界附近行軍的情況

祝聖十五周年……讓我們感謝上主，畢竟他仍在這一年的憂慮和恐懼中保祐我們，尤其是當我們被侷限於住處。有好幾個人需要離開這個殖民地的，包括仍在澳門的五位和在中國領土內的三位。我們在這兩個城市的神職工作，卻沒有因為這年的戰爭而萎縮，事實上我們仍不斷擴展慈善工作和對社會的援助承諾。[19]

在西貢區域，由日軍所控制的地區仍有兩位中國籍神父服務，即年輕的郭景芸神父及較有經驗的黃子謙神父。郭神父是首位福佬（或稱「鶴佬」，Hoklo）神父，當時三十多歲，只有五年的福傳經驗，在惠陽工作三年後，1941 年 11 月起在該地工作，特別照顧崇真學校。黃神父則近六十歲，已有二十五年的牧職經驗，

自 1930 年起已在大浪村一帶傳教。他在 1927 年平安夜於海豐區汕尾，連同白英奇神父、路比神父及七名嘉諾撒修女一同被「海陸豐蘇維埃」的共產政權所擄去。他作為中國人竟被判處死刑，其後幸得恩理覺神父介入，借用英國戰艦「天使號」發動突攻，他們才僥倖脫險。由於局勢動盪，兩位神父在西貢區的居所和行蹤也很保密，行事謹慎，每次當他們離開住所，都要先考慮佈署周詳。[20]

1941 年 9 月，在赤徑的黃子謙神父給長上報告的信中，提到他曾到訪北潭涌、浪茄及龍船灣，當地教友因生活艱苦而向他求助，而這就是他繼續服務西貢的原因。此外，赤徑及大浪的村民亦不能獲得溫飽，加上住處分散，難以互相照應，黃神父遂促請教區考慮這些基督徒的處境。[21]

1941 年 12 月 8 日，日軍轟炸啟德機場，正式攻擊這個英國殖民地。經過首五天的攻勢，日軍已侵佔整個新界地區。由於意大利早前已與日本結盟，因此當時港英政府均視在港的意大利人員為戰犯，並將他們送進位於赤柱的集中營。到了聖誕節，英軍投降，香港的日佔時期正式開始。12 月 10 日，日本陸軍的幾個支隊進入西貢，掠奪村民的農作物和食物。他們在那裏停留一陣後，向九龍推進，其間洗劫了蠔涌和壁屋一帶的村落。在殖民政府投降後，日軍返回西貢控制該區域。與此同時，聖誕節之前已有土匪在西貢出沒，冬至當天他們更配備槍械，將所有居民的貴重物品掠去，並強迫農民將穀物擔至企嶺下，讓他們可以在那裏坐船離開。據報當時土匪在整個區域橫行，分成八至十個成員的派系，從事走私活動，並定時到處搶掠物資與金錢。

經過十八天的奮勇抵抗，駐港英軍等組成的守軍終於不敵日軍，港督楊慕琦於 1941 年 12 月 25 日於半島酒店向日軍投降，日本宣佈正式佔據香港，開始三年零八個月的日佔時期。

對整個殖民地來說，日治時期既是一場噩夢，亦是充滿苦難、

恐懼和飢荒的時期。當時食物已十分短缺，日本當局更催迫市區居民離開，每人均要設法逃到其他地方。自 1942 年 1 月至 4 月起，共有 60 萬人離開香港，人口逐漸減少到 50 萬。許多天主教徒亦逃到澳門，本地教徒數目由 21,000 人減少到只有 4,000 人。不離開的人有機會餓死，因為每天每人只可獲配給 90 公克米糧。結果在這段期間有五萬人死於飢餓，而將他們埋葬的工作亦落在教會身上。天主教會和丁神父負責這方面的工作，以梵蒂岡提供給戰爭受害者的基金，派發不同物資給有需要的人士，卻發生了不幸事件。1942 年 8 月，當郭神父與另外七八名人士（包括數名教師）在西貢的廣場傾談時，突然被全副武裝的部隊擄去。初時人們以為是一宗要求贖金的綁架，但至 9 月已確切知道他們已經被殺——有人曾見過他們被綁在一艘船上，後被帶到深山殺死和埋葬。[22] 之後的黃子謙神父一樣受到丁神父的熱情驅使，探訪了更多村落。根據教區檔案，黃神父在 1942 年 10 月仍然到訪赤徑，為當地的教友服務；[23] 而曾跟隨黃子謙巡迴各村落的大浪村民薛生，記述了黃神父於某個黃昏在赤徑失蹤。[24] 後來人們逐漸懷疑他也是被謀殺了——被游擊隊擄走後帶到大浪附近山邊，將其殺死後埋葬，時間大約在 11 月底至 12 月初。[25]

　　除了神父在日佔時期仍舊服務村民外，其實當時由原廣東人民抗日游擊隊港九大隊所組成的「東江縱隊」，本身亦盡力取得村民的信任及從村落招募成員：以愛國主義方式，為偏遠村落用盡所有方法來防禦土匪的攻擊，以免落入日本人的控制中；他們又協助有需要的人士離開香港。[26] 游擊隊在赤徑使用聖家小堂作為宿舍，招募主要是客家人的本地居民參與，1942 年初游擊隊人數已有三百人，藉此發動在每個村的「人民活動」。他們在鹿湖設立集訓基地，靠近西灣村；他們亦有條不紊地為偏遠村落防範土匪，並成功控制和接管所有人和物資的走私活動。東江縱隊逐漸對本身的組織變得

更有信心和展開更多工作。為了對抗日軍而作出種種的報復，他們展開了：（一）伏擊日本船艇、殺掉被視為同謀者的中國人（於1943年至1944年之間，他們殺死了日方最重要的三名中文翻譯員），（二）蒐集情報，（三）破壞火車和襲擊日本人警署。[27] 除了赤徑外，游擊隊亦利用黃毛應村的有利地形，進行抗日活動。

黃毛應小堂與抗日村民的犧牲

位於西貢大網仔區的黃毛應村是一條在山區的典型客家村。20世紀初，幾乎所有黃毛應村村民都皈依了天主教，教友在建於1880年前的黃毛應小堂參與彌撒。根據政府檔案（*Hong Kong Blue Books*, 1908−1939）的資料，在1908年至1911年間，可以容納六十名教友的黃毛應小堂，平時參與彌撒的人數為四十人；到了1912年至1939年，小堂進一步能容納一百人，參與人數增加至八十人——相信小堂在1912年左右曾經擴充。為了應付教友的增長，新的小堂於1923年建成，但數年間已不敷應用。除了因為村裏已皈依的家庭人口自然增長外，也歸功於1923年成立的傳教小組，即中國公教男青年團體的努力。

1930年，黃毛應小堂由宗座外方傳教會的丁味略神父取代香港羅馬天主教會宗座代牧成為受託人。黃毛應村是少數在1930年代之前擁有自己學校的村莊。小堂就是孩童上學的地方，學校由丁味略神父開辦，課程主要包括聖經研讀和中國經典文學。學生除黃毛應的孩童外，也有些來自大網仔地區。根據1939年5月16日的《公教報》報道：「新界黃毛應聖堂係建築於舊聖堂之廢址上」，並附以1923年建築之舊聖堂的照片，相信是黃毛應小堂現存最早的相片，相片中可見到小堂正門前的學童以及小堂後方已建有供神父休息的更樓。

1923 年落成的黃毛應小堂舊貌（圖片來源：《公教報》）

公教報	1939 年 6 月 1 日

西貢黃毛應
新堂落成典禮

新界一帶敎友
冒雨前往參加

本港消息：新界黃毛應聖堂，於上月廿九日舉行落成典禮，恩主敎於廿八日下午偕同一部份神父先往籌備一切，本港敎友亦預租小輪一艘，定於是日晨前往參加典禮，後因颶風，該輪不得開行。惟該堂落成典禮仍照常舉行，參加者約三百餘人，多為新界敎友，有晨起卽步行數里，不進早膳，以便領聖體者。查是日彌撒聖祭係自晨六時開始，恩主敎則於九時舉行彌撒，領聖體者約達二百餘人。至下午一時，且有一百敎友，領堅振云。

1939 年 6 月 1 日西貢黃毛應新堂落成典禮報道
（圖片來源：《公教報》）

老年的丁味略神父（圖片來源：宗座外方傳教會）

　　由於教友的數目與日俱增，小堂的原址於 1939 年再建造了一間更大的聖堂，即今日的小堂（玫瑰小堂），並由恩理覺主教於 1939 年 5 月 29 日主持落成典禮及彌撒。當天雖然有颱風及大雨，依然有三百多名教友連早餐也不吃，由早上徒步行數里前往新聖堂，以趕及在彌撒中領受聖體聖事。在日佔前，丁味略神父和穀祿師神父每兩至三個月就會徒步前往黃毛應及其他西貢小堂。神父們會在村莊住下，其間每到傍晚都會舉行彌撒和祈禱，直至離開該村為止。

　　1941 年 12 月香港淪陷之後，西貢在日軍佔領下情況凶險，暴亂、搶掠及兇殺時有發生。繼服務於大浪的黃子謙神父及西貢墟的郭景芸神父無故被殺，戰時暫居於企嶺下以北大洞村的丁味略神父亦不幸被武裝人員擄去，並在深涌外灣殺害。日軍佔領西貢後，以西貢墟作為軍事據點，而東江縱隊則盤踞山區組織村民抵抗，進行支援、破壞日軍設施及營救文化界人士等活動，黃毛應村當時與附

近的嶂上、赤徑及大浪村有緊密聯繫，成為游擊隊基地。1942 年 2 月 3 日，東江縱隊港九獨立大隊在小堂宣佈成立，並聯合新界各支游擊隊伍，在小堂側的空地設宴。兩年間，約有七十名游擊隊定居和駐紮在黃毛應村小堂裏，以儲備游擊隊的補給、武器和軍火，因此小堂曾在抗日活動中扮演過重要的角色。游擊隊前往中國西南部的途中，小堂亦可為他們提供食水、物質及庇護之所。

1944 年秋天，小堂發生了一段悲壯的歷史。一名曾經是游擊隊成員的西貢村民當了日軍的間諜，帶領他們到游擊隊成員可能藏匿的地點，日軍因此得悉游擊隊在村裏的活動，並圍攻黃毛應村。日軍將大約二十名村民拘留在小堂審問，其餘約五十名村民則在旁邊空地上由其他軍人看守。在小堂內，其中五人有親戚或家屬是游擊隊員，因此被處火刑而犧牲。日軍在此次圍攻未能取得任何游擊隊的情報，也未能捉拿游擊隊員。他們搜劫房舍，奪走牲口及貴重財物後，才離開村莊。

黃毛應村原居民登記冊內記載抗日史跡，並提及黃毛應天主教堂是當時港九獨立大隊的大本營。（圖片來源：鄧振南）

今天的黃毛應玫瑰小堂
（圖片來源：古道行）

丁神父殉教：難以承受的重擔

1937 年 4 月，丁味略神父的家人要他回意大利稍事休息，他便向恩主教要求暫時離港並獲得批准，後被宗座外方傳教會的總會長委派為 Villa Grugana Brianza 學院院長。另外，丁神父也曾赴倫敦探討香港教會能否在英格蘭開設新的神父辦事處，以方便新的傳教士學習英文，並為此進行可行性研究——但結果發現可能性極低。恩主教於是向他致函道：「如果是這樣，您最好還是坐第一班的輪船回香港，你的新辦事處已經擴大和美化，而且有一班童軍正在等您回來。」可見恩主教與香港的教徒多麼渴望丁神父的回歸。可惜，總會長卻另有職務交託給丁神父，使他暫時未能成行。

丁神父始終心繫香港的傳教工作，因此當恩主教再次去信勸他回港服務時，他便立即放下手上的工作，回到他所惦掛的香港。根據 1940 年的「香港傳教區大事年表」，丁神父重新出任離港前所擔當的職務，包括秘書長、檔案主任、禮儀主管、監獄特派司鐸及公教童軍神師等。[28] 丁神父乘搭輪船回港時，想必熱切盼望能再次踏足這個服務多年的殖民地，也雀躍期待能與每位熟悉的西貢村民再次相聚。但他卻未能料到，此趟回港旅程卻為他的犧牲埋下伏線。

自從被派往西貢進行牧職工作後，丁神父的一生便與這地區結下不解之緣。他獲讚賞為「因為依照天主的心意行事的神父……丁神父真正的謙遜來自他沉默工作的那種天份，沒有自滿」[29]。這反映了他在西貢經常遇到不同挑戰，但仍默默耕耘，為信仰服務。

丁神父因深愛此區而在這裏傳教多年，雖然對局勢變化感到憂心，但在與主教及傳教士會議討論尋找合適的人選接替郭神父在西貢的職務一事上，他表示自己是最適合的人選，因為他很熟悉該處的人與事，並願意成為西貢區的留宿神父。恩主教對此採觀望態度，但丁神父仍十分堅持，恩主教最終惟有給予他短暫的探訪准

許，但要求他須在限期內完成。**30**

　　1942 年 10 月 5 日大約傍晚六時，丁神父起行重返西貢。翌日早上他為教友辦了修和聖事與聖體聖事；其後造訪日本主管當局，以取得權限留在西貢傳教。他發現當時有些房間已被由親日居民組織的「西貢自治委員會」佔據——這是獲得郭景芸神父默許的。他也探訪了一些公教家庭，嘗試找出郭神父被殺的線索。他又在給主教的報告中，撰述當地艱困的狀況以及村民的迫切需要，還有他獲得的關於郭神父的消息：「看來此處的主要考量是要擦去所有被擄去的人的痕跡⋯⋯這天晚上我到市場，得到大家的真誠歡迎，尤其是由我曾任教學校的學生⋯⋯」在西貢逗留了兩天後，翌日他又造訪由港九大隊所控制的黃毛應村。他的報告記述在上星期四和星期五曾到訪黃毛應，原先預計會在星期日回去，但曾被勸阻不要回去，因為恐防游擊隊突然出現。他到達後發現教堂的損毀不算嚴重。之後的星期六，他到訪企嶺下，發現該處好像曾經歷過一場災難似的，他形容那裏沒有一件物件留下，連木樓梯也沒有，星期日他便轉到窩尾觀察。**31**

　　根據丁神父向主教的報告，他曾申請延長留在西貢的時間，又希望到糧船灣、鹽田梓、井頭、峯下、大洞及烏溪沙等地，探訪當地的教友——但如果主教不允許他申請延期，他便不會去。如果主教批准，他就會以中文撰寫一封精簡的信，交給日本警察的頭目，以作為換取保護或傳教的許可證。他認為自己留在西貢畢竟是對基督徒的一種鼓勵。

　　在恩主教允許下，丁神父得以到訪其他村落，但需要冒上很大風險。他花了三天時間在北潭涌（10 月 14 至 16 日）：

> 因忠誠與對我的信任，我有幾個有良知的人幫助。每周六我去浪茄度過兩晚⋯⋯在這兩個地方沒有人給我任何麻煩。很不幸地，在浪茄我不能為所有人進行周年修和聖事和聖體聖事：從 1941

年 12 月至 1942 年 10 月沒有任何傳教士到過該村。當我離開浪茄前往沙咀角時，我遇到了五名游擊隊員，其中一個來自此村。他們截停和詢問我，看到我是「一隻沒有尖牙和爪的怪獸」，他們便讓我平安地通過，當我們分道揚鑣時更像好朋友似的——感謝上主。翌日，因着天主的旨意，我到過鹽田仔這島嶼，15 天前黃神父仍在這裏舉行主日彌撒。在去窩尾之前只想停留兩天，因我打算留在西貢處理幾件事情⋯⋯那裏生病的人不少，但有還要比疾病多的濫權情況需要解決。這裏亦需傳教士永久駐在此處。[32]

於 10 月 23 日當丁神父已在前往窩尾途中，為「基督君王節」準備時，恩主教寫信給他道：

首先，感謝您已完成的事。謝主 Deo Gratias！我還是希望您返回香港，不遲過諸聖節。11 月 8 日我們會進行靈修練習。我還是不想您留在西貢。我相信最後會有另一位意大利神父永久地被派當地。我建議您——事實上我是命令您，要經常保持謹慎行事，以免暴露於被擄去的危險中。[33]

當丁神父返回香港時，更加正面地確認對西貢的評估。住在主教座堂鄰近神父宿舍的江志堅神父（Rev. Quirino De Ascaniis, PIME, 1908－2009）[34] 寫道：「我曾遇見他一次。他完全對自己的傳教工作心滿意足及對所住的地方的情況非常有信心。從他的字裏行間均見他認為身處的地方均是好的、沒有任何危險的。」[35] 可見當時丁神父仍十分堅持要返回西貢。雖然主教在靈修練習前完全忽略他的請求，但是丁神父仍對靈修非常熱衷。雖然他不能說服主教，但主教仍同意讓他如願，更於 11 月 16 日任命他為西貢的主任

司鐸。就在他出發前，主教給他一大筆金錢，這是由教廷提供以協助戰爭受害者的，好讓丁神父分配給貧困的家庭。此外，主教亦確認他作為總管，要求他每個月要有十天時間住在香港那邊。就在當天，丁神父出發前往西貢作最後一次的旅程，迎接未知的未來。

11 月 18 日，丁神父派信差回主教座堂取回自己房間的物品，並帶同一封信，當中寫道他在西貢見證的暴力場面：

> 在我們的靈修練習的那個星期，西貢的日軍已作出變動。在這裏的官兵是最糟的，他們搶劫，他們毆打，他們已經殺死數人。其他的就被六隻兇猛的狗所撕開。將鄰近村落的村民載到目的地的渡輪已暫停服務。它（日軍）是恐怖的朝代。我正在想可以做甚麼來幫助這些可憐的中國人。[36]

雖然當時情況相當危險，但丁神父沒有想過改變他繼續探訪天主教徒的計劃，他在旅途中探訪了一些住在企嶺下的教友家庭，然後向大洞前進。其間他需要留在教友家庭過夜和舉行彌撒，因為那區沒有小堂。[37] 11 月 25 日早晨，他與傳道員及僕人剛在大洞村一教友家度宿，以準備舉行彌撒後前往鄰村。當他正在穿上祭衣時，一群配備武裝的游擊隊突然破門入屋，命令他跟着他們離開。神父要求他們給予少許時間讓他先為教友送聖體，但游擊隊拒絕並要他立即離開，丁神父與傳道員只好跟着他們，但完全不知道要去甚麼地方及原因為何。那群游擊隊並不理會僕人的阻止，只説會很快送他們回來。有人目睹游擊隊從村落走到海邊，上了一艘船並駛往北面的海岸。不久有些士兵回頭，將仍在那裏等候的僕人一同帶走。[38]

從其後的調查中發現，丁神父當時在那艘船上已被殺害，他的頭骨骨折，相信是有人以石塊之類的硬物襲擊其頭部致死。他的屍體更綁上一塊大石，沉下海底。但由於其間石塊鬆脫，屍身浮上水

面，被海浪沖上深涌北面一個內灣的淺灘上。約一星期後潮退時，有婦女（其中有些是天主教徒）在執拾貝殼時，發現他的身體被繩索綁着在岸邊漂浮。他們立即認出是丁神父——因為他穿着歐洲樣式的襪子、黑白色的鞋底，以及留意到他的一隻金牙。他們立刻跑去通知其他教友，大家將他的屍首埋葬在一處山坡上，離開海灘不遠。[39]

根據另一個消息來源，當時是由共產黨黨員首先發現丁神父，並要求附近的農民埋葬他的。在這種情況下，有兩名教友非常小心地按共產黨黨員的提議將其埋在較高的位置，而不是在沙灘上。至於同行的傳道員及僕人，則沒有人知道他們的下落。

對神父遇害案件的調查

1943 年 1 月 2 日，羅馬傳信部經駐東京的教會代表向恩主教發出電報，宣佈郭景芸神父、黃子謙神父和丁味略神父都是「被西貢區的中國土匪所殺」，但當中沒有案發日期、地點或任何謀殺的細節。消息來源是一份以拉丁文撰寫的報告，日期是 1942 年 12 月 3 日，可能是由一位中國籍神父所寫：

> 八天前、或甚至更早，Han Ah-Kung（西貢聖堂的管家）勸喻丁神父不要往偏遠小村落冒險而行。因為他說有游擊隊，他們視丁神父為中國的叛徒。丁神父不同意並指他是一位神父並非叛徒。他只是照顧基督徒的靈魂，並沒有擔心。在同一天，神父造訪大洞、井頭及烏溪沙，並說他應該會在兩天後回來。但他之後再沒有返來。昨夜一位住在島上、經常到西貢作買賣交易的基督徒告訴 Ah-Kung，丁神父已經遇害，他的屍體已經被尋回並已被埋葬。但沒有人知道是幾時或如何。[40]

1942 年丁味略神父被人帶到企嶺下海殺害，戰後屍首被發現埋葬於附近的一處山坡。（圖片來源：宗座外方傳教會）

郭景芸神父（前左三）亦於 1942 年 8 月被擄殺。（圖片來源：宗座外方傳教會）

當眾人確定丁神父一行人已遇害後，恩主教舉行了追思彌撒。聖堂擠滿了來參與的信徒，都因丁神父他們的犧牲落淚。由於局勢使然，這段時間內不可能進行調查及搜尋埋葬地點。直至 1945 年 10 月，恩主教及其他人才到西貢搜集更多資料。

當西貢的生活回復正常，鹽田梓出生的陳丹書神父（1890－1975。1917 年晉鐸）在一些深涌的天主教徒協助下，成功追查到墓穴所在。他們將骸骨火化後放在一個木盒內，帶回主教座堂。1946 年 11 月 15 日，一眾神職人員、修會及天主教團體成員與公教童軍等，一同向丁神父致最後敬意，其後將他安葬在跑馬地聖彌額爾墳場專為神父而設的一個地段。儀式由教區副主教戴遐齡神父（V. G Rev. Antonio Riganti, PIME, 1893－1965）及公教童軍總監陸榮生主持，沒有主教在場，他們是丁神父在推廣公教童軍時的緊密拍擋，並朗讀了一段光榮的頌詞。[41] 然而，丁神父與其他神父的遇害細節，到今時今日仍然是一個謎。

為了紀念丁神父，其後包羅士修士及高利安修士在大埔洞梓的香港童軍營地建立了丁神父紀念堂，包修士更是該建築的工程監督。

關於丁神父的訃聞

赤徑聖家小堂：逃亡與營救

　　位於西貢北部的赤徑村亦與抗日活動息息相關。赤徑位於西貢半島東部大灘海南岸，蚺蛇尖西南面，前方向海，三面環山。赤徑村附近多耕地，且水源充足，有利灌溉。赤徑一村在清嘉慶二十五年（1819年）編纂的《新安縣志》已有紀錄。根據《新安縣志》，赤徑是客家雜姓村，已有二百多年歷史。村民分別姓趙、李、范、鄭及黃，趙姓村民是從廣東東莞石龍唐頭廈遷到赤徑居住，是最早於赤徑定居的村民。相傳赤徑建村時是用海邊的紅色石頭鋪路，故得名「赤徑」。早期村民皆以務農為生，趙氏族人居於赤徑上圍，而李、范、鄭及黃氏族人則於下圍居住。

赤徑聖家小堂（圖片來源：古道行）

1866 年，穆神父由大埔轉到赤徑展開傳教事業。經過了一年的努力，赤徑的村民逐漸歸化，且出現了首批領洗者，他們都是趙姓和黃姓村民。有見傳教工作的成功以及確切的牧民需要，該村於 1867 年建成小堂，成為了天主教會在新界的三個傳教中心之一。由於神父只會在赤徑作短暫逗留，傳教工作十分倚重第三會（寶血會前身）的修女的耕耘。自 1860 年代後期開始，有兩三位寶血會的修女長駐在聖家小堂外、名為「神父樓」的村屋。她們會教導村內的婦女及女童閱讀和書寫，另亦會鼓勵村民參與彌撒。

1874 年 9 月 22 日，吹襲香港的颱風令不少建築物遭受破壞，聖家小堂亦包括在內。由於原有小堂面積較小，已不能滿足信眾需要，當時管理赤徑村小堂的意大利修會聘請赤徑村民將小堂重建為一座面積更大、擁有二百個座位的教堂。

1879 年 2 月，當時擔任香港宗座代牧的高主教前往赤徑探訪村民，並於新建成的聖家小堂為村民舉行彌撒。根據記載，當時村內除了三個人外，所有村民都已經是教友又或是準備接受洗禮的慕道者，其中已接受洗禮的赤徑村民共計六十二人。村中的初生嬰兒大多都會接受洗禮，並於青年時期領受堅振聖事。在 1909 年至 1912 年期間，大約有一百三十至一百五十人到小堂參與彌撒。到了 1928 年，聖家小堂改由宗座代牧區管理。

抗日戰爭前後的赤徑

根據 1930 年代「赤徑村會友祈禱會」名單，當時聖家小堂附設祈禱會，已領堅振的會友由八至十五歲不等，他們的聖名有稱作「若望」、「安多尼」或「若瑟」，亦有「保祿」、「雅各伯」、「多默」或「類斯」。教友大部分為來自附近赤徑上圍的趙氏族人，此外亦

赤徑聖家小堂內祭台十字架（圖片來源：古道行）

有該村的其他主要姓氏如范、李等。祈禱會有二十二位成員，除了青少年外，包括二十多歲的成年人，相信均是該堂的活躍教友。[42] 當時神父曾經特設一間屋給教友作為靈修及祈禱之用。[43]

　　1941 年 12 月，香港淪陷，西貢在日軍佔領下情況凶險。日軍以西貢墟作為軍事據點，而東江人民抗日游擊隊則盤踞山區並組織村民抵抗，進行支援、破壞日軍設施及營救文化界人士等活動。除赤徑以外，西貢其他村落如嶂上、黃毛應及大浪村等均成為東江縱

隊港九獨立大隊的游擊隊基地。

抗戰期間，游擊隊隊員於聖家小堂內駐紮，而神父樓則成為了大隊長和政治委員的辦公室和睡房。游擊隊會在小堂旁邊的空地進行會議，制定作戰策略。另外，由於赤徑的後方就是鹿湖野戰醫院，因此不時都會有傷者被送往小堂等待救治。與此同時，不少赤徑村民都加入了東江縱隊的行列，英勇抗敵，當中村民趙華、范發和李庚長的名字亦被記錄在烈士名單之中。

大浪主任司鐸黃子謙神父遭殺害

在抗戰初期，神父仍會前往聖家小堂舉行彌撒。然而，西貢在日軍佔領下不時發生暴亂、搶掠及殺人事件。於 1932 年至 1941 年曾擔任大浪堂區主任司鐸的黃子謙神父卻選擇繼續留在西貢傳教。當時大浪村治安非常惡劣。到村落搶掠的除了零散的日軍，還有活躍於整個西貢區的土匪。持槍的土匪往往八至十人一隊，每隔幾天便到大浪村搶掠金錢和糧食。

當時擔任黃子謙神父輔祭的薛生憶述，1942 年 11 月 15 日，游擊隊認為黃子謙神父是漢奸，因而把他捉走，其後黃神父失去蹤影，直至戰後才知道他已被殺死。薛生推測黃子謙神父是因為被指為日軍服務而被殺害。另外，由於他曾跟隨神父到不同村落輔禮和服務，因而也同樣被游擊隊捉拿，幸好有赤徑村民為他作擔保，才獲釋放，卻被要求加入游擊隊。薛生在游擊隊中擔任「政治戰士」，負責向村民講述日軍的侵華惡行，並鼓勵村民進行反抗。另外，他也曾參與廣東淡水、龍崗、石龍等地的抗日戰事。戰後，薛生沒有跟部隊北撤，選擇了回大浪居住。[44]

根據薛生所述，當時大浪村有很多青年都被迫加入游擊隊，當中不少人在戰爭中喪生；一些村民參與後勤工作，幫助游擊隊把炸

姓名	聖名	年歲	姓名	聖名	年歲
趙嘉文	若望	十五	李連福		
趙華昌	安多尼	十弍	趙發		
趙天然	若望	十弍	李國輝		
范興	保祿	十三	李國鏘		
趙悅威	安多尼	十二	陳廷恩	理格	二十五
李天養	雅各伯	十二			
趙天賦	若瑟	十四			
李房	多默				
李全	若瑟	十二			
黃新福	保祿	十二			
趙庚長	若瑟	十			
李當威	類斯	十一			
范房發		十二			
范貴福		八			
趙保					
趙新喜		九十			
李來福					

1930 年代赤徑村會友祈禱會名單（圖片來源：教區檔案處）

赤徑村民居

藥運到赤徑和高塘等地區。薛生在日軍投降後返回香港，離隊前被上級提醒絕不能向任何人透露有關參與東江縱隊的事情，否則會被國民黨追殺，因而他一直守口如瓶，事隔六十年後才在兒子追問底下透露有關經歷。[45] 薛生的親身經歷佐證了大浪村在抗日時期中所扮演的重要角色，也說明了戰爭為人民帶來的巨大恐懼。

另外，當時還年幼的前大浪村村長湛貴勝亦有加入「小鬼隊」，替游擊隊傳遞消息。有一次他送信到赤徑時看到海面有一艘日本鐵拖船，又聽到附近的海灣傳來人聲，於是急忙把信吞下，更差點哽死，後來才發現聲音是來自己方部隊，實屬虛驚一場。

另一位大浪村民林甲壽也是天主教徒，他曾在游擊隊中擔任文員，負責寫信通知隊友有關日本人的行蹤。他提及游擊隊成員不能信教，否則會受罰。在香港重光前的最後三個月，日軍於聖母無原罪小堂內駐紮，又聘請村民在毗鄰村落的山嶺挖掘防空洞，萬幸的是其間祭台及小堂均沒有受到嚴重破壞。當日軍離開後，抗日游擊隊於小堂內居住了數天。

1931 年大浪堂區成立至日佔時期，是巡迴傳教士帶領村民入教並抵抗凶險的歷史時期，可見丁味略神父在他還未完全掌握地區方言時，便臨危受命接替羅神父管理整個新界鐸區。除了克服言語上的障礙，他亦要跨越地域隔閡，到區內各偏遠村落傳教；丁神父在困難中仍然奮勇向前，其堅持並沒有付諸東流，他在任期間，西貢各地紛紛有村民入教及有新聖堂成立，就是最佳的例證。此外，丁神父竭誠服務村民，備受尊敬為「深受華人愛戴並視他為其中一份子」[46]。而其他國籍神父與他先後在同年遇害，這些不幸事件使人感到非常難過之餘，亦令他們的名字永遠被記在西貢的先賢之路上，讓人時刻了解歷史與信仰的等扣關連。

大浪聖母無原罪小堂祭台（圖片來源：大埔聖母無玷之心堂）

注釋

1   "Ecclesiastical Return", *Hong Kong Blue Book 1933* (Hong Kong, Printed by Noronha and Co., Ltd. Government Printers,1934).

2   *Hong Kong Blue Book 1935* (Hong Kong: Noronha & Co., Government Printer,1936), p. 310; *Hong Kong Blue Book 1939* (Hong Kong: Noronha & Co., Government Printer,1940), p. 345.

3   Letter dated 2 April 1931 concerning some directions regarding Tai Long District: 1/ Taking care of the District, 2/ Some material items: subsidies, church repairs, etc., HK-CDA, Section IV, Box 13, Folder 02.

4   在 1997 年至 1998 年間，古物古蹟辦事處的調查發現大浪村內百分之九十以上的村屋，都有逾百年歷史，而整條村亦完整地保留了傳統的建築格局，在香港境內屬碩果僅存。Daniel C.：《情牽大浪灣》（Hong Kong: Hong Kong Observers of Wildlife & Landscape，2001），頁 152。

5   John Strickland, ed., *Southern District Officer Reports – Islands and Villages in Rural Hong Kong, 1910-60* (Hong Kong: Hong Kong University Press, 2010), p. 280.

6   HKCCA, Sai Kung and Tai Long files.

7   天主教香港教區檔案處：I－08－02

8   《天主教傳教事業》，1877 年，頁 324－325。

9   *Hong Kong Catholic Directory and Year Book 1958*, p. 26; *Hong Kong Catholic Directory and Year Book 1959*, p. 30.

10   Francis Wong's letter from Catholic Mission, Chik Kang, 4 July 1941. HKCDA, Section IV, Box 13, Folder 02.

11   小堂在 1954 年才被命名為聖母無原罪小堂，此前的名字不詳。

12   *Hong Kong Blue Book 1935* (Hong Kong: Printed by Noronha and Co. Ltd. Government Printers,1936), p. 310; *Hong Kong Blue Book 1939* (Hong Kong: Printed by Noronha and Co. Ltd. Government Printers, 1940) , p. 345.

13   《大浪村薛生訪談錄》，阮志偉、林雪碧、張俊堅，2018 年 6 月 9 日。

14   同上。

15   同上。

16   〈西貢大浪村居民裝水管輸送山水〉，《工商日報》，1960 年 6 月 8 日

17   〈大浪村昨日有電話服務鄉民遊客便〉，《華僑日報》，1977 年 3 月 22 日

18   Letter of Fr. Teruzzi, 26－5－1940, Hong Kong, Missionee Martirio (Tiemme, Milano, 1992), p. 30.

19   田英傑著，阮志偉譯：〈丁味略神父在香港的傳教使命與貢獻〉，阮志偉主編：《天主教研究學報：二十世紀香港天主教歷史》，第七期，2016 年 12 月，頁 29－68。

20   田英傑：〈西貢三神父殉道簡史〉，《公教報》，1992 年 8 月 28 日，頁 1。

21   Francis Wong letter dated Sep 10 1941 from Catholic Mission Chik Kang. HKCDA, Section IV, Box 13, folder 02.

22   田英傑：〈西貢三神父殉道簡史〉，《公教報》，1992 年 8 月 28 日。

23   Vicarius Apostolicus, Datum Hong Kong, die 2 Octobris 1942. HKCDA, Section IV, Box 13, Folder 02.

24   《大浪村薛生訪談錄》，阮志偉、林雪碧、張俊堅，2018 年 6 月 9 日。

25　田英傑：〈西貢三神父殉道簡史〉，《公教報》，1992 年 8 月 28 日。

26　屬於中國共產黨東江縱隊的香港獨立大隊於 1942 年 2 月 3 日於西貢黃毛應教堂成立。

27　引自 Centre for East Asian Studies, Chinese University of Hong Kong, *Saikung, 1940-1950: The Oral History Project* (1982), p. 49, 52, 見天主教香港教區檔案處，檔案編號：西貢 IV－14－2。.

28　田英傑著，阮志偉譯：〈丁味略神父在香港的傳教使命與貢獻〉，《天主教研究學報》，第七期（2016 年），頁 29 至 68。

29　A. Lozza, Sangue Fecondo (Bologna: EMI, 1981), pp. 146－147。

30　田英傑：〈西貢三神父殉道簡史〉，《公教報》，1992 年 8 月 28 日，頁 1。

31　教區檔案處檔案，編號 IV－14。

32　同上。

33　同上。

34　江志堅神父於 1933 年到香港，為宗座外方傳教會士，他於 1953 年至 1961 年期間任西貢區主任司鐸，他退休後曾住在九龍牛池灣聖若瑟安老院，見香港：本會現況 http://kkp.catholic.org.hk/coko2956.htm（瀏覽日期：2016 年 12 月 18 日）；《公教報》，1992 年 8 月 28 日，頁 1。

35　江志堅檔案，香港宗座外方傳教會檔案處。

36　天主教香港教區檔案處，檔案編號：西貢 Section IV, Box 14。

37　這裏所寫乃根據江志堅神父所知。一位天主教叛徒知道丁神父的旅程計畫後，通知深涌的游擊隊，從該村游擊隊雇用一位非天主教男人和他的船，載運丁神父到不知名的目的地。

38　田英傑：〈西貢三神父殉道簡史〉，《公教報》，1992 年 8 月 28 日，頁 1。

39　同上。

40　天主教香港教區檔案處，檔案編號：西貢 Section IV, Box 14, Folder 1。

41　1992 年 8 月 23 日，西貢聖心堂曾舉行怠恩聖祭紀念郭景芸神父、黃子謙神父及丁味略神父在西貢殉道五十周年，由時任林焯煒副主教主祭，數位宗座外方傳教會會士參加共祭，其中柏路尼（V. Bruni）神父更專程由意大利米蘭來港參加。另外，郭神父的親人、丁神父意大利家鄉的教水十多人亦來港出席。見《公教報》，1992 年 8 月 28 日，頁 1。

42　HKCDA, Section IV, Box 13, Folder 02.

43　Letter of the Vicar Apostolic of Hong Kong dated 28 November 1934 concerning a Centre for prayer apostolate to be erected at Chek－kang. HKCDA, Section IV, Box 13, Folder 02.

44　《大浪村薛生訪談錄》，阮志偉、林雪碧、張俊堅。2018 年 6 月 9 日。

45　同上。

46　A. Lozza, *Sangue Fecondo*（EMI: Bologna, 1981），pp. 146－147。

1841

1874

1931

1945

1969

1981

2000

第五章

教區建立及戰後社會服務

　　1945 年 8 月 15 日，日本宣佈無條件投降。英國皇家海軍在 8 月 30 日登陸重佔香港，宣佈結束日治時期。戰後雖然有不少神父返回原來的教友村繼續服務，但隨着教友因遷居海外或市區而不斷減少，原有堂區如大浪堂區等亦日漸荒廢，小堂日久失修。但期間也有部分小堂被納入慈善團體提供社會服務的計劃中，改變了發展用途，成為新的宗教場所。

　　時移勢易，雖然這些小堂在戰後亦曾運作了一段時間，但因社會環境轉變、村民他遷、教徒減少而日漸被廢置。1949 年，恩理覺主教（Bp. Enrico Valtorta, PIME, 1883－1951）親赴西灣為村民舉行入門聖事，領洗者有三十餘人，其後西灣小堂正式落成，是戰後唯一新建的西貢小堂。另外，深涌村是一條客家村落，三王來朝小堂在戰後重建，傳教士並在此小堂內興辦鄉村學校，名為「公民學校」，讓村中子弟上學。傳教士平日常到客家村落傳教，亦多會帶備一些日用品如毛氈、牛奶及麵包等救濟村民。他們又拍下相片，記錄當時客家人參與禮儀及生活的情況，足見他們十分關心村民所需，並建立緊密關係。

戰後西貢堂區的傳教發展

　　西貢墟內有不少漁船聚集，有西貢的神父曾在 1960 至 1970

年代探訪水上人，如同理民官一樣了解他們的需要，並為他們向政府爭取地方建屋，讓他們上樓改善生活，譬如位於西貢市對面海的伯多祿村，便是傳教士與香港明愛合作建成的漁民村，並由教會幫忙分配單位入住，神父坐船到伯多祿村開彌撒，修女則在平日教導漁民子弟學習，該村現時仍是一條教友漁民村。隨着第二次世界大戰結束，加上內地形勢在 1940 年代後期遽變，很多人對新政權有所顧慮，便逃到香港避難。根據香港政府記載，香港人口在 1945 年 9 月不足 60 萬，至 1949 年已大幅飆升至 185 萬，更於 1950 年 3 月再增加 50 萬至 231 萬。[1] 急劇的人口變化影響了當時天主教傳教活動的規模和方向。

面對龐大的難民數量，港英政府束手無策。港督戴麟趾（David Trench, 1915－1988）在憶述當時的福利政策時，便曾經指出：

> 1953 年，香港人口很少，甚至不可以稱為一個社會，因為對很多人來講只是暫居的性質，他們流動性很大，大致來港住一段時間便返回他們的故鄉。在這種情況下，社會政策便只是為那些長久在香港居留的人提供服務。[2]

其中他認為香港人口很少的說法顯然與 1953 年超過 200 萬人口的社會情況不相符，可見官方只把這些人視作暫住人口。背後原因可能是港英政府擔心提供優厚福利會吸引更多難民前來香港，加重社會負擔。[3] 事實上，這些難民湧入香港後，並非如上述說法般稍作停留便返回內地，而是希望安頓下來。根據一項調查，僅 0.6% 從內地到港的人希望回去，即大部分難民將成為香港人口。[4] 戰後人口暴漲形成對社會服務的龐大需求，本已帶來種種問題。而政府對之忽視的取態更令當時的社會面臨壓力，卻促使天主教會得以從中介入提供社會服務，借此推動其傳教工作。

當時的香港教區由白英奇主教（Bishop Lorenzo Bianchi, 1899–1983）領導，他被稱為「世界上最大難民集中營的主教」。在戰時被迫中止的傳教工作逐漸恢復，突如其來的社會狀況及人口劇變為重新起步的教會事業注入新動力。正如白英奇主教提及：「每天都有成百上千的難民到達這英國殖民地，這是一股驚人的逃亡潮，而且沒有跡象顯示它快將結束。這些絕望的人流離失所並陷於飢餓，只盼望覓得容身之處及日常食糧。我們不能再耽誤時間了。」[5] 傳教士在教堂附近建立人道援助中心，提供物質和精神上的援助，例如派發食物及藥物、協助難民尋找工作。[6]

在 1950 年代，天主教會開設大約二十個社會服務中心，興建四千多個避難所、五十五個食品衣物派發中心及十七間診所。[7] 由於淪陷期間有許多平民百姓餓死，加上戰後的 1950 年代香港人口劇增，米糧短缺，政府管制進口食米以防囤積及加價，並成立了穀米配售機構，直接以官方名義向產米區購辦米糧以運港配售，但其後至 1954 年廢除配售米制度，並於翌年起將食米進口全部交由商號經辦，獲批進口商有三十至四十家。[8] 西貢聖心堂曾協助政府批發處在西貢簽發村民的購物證，當時村民憑「購物證」可以到西貢墟的指定商號購買一定配額的食米，而證件上須有「西貢天主教堂」的蓋章方為有效，其中一間零售商號為西貢正街十三號的「泰益」。

另外，原本在內地服務的各修會會士因新中國成立而被逐出境，他們紛紛投奔香港並要求居留，但教廷聖座則指示香港教區只能幫助這些傳教士取道香港前往目的地。白英奇主教最終決定延續其前任恩理覺主教的政策，接納這些修會在香港投身牧民工作，這批生力軍正好成為忙於照顧社會需要的天主教團體的新血。[9] 1955 年及 1959 年，馬鞍山和坑口成為獨立堂區，不再屬於西貢區。

約 1950 年代的西貢墟（圖片來源：西貢聖心堂）

白英奇主教（右二）（圖片來源：宗座外方傳教會）

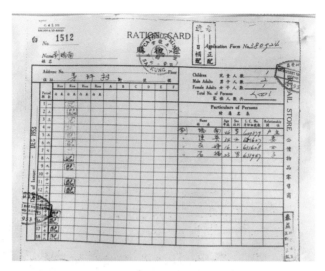

政府批發處於 1953 年 12 月簽發給茅坪村一家四口的購物證，可見有西貢天主教堂的蓋章。（圖片來源：新界鄉議局）

　　在上述背景下，香港天主教服務全面擴大規模及強調牧民工作，以回應社會需要，本港教區遂迅速成長，位於西貢半島的傳教活動自然也逐步復甦。傳教士到戰後百廢待興的西灣村傳揚福音，令村民皈依，村中的海星小堂於 1953 年正式落成，是戰後唯一新建的西貢小堂。

西灣海星小堂的建立

　　海星小堂位於西灣下村東部，離沙灘不遠的地方。西灣又稱大浪西灣，位於西貢半島東南面。因地處大浪灣以西海灣，因此稱為西灣。西灣和大浪村和浪茄村相鄰，面向大海，分上下兩村，建村時代可上溯至明朝，祖先來自江西。村民以黎姓為主，昔日多以捕魚為生，全盛時全村有村民約一百人。[10] 在二次世界大戰以前，村

民亦有從事製炭業，於山頂築建炭窰。村民每天燒柴成炭運出市集售賣，但後來因其他燃料如火水、石油氣等的普及，製炭業便逐漸式微，炭窰遂停用。[11] 二戰時村民為躲避日軍，曾於炭窰藏匿。其後，全村村民決定到內地避難，投靠廣東省的黎姓親屬，並於當地暫居，致使西灣全村荒廢。香港首位華人政務官徐家祥在 1950 年至 1951 年擔任南約理民官時，西灣是其轄下地區之一。他在一次巡視後記錄道：「西灣的荒蕪程度令我感到詫異，幾乎所有房子淪為頹垣敗瓦。我其後了解到是因為日軍知道游擊隊曾在此建立行動基地，所以便洗劫全村及火燒房子，令該村付之一炬。」[12]

早於 20 世紀初，傳教士已曾踏足西灣，當時少數村民有意受洗。丁味略神父在其 1914 年至 1915 年的報告中形容西灣村的村民「性格比較淘氣，但幾次都表明想成為基督徒」。[13] 天主教成為村中的主流信仰，則是戰後的事。在二戰後，文明德神父（Rev. Giorgio Caruso, PIME, 1908－2004）復任西貢教務。他不辭勞苦地傳播福音，以謙讓的態度和天主教內外人士來往。他的言行感動了西灣村民，使他們全部歸信天主教。當時的村長黎運來遂與村民商討，請求文神父為他們廢除舊日的信仰。[14] 文神父認為村民尋找天主不是因為瘟疫或其他災禍，而是從偶像崇拜中醒悟，不再迷信。[15] 另外，西灣村民亦深深明白教育的重要性，與文神父洽商於村內設立義學，教授語文及其他科目。與此同時，亦有修女到義學講授教理。

1949 年 12 月，恩理覺主教親赴西灣為戰後第一批慕道者施洗。當時，大浪村育英學校的教員及學生也前來歡迎主教。主教為村民施行聖洗及堅振聖事，並主持彌撒。當天，領洗者共三十六人，初領聖體者共三十人，領堅振者三十二人，來參加典禮者約六十餘人，情景非常熱鬧。[16]

在傳教初期，西灣尚未有聖堂，神父是在一名熱心教徒借出的房屋內舉行彌撒。後來，西灣教友漸多，教會於 1953 年在西灣下村覓得一地建立聖堂。聖堂為一座平房式建築，面積不大，分為聖堂和學校兩部分。海星聖堂在建築物正門的左邊，海星學校則在右邊。聖堂和學校皆取名為「海星」，以表達村民對海星聖母的仰賴，盼望她引領村民，為他們帶來真光。聖堂外圍由牛皮石砌成，內圍則由散石砌石，門額刻有「海星聖堂」及「天主堂」字樣。

海星小堂的屋頂是客家式瓦頂，甚具特色。昔日海星小堂的前部分有長椅讓村民坐下望彌撒；後部分是祭壇，壇前上方掛有海星聖母的畫像。聖堂內窗戶以下的牆身，原為藍色。海星學校正門課室的後方是教員室，內設木梯通往木構閣樓，是教師的寢室。學校一方面教授學生知識，一方面培育他們的信仰生活。學生在回到學校時、午飯時和放學時，都會在老師的帶領下唸一遍三鐘經。

1960 年代西灣村的信仰生活

在 1960 年代，神父約一至兩星期便到西灣村一次。西灣地處偏僻，交通不便，根據在 1950 年代任職新界南約理民官的高志（Austin Coates，另譯高民志，1922－1997）記錄，西灣、浪茄及大浪是當時最偏遠的新界村落。由於西灣的海岸有暗流，因此難以靠水路直接到達，人們一般是從沙咀步行前往，如果帶着行裝，一般需時兩小時。[17] 神父須先從西貢沙咀乘搭沒有固定班次的小帆船到達西灣水徑碼頭，再走過崎嶇的山路，才能到達西灣傳教。

神父通常在早上開始步行到沙咀舉行提前彌撒，之後就去浪茄，約在黃昏的時候到達西灣。每當神父走到附近的牛湖墩就會向西灣村大叫，村民一聽到就會划一艘小艇過去把神父載過一條小溪。神父通常會在小堂旁邊的一間村屋留宿一晚，然後在翌日舉行

主日彌撒。據現任村長黎恩憶述，該間村屋屬於一位名叫溫牛妹的虔誠教徒。她很熱心，每逢神父來到，她便立刻到處通知教友，提醒他們去望彌撒、聽道理、辦告解。

鄰近西灣村的村落（如：鹹田灣、浪茄村和沙咀村等地）的村民有時亦會參與西灣村的禮儀，包括領洗、聖母升天瞻禮及聖體出遊等儀式。據村長憶述，有一次有六個神父一起主持聖母升天瞻禮的彌撒，且參與人數眾多，有如舉辦婚宴般熱鬧。此外，西灣村民會製作傳統的圍村菜式，熱情款待這些來參與儀式的鄰村村民，令整天由早到晚都充滿歡樂氣氛。

由於西灣交通不便，如果村民需要到市區求診，往往會利用政府提供的「飛行醫生」服務。這項服務始於 1961 年 3 月，飛行醫生隊直轄於當時新界醫務衛生署，為新界偏遠地區的村民施診。海星小堂的旁邊便有一塊空地供飛行醫生隊的直升機降落。起初，飛行醫生隊每星期會來一次，為村民診症以及提供藥物，並且不收任何費用。村民需要自己準備容器去盛載藥物，感冒藥和胃藥則會給予特別多的份量。到了後來，村民人口愈來愈少，飛行醫生隊的服務也由原來的一星期一次變成兩星期一次，但這個時候開始有牙醫會乘直升機來為西灣村民提供牙科服務。

1962 年 9 月 1 日，颱風溫黛襲港，香港災情嚴重。西灣村民損失甚鉅，而海星小堂亦遭毀壞。幾經艱辛，小堂在 1963 年完成重修。小堂立面豎立的十字架下刻有重修年份「1963」以資紀念。小堂經擴建後加建神父宿舍及廚房。1960 年代，由於香港政府修築萬宜水庫，大大改變了西貢一帶的水道環境，影響當地村民的生計。適逢其時英國政府修改國籍法，有不少新界人士移居當地，西灣的男性村民亦紛紛外出謀生，只剩下少數女性村民留守，教友數目隨之少了，那時開始神父也減少到西灣。

1979 年 7 月 1 日，西貢區升格為堂區，陸之樂神父擔任西灣

小學的校監，證明海星學校當時仍在服務村民。到了 1980 年代末，村民人數已不多於十人，學生也只剩下兩個，終至村落逐漸荒廢，海星小堂隨之停止服務。即使如此，西灣村與海星小堂共同經歷了香港教區在戰後的重新出發及急速發展。今天，西灣村成為假日遊人消閒康樂的好去處，小堂再度成為教會在西灣村發展的重要見證。經過半世紀後，教區「古道行」工作小組於 2020 年 5 月開始復修小堂，並於 2021 年 9 月 12 日舉行西灣海星彌撒中心修復完工祝福禮，由教區宗座署理湯漢樞機主持，標誌海星聖堂踏入新的階段。

教育事業：深涌公民學校與地方社會

另一間於戰後重建的小堂為位於西貢北部深涌村的三王來朝小堂（公民學校）。深涌村本屬清朝時新安縣的一條客家籍村落，有李、黃二姓，以李姓較多，其建村歷史可追溯到清朝乾隆年間（1736－1795）。深涌位於西貢半島西岸，在赤門海峽進入吐露港之處，其西部面朝企嶺下海。該村位處偏僻，早期主要依靠水路與鄰近地區聯繫，村落之間相距一個多小時的路程，在二戰後仍近乎與世隔絕。即使自 1952 年首次設有連接深涌、大埔、馬鞍山三地的客運小輪服務，[18] 但來往深涌的水路交通仍是極為不便，因為該村當時尚未建有碼頭，小輪僅能在海中停留，村民來往及農產運輸需靠小艇接載到海中央後登船。[19] 如遇上風雨季候，其危險程度可想而知。直至深涌公共碼頭在 1962 年建成後，情況才大幅改善。[20]

縱然深涌自成一角，但早於 19 世紀後期已有傳教士踏足該地：和主教於 1895 年成為香港第二任宗座代牧及被祝聖為主教前，在 1870 年從大埔汀角的傳教站轉到深涌展開傳教工作。至 1872 年，深涌已有三十位教友，1872 年 11 月，未成為主教的宗座監

牧高神父牧訪包括深涌在內的地區，當時深涌有兩個修女在婦女中心工作，她們是首兩位派往該區工作的修女。[21] 教會亦於 1875 年至 1879 年間興建三王來朝小堂。1879 年，高主教再次造訪深涌，當時教友人數增至三十四名。[22] 1892 年 7 月，師多敏神父在報告新安縣情況的文件中認為深涌是當時當地的四個主要基督徒團體之一，「居民全都是天主教徒，只有少數人並未受洗」[23]，可見傳教士的努力收到成效。

不過，傳教士在深涌建立小堂時曾發生一宗悲劇：建堂工程由當時屬於香港宗座代牧區的譚安當神父（Rev. Antonius Tam, 1850−1875）負責。晉鐸僅六個月的他在 1875 年 11 月 30 日從汀角乘坐一位漁民教友的舢舨，並帶同一位木匠將磚石運往深涌時，在汀角灣遇上大風，船隻翻側後三人墮海，他們只能抓着一塊

深涌公民學校，今已空置。

木板飄浮於海中，卻因風勢太猛烈令他們難以繼續抓緊木板。木匠在預見自己將葬身怒海前，請求神父為他施洗，兩人最終溺斃，而善泅的漁民教友因逃過一劫，讓故事得以流傳下來。[24] 鄉民亦曾在和神父的協助下建築一道長堤，長達 210 米、超過 6 米高、9 至 12 米闊，是一項大規模工程，動員了接近五十個家庭，使用接近 25,000 噸的石頭，在湧浪中築起，靠村民的力量與合作和傳教士的勇氣才能成事。[25] 堤上設有閘門以防海水高漲時淹沒農田，閘門亦可在海平面下降時開啟，將農田的積水排出海中。[26] 高主教在 1875 年到深涌進行牧民探訪，他對此工程表示欣賞：「該村（深涌）坐落在一個大型的淺海灣。漲潮時，大片土地被水覆蓋，因而無法耕種。村民在和神父的鼓勵下，築起一道很大的堤圍，把海隔開，好能開墾堤圍內的土地。在這片土地上種植出的農作物足以養活一半的人口。最近的颱風損毀了一大段堤圍，但是和神父召集了所有天主教徒，重建堤圍，且比以前的更堅固。」[27] 另外，相傳由於教會的影響，一向在深涌出沒的海盜及盜賊，不再在這裏群集，令村民能過安定的生活。[28] 宗座外方傳教會會士穆若瑟神父也在深涌傳過教，他認為這是一個優良的教友小團體。[29]

教會管理的公民學校

深涌早於 1930 年代已建有學校。[30] 根據土地紀錄，學校所在的土地由香港宗座代牧區於 1908 年開始持有。由於羅奕安神父（Rev. Angelo Ferrario, PIME, 1876－1933）退休，土地信託人在 1930 年轉為丁味略神父（Rev. Emilio Teruzzi, PIME, 1887－1942）。在本港天主教教會致力發展教育事業的時代背景下，一所新建的公民學校在 1956 年落成。[31] 白英奇主教委託何達華神父（Rev. Otta-vio Liberatore, PIME, 1901－1972）負責相關建校工作。當時協助

何達華神父的高利安修士（Br. Mario Colleoni, 1910–1988）憶述，整個香港天主教會儼然成了建築工場，二人時常巡視各所興建中的學校與聖堂，亦共同計劃如何為這些項目進行融資。白英奇主教依靠修會團體的牧職人員營運這些學校，且邀請更多修會成員從歐洲及北美洲到香港。雖然當時社會因共產黨將可能管治香港的傳言而存在憂慮，白英奇主教卻沒有因而停止工程，他反而認為人們需要接受教育而堅持進行工程。當其他宗教團體把資金調離香港，主教卻依然向世界各地呼籲捐助。[32] 結果，本地的天主教學校顯著增加：從 1950 年的 70 間上升至 1969 年的 251 間；同時，相關學生人數也由 20,570 名增至 211,548 名。[33] 在不足二十年間，學校及學生人數分別增至原來的三倍及十倍。由此可見，天主教會在戰後時代對教育的重視及投放資源的決心，也能體現白英奇主教的勇氣和樂觀態度。

與公民學校處於同一建築物內的新三王來朝小堂也同時啟用，以代替具多年歷史的舊小堂，[34] 由白英奇主教主持祝聖開幕典禮並施行堅振聖事。該堂主任司鐸是曾子光神父（Rev. Paul Tsang, Chi-Kwong 1908–1984），他同時出任公民學校校監。

公民學校是一所津貼小學，校名由當時大埔官立漢文師範學校校長陳本照所題。雖然學校如今已停用，但刻在其正立面上的校名及題字人姓名仍清晰可辨。該所建築物同時包含學校與小堂，其空間分佈是：室內中間是聖堂，兩邊建有兩個課室。學校沒有球場，[35] 平日只有門前的小小空間可以讓學生活動。根據曾在學校任教的鄺啟濤校長所述，學生只有在秋收時才可以落田踢足球；如果在其他日子上體育課，老師會帶領學生到附近的一個「壆」上面跑步和做運動。[36]

據報章報道，1956 年的深涌村民人口約為 250 人，大部分屬勞工階級，當中百餘人為教友。[37] 天主教香港教區檔案處的資料顯

示，1959 年村內有 120 位教友。[38] 村中教友和非教友的共處情況自然也反映公民學校學生的組成：1958 年校內學生少於一半信奉天主教，[39] 這可能是造成及後村民對教會辦學有不同看法的原因之一。

上述政府施政方針及教會牧民方向為西貢地區的天主教教育事業帶來推動力，當中以深涌的公民學校尤為值得探討。傳統論述認為教會辦學受大眾歡迎，促使宗教信仰更迅速傳播，但深涌卻是一個非典型的例子，揭示傳教士與村民因着村校議題而產生的關係和互動，更有政府的教育及民政部門介入其中。

村民籌建深涌學校的爭議

在 1950 年代，時任新界南約理民官高志（Austin Coates，另譯高民志）到訪西貢半島地區，他留下的備忘錄中提及：

天主教教會在整個（西貢半島）地區頗有影響力，以偏遠地區尤甚。天主教教會透過設立中學成為西貢的主要教育機構。由於它也幫助學生就業，其服務因而能與政府相比。[40]

事實上，在面對第二次世界大戰後湧到香港的難民潮，香港政府最終不得不正視人口暴漲的各項問題，救濟社會貧病，包括推行教育。政府敦請所有對辦學有興趣的機構開辦新學校，並透過不同方法贊助它們辦學，包括以廉價甚或免費批出土地及提供財政援助修建各類建築物等。事實上，在 1957 年至 1960 年擔任南約理民官的許舒（James Hayes）也曾表示政府在戰後希望為整個新界地區提供充足的小學。[41] 當時白英奇響應政府的號召，大力推動天主教教育事業。這名在二戰後被祝聖的主教堅決地認為每個堂區均需要有一所學校，他也曾說過：「現在人民需要學校，我們必須為他們

提供學校。」

　　在公民學校落成僅一年後，深涌村代表李友仁聯同數名村民致函教育司署，表示新建的公民學校空間淺狹，未能容納村中所有適齡學童，二十七名學童因而未有機會接受教育。此外，公民學校自戰後從未開設高小級別，令學生苦無小學畢業的機會。他們遂向當局申請另擇地點，額外興建一所接受政府補助的深涌公立學校。教育司署的官員卻認為原有的公民學校空間足以讓村內學童入讀，如有需要更可加開新班，因此拒絕李友仁等人的申請。此後，村民把部分民房改裝暫作校舍，又籌集資金以建私立學校。[42]

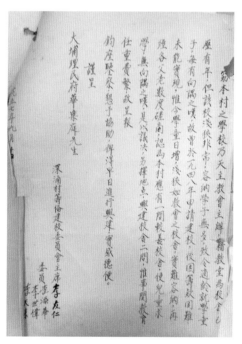

1957 年深涌村籌備建立委員會主席李友仁向大埔理民府華樂庭陳述，
因為教會校舍狹窄，建議另建學校以容納村中子弟。
（圖片來源：政府檔案處）

翻查政府檔案，大埔理民府曾向村民反建議由天主教會負責辦新校，以節省村民需籌集的建校費用，但村民對此不感興趣。政府官員認為，不滿教會對公民學校的管理也是村民欲另建新校的原因之一，報章報道也透露村民對教會借學校傳教的做法感到不滿。[43]因此當局曾與校監曾神父會面，期望他聆聽村民的意見及與他們合作。[44]

其後，設於臨時校舍的深涌公立學校在 1958 年 9 月開課，由李友仁出任校監。村代表與村中天主教代表就開辦該校之事宜訂立合約，其中訂明雙方同意深涌村「除公立學校外不容有第二間學校存在」，彷彿欲把原有的公民學校取而代之（按：即使已簽定合約及在深涌公立學校開課後，深涌公民學校仍繼續運作）。[45]值得一提的是，深涌公立學校設每周一節的聖經課，學生可以自由參與，而校董會的五名成員中有三位是天主教徒，似乎並不排斥天主教信仰。開辦首年，深涌公立學校已招收了二十九名學生，比僅有十二、三名學生的公民學校多一倍。[46]可惜，前者在經營不足一年後便出現經濟困難，即使獲華僑捐助及由祖嘗[47]津貼其開支，亦難以長期維持。校方向教育司署提出申請津貼，獲西貢北約鄉事委員會支持。[48]

提出的處理方案

當局最終建議另建一津貼新校，取代公民學校與公立學校，其校董會由一名校監和四名校董組成，當中校董會主席暨校監由教育司委任，其餘校董分別由兩名教會提名人士[49]及兩名村民代表出任，而公民學校與公立學校則一同予以取消。方案得到天主教會及村民接納，新校受政府津貼，其建造及營運費用亦由政府支付。它在 1959 年 9 月登記，校名訂為深涌學校。[50]大埔理民府檔案內的學

校平面圖顯示，校舍包含兩個課室、一個教員室，且設有操場，在校外不遠處亦建有廁所，其配套優勝於缺乏球場的公民學校及委身於民房的公立學校臨時校舍。[51]

在 1956 年至 1959 年的僅僅三年間，三所學校先後在深涌出現，從中可見政府、教會和村民之間的互動和張力。天主教早在 1870 年已傳入，深涌一直並未全村成為教友村。雖然非教友村民與天主教信仰共存數十載，卻在教會接掌村內的公民學校後表現抗拒，並要求當局在村內另建一所津貼學校。即使不獲政府批准，以村代表為首的村民仍堅持籌建私立學校，旨在取締公民學校，顯然他們對教會辦學有意見。政府把握私立學校面對財政困難的契機，建設一所新的津貼學校——深涌學校，由教育司署、天主教會、村民三方共同管理，矛盾得以緩和。

戰後，天主教會響應政府施政，致力發展教育以回應當時社會的需要，並藉此向大眾傳教。過程難免遇到挑戰，就像在深涌辦學卻引起村民反感。傳教士接納政府的深涌學校方案，雖然失去了教會自主的公民學校，但仍能在村民接受的模式下參與管理新學校，繼續透過教育發揮影響力，牧養深涌村民。縱使公民學校早已停用，但它的校舍一直屹立村內，見證傳教士多年來傳教辦學的努力耕耘。

蛋家灣：獨一無二的天主教會所

另一條在戰後設立天主教學校的村落是蛋家灣，它位於大埔赤門海峽南岸，毗連高流灣（或稱較流灣），該處為一個小海灣，聚集了數條小村落，由東至西包括謝屋、劉屋、林屋及巫屋，均以聚居的村民姓氏命名，其中以巫屋居民較多，村屋也較古樸。巫姓祖先原籍寶安縣沙魚涌，大約於百餘年前與族人南渡大鵬灣，至蛋家

灣立村。早期在大埔海拖魚為生，並將漁獲所得運往沙頭角墟及鹽田墟出售。

早於 19 世紀中葉天主教已在這裏紮根。1865 年和神父（安西滿）與柯神父首先前往西貢各村落傳教時，便途經蛋家灣，和神父於 1866 年所繪的《新安縣全圖》亦有標上蛋家灣的地點及名稱，可佐證其探訪過蛋家灣。1872 年，當高主教探訪西貢村落其間，亦有前往蛋家灣，並在這裏開拓新的傳教站，當時已有十二名村民信奉天主教。翌年蛋家灣小堂（後名為聖伯多祿小堂）建成。[52]1874 年，香港經歷嚴重颱風吹襲，整個西貢半島包括蛋家灣受到嚴重破壞，翌年高主教探訪蛋家灣，指出新小堂的屋頂被颱風吹走，須要重修。至 1880 年，蛋家灣另一座小堂建成。1895 年和主教（Mgr. Piazolli）在西貢其間，亦探訪過蛋家灣，並在黃昏時為村民辦告解、講道理，第二天早上舉行彌撒，及後由大浪村民送到海邊，上船回香港。

小堂在 20 世紀初重建後附設名為崇明學校的小學。1908 年 10 月 23 日天主教會與政府簽換地契約，獻出丈量約份 271 地段 6 號的土地，即放棄原建築於這地段上的小堂，以交換地段 366 的土地，建成現在坐落於蛋家灣的聖伯多祿小堂，而且建成宿舍。新小堂位於一個小山丘上。1918 年教會為了鞏固建築地基結構，維修了小堂及宿舍。恩理覺主教曾於 1930 年代到訪該小堂，並與學生組成的樂隊合照，惟日佔時期由於神父已離開，學校一度由當局委派的教務主任謝帶主理，直至戰後向政府視學官請辭，才交回天主教會管理。[53]當恩主教到訪後不久，大浪堂區於 1931 年建立，蛋家灣小堂在 1931 年至 1941 年期間由黃子謙神父主管，黃神父會到蛋家灣小堂主持彌撒。

恩理覺主教在 1930 年代到訪蛋家灣時與崇明學校樂隊合照。

攝於 2020 年的崇明學校（天主教會所）

戰時西貢治安極差，使神父傳教面臨極大風險，1942 年 11 月末至 12 月初，據當時住在大浪的薛生所述，黃子謙神父當時是被游擊隊帶走。根據教會紀錄：黃神父在一個黃昏於赤徑失蹤，不久有人在大浪一個山頭發現其屍身，發現他被帶到山頭上殺掉，又被秘密地埋葬。後來江志堅神父經過審查和訊問，並根據目擊證人的證詞，推斷黃子謙神父及郭景芸、丁味略神父都是被游擊隊殺害，原因可能是出於對信徒的仇視。

戰後，小堂沒有受到嚴重破壞，1946 年蛋家灣的教友約近一百人，於 1946 年至 1947 年期間，司鐸巡視次數有十一次，領洗的嬰兒有十三個，講道次數為三十次，教友中作婚配的有兩人。[54] 神父亦會住在村內，當時村民向探訪西貢村落的一位英國中

1946 年至 1947 年香港的大浪小教區教務年報。（教區檔案處提供）

士 Francis Feating 請求天主教傳教士回歸當地傳教，隨後天主教會出資重修蛋家灣小堂。另一方面，原教務主任亦辭退職事，將管理權交還天主教會，當時稱呼崇明學校為「泰家灣學校」。[55]1954 年蛋家灣小堂歸赤徑聖家小堂司鐸管理，至 1950 年代末，蛋家灣信教情況尚可觀，1959 年蛋家灣有教徒 118 人。1950 年代崇明學校是一間男女校，由寶血女修會兩位修女負責管理。翌年，蛋家灣小堂由西貢堂區神父管理，到了 1962 年至 1970 年，蛋家灣小堂轉由大埔墟天主堂管理。1960 年代後，村民陸續移居外國，當時主管「大浪及大埔堂區」、任職大埔聖母無玷之心堂司鐸的桑得嵐神父（Rev. Narciso Santinon, PIME, 1916－1995）曾探訪大浪堂區的小堂，包括蛋家灣小堂。及後由於村民人數減少，小堂逐漸荒廢，崇明學校於 1967 年亦停辦。

　　1970 年代村民陸續離開該村，移居外地或市區。於 1977 年調派到大埔聖母無玷之心小堂服務的溫以政神父奉胡振中主教之命，管理大浪堂區各已荒廢的小堂，包括管轄大埔吐露港南岸的幾間偏遠小堂，包括蛋家灣、深涌、赤徑、大浪等。他每個星期坐船到這些地方留宿，並將之改成「天主教營地」，讓公教青年可以作宿營活動之用，其中蛋家灣崇明學校亦曾作為會所，供公教學生及信徒使用，今天崇明學校正面外牆仍懸掛着「天主教會所」的牌匾，而「崇明學校」的題字一直保存至今。

　　直至 1997 年 5 月，由於村民已經離開，基督教信義會芬蘭差會曾經維修村屋，用作靈愛福音戒毒中心聚會之用，雖然小堂主建築已毀，教會亦租用了蛋家灣的村屋，安排男姓戒毒者入住，並將已坍塌的小堂改作崇拜之所，漸次發展為戒毒村供更生人士重過正常生活，現稱靈愛戒毒中心，2019 年 7 月 1 日教區「古道行」工作小組收回聖伯多祿小堂。至今，崇明學校仍然是香港唯一一所以「會所」為名的天主教建築。

2000 年代的蛋家灣聖伯多祿小堂室外（上）及室內（下）。

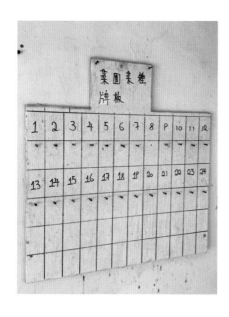

靈愛戒毒中心更生人士紀錄
菜田使用菜種的牌板。

西貢的社會服務：林柏棟與漁民信仰社區

　　梵蒂岡第二次大公會議於 1962 年至 1965 年召開，其所竭力主張的革新，重申天主教由下而上的教會觀，強調本地化及社會公義，由本地教會所推行的慈善事業應體貼時代的需要。[56]「梵二精神」在當時連同全球呼籲正義和服務窮人的浪潮席捲香港。較年輕的傳教士受到啟發，不滿足於傳統的服務方式，希望另闢蹊徑，積極參與社會議題，與受壓迫者同行，並努力矯正不義。這些「新方法」包括照顧傷殘人士、長者、邊緣人士等，又在工廠上班、在艇中與「水上人」生活、與藍領工人或低下層一起生活並為他們爭取權益。[57] 當中以曾經服務西貢的林柏棟神父最有魅力，他在社會承擔方面甚具影響力，亦收養了八個孩子，將他們養育成人。

　　這些神職人員在社會事務上肩負新角色，為教會服務本港社會大眾的形式帶來新衝擊，也為教會在香港社會發展進程中定下新的

年青時的林柏棟神父。
（圖片來源：黃義天）

林伯棟神父（右二）初到港時暫住一間位於大埔
的木屋。（圖片來源：黃義天）

位置和意義，當中理念與在 1953 年 7 月由天主教教區成立的香港
明愛不謀而合。[58] 按照當年的《天主教手冊》，明愛的目標包括：

一、係天主教國際慈善會支部之一。

二、為香港天主教社會福利之機構。

三、從事計劃及處理教區的社會福利機構，並依照教宗及本教區
　　主教之指示，促進各堂區慈善單位之發展。

四、通過主教指定之委員會及香港公教社會福利會，推進天主教
　　社會福利之調合。

五、盡力在本港及國外募集基金，以便發展本港公教社會福利
　　事業。[59]

由此可見，明愛肩負起協調、推進及擴展社會服務的責任，以
下西貢伯多祿漁民村的故事正好反映神父和香港明愛如何攜手為貧
苦者爭取權益，透過社會服務活出信仰。

神父協助建立漁民村：伯多祿村

范慕琦神父（Rev. Giuseppe Famiglietti, PIME, 1916－2004）[60] 在 1954 年至 1956 年、1962 年至 1964 年出任西貢堂區主任司鐸，他除了在堂區服務外，更四出探訪附近鄉村、為區內居民四處奔走，解決居民的住宿需要、派麵粉、麵包和煉奶等。另外，范神父亦關顧一直飽受歧視的西貢漁民。1950 年代漁民因長期居舟，被認為見識淺陋未開化，仍被譏為「蜑民」、「蜑蠻」。再者，

1960 年代西貢墟灣內的漁船（圖片來源：西貢聖心堂）

走到岸上的漁民會被岸上人欺負，或禁止他們在陸地上穿鞋子，更會被指罵拳打，甚至被趕回船上，不讓他們在陸上走動。[61] 由此可見，漁民位處社會邊緣，亟需協助。漁民子弟接受教育的情況亦令人憂慮。由於漁民在陸上沒有固定居所，每當他們出海捕魚，子女便要向學校請假，跟隨父母起航。漁民的兒女有日沒日地上學，學業成績大受影響。范神父留意到漁民家庭的需要，明白到假如助他們「上岸」，起碼年長的漁民可以照顧在學小孩，讓他們持續地接受教育。而且若遇上颱風襲港，漁民生計亦大受影響，范神父於是幫助他們向政府租地，與香港明愛合作建成伯多祿村（St. Peter's Village）。

位於西貢對面海的伯多祿村在 1964 年由香港明愛興建，於 1966 年 5 月完工並入伙。該村初期由香港明愛管理，向村民提供生活訓練：招募活躍的年輕村民組成青年會，透過領袖培訓鼓勵他們舉辦活動服務村民。明愛直至回歸前才淡出管理，將管理業權轉交由村民組成的「改善生活有限責任合作社」，是本港其中一個只能住、不能買賣的合作社房屋。[62] 村內共有 69 個單位，每個只有 100 到 300 平方呎，村民需共用屋外的公用廁所浴室。村屋設計像井字型公屋，可以看見對面的住戶，方便他們互相照應。基於房子的建築設計是以一塊水泥牆連接各戶，村民的住所互相依靠，唇齒相依，造就他們之間緊密、一呼百應的鄰里關係。[63] 漁民及其後代喜愛走到走廊盡頭望海，懷緬從前回憶，村子盛載其共同歷史及記憶，人人都很珍惜這種既純樸又豐富的生活。[64]

漁民受傳教士幫助得以「上岸」，當中不少信奉天主教，伯多祿村成為信仰社區。在建村後，傳教士仍與村民保持聯繫。莫保祿神父自 1979 年起擔任西貢堂區主任司鐸時，便逢周三到訪伯多祿村。1980 年代後期，伯多祿村亦會在平日舉行祈禱會。

西貢「飛仔神父」林伯棟

在范慕琦神父離開西貢後到任的林柏棟神父（Rev. Adelio Lambertoni, PIME, 1939－2006），同樣關心社會議題，在社會承擔方面甚具影響力，現今社會上部分人權、公民權利和勞工權益的捍衛者都是受他啟發。[65] 林神父是一位宗座外方傳教會會士，在 1939 年出生於意大利米蘭教區的維拉特（Velate），並在 1963 年 3 月 30 日晉鐸。僅兩年多後，他便來到香港，暫居大埔聖堂學習廣東話，自 1967 年起被委任為西貢堂區的助理主任司鐸。[66] 其間，他愛駕駛電單車遊走各村，了解西貢鄉情，因此被稱為「飛仔神父」。[67] 他關心村民及漁民的生活所需，猶如殖民地時代的理民官。

據教友黃義天記憶所及，林神父在西貢上山下鄉，去到哪條村便與該地村民吃飯、生活，曾到訪過的村落不計其數，包括赤徑、十四鄉、黃毛應、糧船灣、大網仔等。[68] 每當他在村中看到父母雙亡之孤兒，或是一些家長完全沒能力照顧的小童，就立刻為他們申請入住兒童院，並經常探望他們。在這些舟車勞頓的日子，林神父經常在晨早出發，攀山越嶺到不同村落，日落前才能回家，十分艱苦。[69] 林神父亦把聖母軍團體引入西貢堂區，希望教友藉此透過服務社區實踐信仰，這正好貫徹他關懷社會的信念。西貢村民陳瑞英及陳潤蓮正是最早期加入的成員，她們跟着林神父到對面海挨家挨戶地探訪村民家庭，也會到西貢不同的小堂協助清潔等工作。

與范神父一樣，林神父特別關注漁民權益。為致力改善西貢漁民的生活環境，他直接向理民府爭取建漁民村。他雖能說廣東話，卻不善書寫中文，通常找曾在西貢崇真學校任教的教友麥漢楷代筆與政府交涉。[70] 最終，林柏棟神父與明愛合作建成太平村和明順村（兩村建成的詳情載於第六章）。

1970 年代西貢墟灣內的漁民划着舢舨。（圖片來源：西貢聖心堂）

興建中的太平村。（圖片來源：西貢聖心堂）

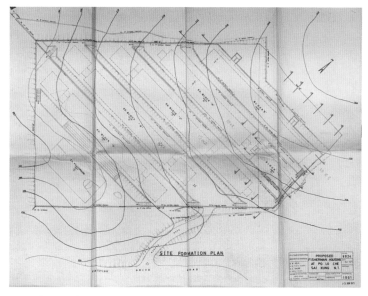

1971年興建菠蘿輋太平村的圖則（圖片來源：黃義天）

　　此外，林神父特別着重小孩和青少年的成長和發展，更敏銳地留意到暑假是培育這些孩子的良機。每年暑假，學童都有悠長的假期，但當年一個家庭普遍有七、八個小孩，家長大多沒有時間為子女安排活動，因此不是讓他們幫補家計，就是任由他們通山跑，上山下海，但意外卻因此而經常發生。有見及此，林神父為那些較年長、居於西貢市的中學生開辦暑期訓練課程，並帶領他們到鹽田梓、大浪西灣等處郊遊。[71]他又為該區小學生舉辦暑期活動，形式多元化，包括補習、營火會、辦兒童中心和度假營等。這些活動除了在崇真學校進行，也會深入至滘西州、西灣、糧船灣等村。根據村民陳瑞英及陳潤蓮所説，林神父甚至邀請來自西貢區以外的青年協助籌辦暑期活動。林神父鼓勵青年持續地為自己組織和安排活動，希望藉此培養其領袖訓練技巧和社會責任的精神。[72]柯毅霖神父（Rev. Gianni Criveller, PIME）在悼念林神父時提及，最能體現

其「建立團體」的神恩，莫過於他領養和培育八個有家庭問題或完全沒有家庭的孩子，讓他們接受教育，融入社會。[73]

由於時任西貢主任司鐸范賚亮神父在 1974 年被殺害，林神父被調離香港，輾轉到泰國及意大利服務（范賚亮神父在西貢的事跡載於第六章）。他在 1978 年重返香港，相繼服務黃大仙、葵芳、石籬堂區，期間領導宗座外方傳教會的社會關注小組，抗議殖民政府的社會及經濟政策，亦為寮屋區居民、小販、船民請命，並關注當時香港各種社會議題，例如：馬仔坑災民事件、油麻地艇戶事件、九龍灣臨屋居民事件、越南船民問題等，[74] 經常站在示威抗議隊伍的前線為他們爭取權益。[75] 同時，他亦服務社區組織協會——一個致力改善本地邊緣團體和貧窮問題的社會組織。

今天居於伯多祿村的漁民後代未必認識范慕琦神父；林柏棟神父的名字至今或許亦已無人知曉，但他們致力服務社會最有需要人士，被認為是活出信仰的榜樣，後者不畏權威、據理力爭、敢言敢行的精神，更值得每個基督徒學習和效法。

教會在戰後恢復傳教工作，其方針與社會情況緊密連繫，從而影響教會與西貢鄉村的關係。來自中國內地的難民在 1940 年代後期湧入香港，香港人口急升，但政府初期對此採取漠視態度，未提供相應的社會服務。為回應社會需要，當時香港天主教會的重點之一是照顧大批難民，加上被內地驅逐的傳教士抵港，為傳教工作注入動力。在此戰後環境的推動下，教會工作重新啟動，傳教士往西貢大浪西灣村傳教，並在該村建立聖堂及學校。

難民在戰後到港令社會對教育需求甚殷，天主教區願意投放大量資源在辦學方面，並藉此傳教，但並非每次都一帆風順。例如由傳教士在深涌村營辦的公民學校不受當地村民歡迎，結果須由官方介入。雖然教會最終受制於政府的教育政策，不能維持其原有的全

權辦學角色，但仍能以村民接受的形式繼續參與管理村中學校。此外，西貢堂區亦設有天主教老人會，老人只須繳納港幣二元，堂會員去世時，基金會撥助殮葬費二百元給其家人，基金亦會另撥二十元為亡者獻一台安息彌撒。遇有會員去世，全體會員亦會共同籌措二百元，以填補基金。

傳教士不只為教育付出，在其他社會議題上更為活躍。1960年代初召開的梵蒂岡第二次大公會議重申社會公義，驅使包括范慕琦神父和林柏棟神父在內的一些傳教士熱心關顧弱勢社群。他們關心西貢居民的生活需要、與香港明愛聯手為西貢漁民爭取「上岸」，建立漁民信仰社區，更跟進社會上的不公義。與戰前時代不同，香港教區工作的規模變得更廣和更深，傳教士把天主教信仰與社會服務結合，帶進西貢村落，讓宗教得以繼續向外傳播。

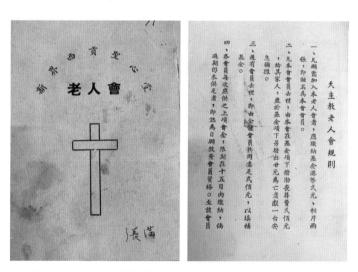

西貢聖心堂老人會會員證（圖片來源：西貢聖心堂）

注釋

1　*Hong Kong Government Gazette*, 1950, pp. 452－453.

2　香港政府：《一九七零至七一年度立法局會議記錄》（香港：香港政府印務局，1971 年），頁 8－9。

3　何心平：《美國天主教傳教會與香港》（香港：香港中文大學天主教研究中心，2011 年），頁 136。

4　Edward Hambro, *The Problem of Chinese Refugees in Hong Kong*（Leyden: A.W. Sijthoff, 1955）, p. 154.

5　Piero Gheddo, *Lawrence Bianchi of Hong Kong*（Hong Kong: Catholic Truth Society, 1988）, p. 117

6　*Sunday Examiner*, 26 June 1959。

7　柯毅霖：《從米蘭到香港 150 年傳教使命》（香港：良友之聲出版社，2008），頁 134。

8　吳昊：《香島殘陽》（香港：次文化有限公司，2021），頁 45－47。

9　Piero Gheddo, *Lawrence Bianchi of Hong Kong*（Hong Kong: Catholic Truth Society, 1988）, p. 118.

10　蔡子傑：《香港風物志》（香港：環球出版社，2008），頁 105。

11　蔡子傑編：《西貢風貌》（香港：西貢區議會，2003），頁 84。

12　John Strickland, ed., *Southern District Officer Reports – Islands and Villages in Rural Hong Kong, 1910-60*（Hong Kong: Hong Kong University Press, 2010）, p. 212.

13　《天主教傳教事業》，1915 年，頁 243。

14　〈香港新界西貢區西灣村 新教友領洗領堅振誌慶〉，《公教報》，1949 年 12 月 18 日。

15　文明德神父口述歷史訪問，1981 年 5 月 20 日，訪問者：科大衛。香港中文大學圖書館藏。

16　〈香港新界西貢區西灣村 新教友領洗領堅振誌慶〉，《公教報》，1949 年 12 月 18 日。

17　John Strickland, ed., *Southern District Officer Reports – Islands and Villages in Rural Hong Kong, 1910-60*（Hong Kong: Hong Kong University Press, 2010）, pp. 277－278.

18　〈大埔深涌線 落啟下和沙線 將有渡客小輪〉，《華僑日報》，1952 年 4 月 5 日

19　〈西貢北約荔枝莊 深涌建公共碼頭〉，《華僑日報》，1960 年 11 月 23 日。

20　〈一在深涌一在荔枝莊 吐露海峽兩新碼頭 同於昨日上午啟用〉，《工商日報》，1962 年 4 月 27 日

21　彭時沛神父（G. Brambilla），*Il Pontificio Istituto delle Missioni Estere e le sue Missioni*, Vol. 5（Milano: PIME, 1943），頁 115－118。

22　香港天主教教區檔案處和主教的檔案。另見天主教報章《香港天主教紀錄報》的完整報告，卷二，1879 年，頁 22。

23　《天主教傳教事業》，1892 年，頁 460。

24　*Catholic Guide to Hong Kong*, p. 197.

25　J. J. McAsey, *China Mission Station: A Report on a priest's work in a remote Chinese village*（Hong Kong. 197?）, pp. 5－36

26　*Catholic Guide to Hong Kong*, p. 197.

27　彭時沛神父（G. Brambilla），Il Pontificio Istituto delle Missioni Estere e le sue Missioni，5 冊（意大利：米蘭宗座外方傳教會，1943），頁 115－118。

28　1875 年 3 月 26 日高主教的信：*Le Missioni Cattoliche*, Milano, 1875. Vol. 4, pp. 247－

250.

29　1877 年 11 月 19 日穆神父（Burghlignoli）的信：*Les Missions Catholiques*, Lyon, 1878. Vol. X, p. 125; 1877 年 11 月 19 日穆神父（Burghlignoli）的信：*Les Missions Catholiche*, Milano, 1878. Vol. VII, p. 28.

30　"Sham Chung School, Sham Chung", Hong Kong Public Records Office Archive. HKRS1075－3－82.

31　〈白主教蒞臨深涌村 主持祝聖新建教堂〉，《公教報》，1956 年 6 月 1 日。

32　Piero Gheddo, *Lawrence Bianchi of Hong Kong* (Hong Kong: Catholic Truth Society, 1988), p. 138

33　Ibid., p. 136

34　*Catholic Guide to Hong Kong*, p. 197.

35　"Sham Chung School, Sham Chung", Hong Kong Public Records Office Archive. HKRS1075－3－82.

36　羅慧燕：《藍天樹下：新界鄉村學校》（香港：三聯書店，2015），頁 128

37　〈深涌村堂校落成 舞麒麟誌慶 白主教主持開幕典禮〉，《華僑日報》，1956 年 6 月 2 日。

38　天主教香港教區檔案處：I－05－01；I－08－02。

39　按《香港天主教手冊》紀錄，公民學校的二十六名學生之中，分別有十二名天主教徒及十四名非天主教徒。《香港天主教手冊》（香港：公教真理學會，1958），頁 26。

40　John Strickland, ed., *Southern District Officer Reports – Islands and Villages in Rural Hong Kong*, 1910-60, p. 216.

41　Ibid., p. 26.

42　"Sham Chung School, Sham Chung", Hong Kong Public Records Office Archive. HKRS1075－3－82.

43　〈教會在學校佈道 深涌村民表不滿〉，《大公報》，1958 年 9 月 8 日。

44　" Sham Chung School, Sham Chung", Hong Kong Public Records Office Archive. HKRS1075－3－82.

45　Ibid.

46　〈村民集資籌辦 私立學校開課 學生倍逾津貼學校〉，《華僑日報》，1958 年 9 月 8 日。

47　「祖嘗」即昔日家族為籌集祭祀祖宗所需費用而留出的公田。

48　〈深涌學校經費困難 村民籲請當局津貼〉，《工商日報》，1959 年 7 月 21 日 。

49　自 1962 年上任後，大埔及大浪堂區的主任司鐸桑得嵐神父便擔當其中一名校董。

50　"Sham Chung School, Sham Chung", Hong Kong Public Records Office Archive. HKRS1075－3－82.

51　Ibid.

52　根據於 1960 年代出版的《天主教手冊》記述，傳教士最早在 1873 年於該地設立小堂。

53　〈泰家灣學校教務主任謝帶致尹視學官〉（HKCDA, Section IV, Box 13, Folder 02）。相信謝帶應是蛋家灣謝屋的原居民。

54　見「香港天主教教區每年教務報告表」（從主年一九四六年九月一號起到一九四七年六月三十號上），新界大浪小教區。HKCDA, Section IV, Box 13, Folder 02.

55　見「香港天主教總堂致謝布先生」信件。HKCDA, Section IV, Box13, Folder02。

56　夏其龍，李佩華：〈首位華人主教：天主教總堂與徐誠斌〉，載鄭宏泰，周文港主編：《半山電梯：扶搖直上青雲路》（香港：中華書局，1983），頁 70－71。

57　Gianni Criveller & Angelo Paratico, *500 Years of Italians in Hong Kong & Macau* (Hong

Kong: Dante Alighieri Society of Hong Kong, 2013), p. 70.

58　香港明愛的前身「香港公教社會福利會」早於 1957 年成立。

59　田英傑：《天主教掌故》（香港：聖神研究中心及聖神修院校外課程部，1983），頁 258。

60　「范慕琦神父」，天主教香港教區檔案處，https://archives.catholic.org.hk/In%20Memoriam/Clergy－Brother/PIME/FAMIGLIETTI%20Giuseppe.pdf（瀏覽日期：2021 年 8 月 13 日）。

61　馬木池等：《西貢歷史與風物》（香港：西貢區議會，2003），頁 133。

62　香港社會服務聯會：〈西貢伯多祿明順村漁民改善生活有責任合作社〉，《社情》（香港社會服務聯會季刊），七月號（2016 年）。

63　同上。

64　「近代西貢漁民的波瀾跌宕」，香港賽馬會‧港文化‧港創意網站，http://had18.huluhk.org/article－detail.php?id=211&lang=tc（瀏覽日期：2021 年 8 月 13 日）。

65　Gianni Criveller & Angelo Paratico, *500 Years of Italians in Hong Kong & Macau* (Hong Kong: Dante Alighieri Society of Hong Kong, 2013), p. 70.

66　〈在世期間關懷貧苦者 意國神父林柏棟安息〉，《公教報》，2006 年 7 月 16 日。

67　〈念林柏棟神父〉，《公教報》，2012 年 7 月 8 日。

68　〈古道行啟動歷史研究講座 追憶林柏棟神父〉，《公教報》，2019 年 6 月 30 日。

69　〈寫在林柏棟神父晉鐸三十周年紀念前〉，《公教報》，1993 年 3 月 26 日。

70　麥漢楷在接受母校中文大學聯合書院校友刊物（2019 年 9 月號）的訪問時談及，在伯樂林柏棟神父的鼓勵和領導下，他帶領學生投入義工服務。一個有代表性的例子，就是協助成立西貢區的「香港醫療輔助隊」。麥盡力帶學生見識社會，他們今天都為社會作出貢獻，足見林神父以生命影響生命。

71　〈念林柏棟神父〉，《公教報》，2012 年 7 月 8 日。

72　梁錦松編：《70－72 西貢崇真中學》（香港：西貢崇真學校，1972），頁 85。

73　Sunday Examiner, *Father Lambertoni, a life lived in love, Sunday Examiner*,16 July 2006.

74　〈寫在林柏棟神父晉鐸三十周年紀念前〉，《公教報》，1993 年 3 月 26 日。

75　柯毅霖：《從米蘭到香港 150 年傳教使命》，頁 157。

第六章

本地化與更新時期

1841

1874

1931

1945

1969

1981

2000

1969 年，香港教區進入一個全新的時代：徐誠斌出任教區主教，是為香港首位華人主教。對香港教會來說，這是一個具特殊意義的歷史時刻，標誌着教會從昔日外籍教士主導走向本地化的一個轉捩點。本地華人教士逐漸開始肩負起領導教區的任務，而昔日帶領着教區一路走來的宗座外方傳教會會士則改為從事牧民工作以服務教區。

同時，因着梵蒂岡第二次大公會議所帶來的革新，教士亦開始探索更多的可能性，努力尋找福傳的「新方法」；一直致力改善漁民生活環境的林柏棟神父就是一個明顯的例子，就像「天主的理民府」一樣，林柏棟神父成為漁民社區與政府構通的橋樑。另外，此時期內地政局動盪不安，時任堂區司鐸范賚亮神父展露的和藹可親形象，連不少西貢非教友民眾都感受到其至為親切，他的影響力與其製作的麵包一樣，深深地印於人們的腦海中。范神父在 1974 年不幸遇害，令全港震驚，西貢的教務一度沉寂下來，直至 1980 年代初才從沮喪之中振作起來。

從陸上到水上：西貢堂區對漁民的服務

林柏棟神父在 1968 年起接掌西貢聖心堂，他於 1969 年把傳

教工作伸展至白沙灣一帶，他深感水上居民及普羅大眾的居住問題嚴重，於是四出奔走求助，幸得各界包括政府及當地鄉紳的支持，規劃及建立了太平及明順兩村。

　　1969 年，當時主日彌撒主要在西貢、窩尾和白沙灣舉行，而鹽田梓則每兩周舉行一次主日彌撒。當年不少人移居到外國生活，使西貢區的人口分佈出現了明顯的變化。為了解決當時香港人口增長令食水供應短缺的問題，政府在 1960 年代開始在吐露港北岸的船灣與白沙頭之間建立海堤，抽走海水而儲藏淡水，建立船灣淡水湖。當局其後再於 1971 年展開了萬宜水庫的建造工程以增加香港的食水供應。由於水庫工程使萬宜灣和沙咀這兩條村從此被水淹沒，政府把這兩地的村民遷往西貢墟的一幅新填地進行安置，同時於周邊地區興建各種社區設施以滿足他們的需要。

聖心堂於 1959 年在油麻莆街 1762 地段 221 約的現址落成祝聖啟用至今。
（圖片來源：西貢聖心堂）

　　人口增長和社區建設促進了西貢的整體發展，使之逐漸成為一個生活便利的市鎮，而在這個趨勢下，其他原本於鄉村生活的村民亦逐漸遷到城市居住。有見及此，教會開始將牧民工作的重心由昔日的鄉村改為人口集中的西貢墟，神父到村落進行牧訪的次數和時間亦漸漸減少和縮短。然而，每逢重要的主保瞻禮，到城市工作的人也會回到村落慶祝，並趁機與家人團聚，神父亦會應邀在這些鄉村小堂主持彌撒。例如在窩尾村，除了在主日舉行感恩祭外，每年農曆年初一及十二月初聖母無原罪瞻禮，該村的聖母無原罪小堂仍會舉行特別的彌撒。教會為配合墟市人口的增加，於 1969 年於油蔴莆建成崇真學校小學部的新校舍，本來包括中小學的崇真學校正式分為中學部和小學部兩個獨立部門，各自處理校務，同年，中學部開辦英文中學課程。1971 年，中學部禮堂和新翼校舍落成。

舊崇真學校校舍（現已改建）（圖片來源：西貢聖心堂）

胡振中主教在聖心堂門前與教友留影。
（圖片來源：西貢聖心堂）

1973 年，中學英文部開始有五級的完整中學體制；而小學部的上下午校則實行行政分立。1974 年，崇真學校增設英文夜中學部，為西貢居民提供更多學習機會。自從中學英文部成立，家長大多把子女送往英文部就讀，投考中文部的學生則愈來愈少。因此，中文部於 1976 年由中一開始逐漸取消，崇真中學改為全英文授課。1978 年，崇真中學向政府申請擴展為二十四班的標準中學，得到當局批准，並於翌年展開了擴校工程，夜中學則由政府成人夜中學部接辦。[1]

太平村和明順村的興建

與此同時，林伯棟神父亦開始和當時的香港天主教福利會
（「香港明愛」的前身）合作，致力改善西貢漁民的生活環境。繼伯
多祿村於 1965 年落成（詳見第五章），由林神父負責的太平村和
明順村亦分別於 1971 年和 1977 年建成。

昔日的西貢漁民都擠在船上生活。每當漁民需要出海捕魚，孩
童都難以留在陸上上學，老人生病時亦難以得到適切的治療和安定
休養。於是，林神父決定幫助他們在岸上興建房屋，希望能夠為他
們提供一個更好的生活環境。[2]

然而，當時政府是不可能撥地方給私人興建臨時居所。因此，
神父與有關當局進行洽商，由他成立一個建屋委員會及擔任負責
人。在計劃剛開始的短短兩星期內，神父已經收到三百二十家人的
登記。神父首先詳細調查了這些申請家庭的狀況，然後邀請他們的
代表到崇真中學進行會議，商討建屋計劃的細節。委員會於會議後
被分成九個小組，每個小組再選出一位組長，進一步研究需要建屋
的類型以及建屋地點。委員會最後被合併為兩個大組，一組屬於菠
蘿峯，另一組則屬於對面海；而建屋儲蓄工作亦隨之展開。按照神

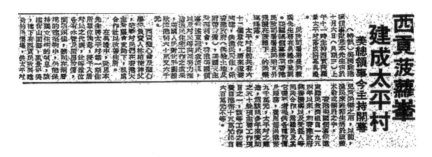

西貢菠蘿峯建成太平村的報道（圖片來源：《華僑日報》，1971 年 10 月 6 日）

父最初的計劃，每個家庭每月儲蓄二十元，十年後大家的儲蓄集合起來，便可興建足夠的房屋，讓每戶家庭都有他們各自的住屋了。[3]

在一次偶然的機會下，林神父與時任美國駐港澳總領事（Mr. David Osborn, 1921－1994）談起了這個建屋計劃，領事對計劃非常感興趣，更專誠到西貢作實地考察研究細節。林神父向領事提出了借款的請求，希望能早日建成房屋供漁民入住，然而領事乾脆地向他捐贈了六十萬以示支持。與此同時，政府又為林神父撥出了地方，建屋計劃因而順利展開。建屋藍圖終於完成，但由於物價上漲，原本足夠興建一百所房屋的金額只能建造六十三所房屋。幸好德國教會向林神父捐贈了二十五萬元，又借了二十五萬元給他，建屋計劃因而能夠繼續進行。[4]

經過一番努力後，首批房屋終於在 1971 年落成，合共六十二個單位。每個單位的面積都達四百呎，而且各自具備廚房和浴室等設備，頗具私人住宅的特色；住宅背山面海，村民能夠在家中飽覽西貢沿海景色；住宅下方設有由政府免費提供的遊樂場，作為村內兒童遊玩嬉戲的地方。整體而言，太平村於當時來説確實是一個非常理想的居住環境。[5]與此同時，擴建工程亦繼續進行，為太平村增加一百二十四個單位，另外亦會興建禮堂和寫字樓等設施，使屋苑更加完善。[6]除了為漁民提供完善的居住環境，明愛亦不時於村內舉辦各種康樂活動，使他們的生活多姿多采，同時亦幫助他們學習新的技能。[7]到了 1977 年，明順村（林神父建屋計劃的第二部分）亦於對面海興建完畢，為漁民提供了三十個居住單位。

太平村實行合作社制度，每家人一股，每股三千元。根據雙方協議，村民可以永久於太平村居住，但不能把住屋轉讓或租借予別人。倘若村民需要遷出，則需要把住屋歸還予合作社，合作社亦會把他們的負責經費退回給他們，而所讓出的房屋會用同樣的條件接受其他住客。另外，每戶家庭每月需付二十元的保養費，一半是用

太平村開幕時的熱鬧情況（圖片來源：西貢聖心堂）

作屋村保養，例如清潔和公共用電等，餘下一半則作為下一步建屋的資金。[8] 在明愛的指導下，合作社除了負責管理太平村，同時亦發揮着連繫村民的作用。它是一個平台，讓村民能夠彼此合作，在生活中互相幫助，共同謀求大家的福利。

1978年，太平村互助委員會成立，一方面繼續合作社昔日的工作，同時承擔起更重大的責任：從明愛接過太平村的管理權，全權管理該村日後的村務和發展。[9] 另外，明順村和伯多祿村的管理業權也以同樣的方式一併交給兩村村民共同組成的合作社自行管理。[10] 漁民由昔日以漁船為居所改為在陸上生活，再學習互相合作以改善生活環境，到最後能夠獨當一面，自行管理村內的一切事務，這都有

賴明愛和村民多年以來所付出的努力。論及太平村，林神父指它與伯多祿村有着性質上的分別。伯多祿村是先有錢，把房屋建好了才請人進去居住；但太平村是先觀察漁民實際的需要，再制定相應的建屋計劃。對林神父來說，後者才是社會救援的理想做法。[11]

雖然有人會認為神父興建太平村是為了吸引人信教，但是村民信教與否，完全是由他們自由決定，事實也的確如此：在太平村中只有十六戶家庭信奉天主教，十戶信奉新教，其餘的則是外教人。神父起名「太平村」，就是希望不同背景的居民都能彼此合作，和諧共處。[12]

局勢動盪：范賚亮神父的遇害

范賚亮神父（Rev. Valeriano Fraccaro, PIME, 1913－1974）有「教宗若望」、「麵包神父」的綽號，多年來無私服務他人。他於 1913 年 3 月 15 日出生於意大利特雷維索的威尼托堡，在 1934 年的 9 月 20 日成為一個修道人，並於 1937 年 4 月 4 日在米蘭晉鐸成為神父。[13] 二十四歲的范神父晉鐸後不久便被派往中國陝西進行傳教工作，於同年到達漢中。那時正是日本對中國發動侵略的時期，而范神父的行李亦因為戰爭的緣故遭到扣留，直至 1945 年才能領回。[14] 對於剛剛展開傳教生涯的范神父來說，不是一個容易的開始。

在內地傳教的時候，范神父主要靠他那輛又重又破舊的單車來回各個地方。他所穿梭的道路凹凸不平，經常佈滿碎石，令旅途危機四伏。不但如此，倘若碰着雨天，山路便會變得泥濘密佈，這時神父亦只能把單車擱在肩上，徒步走過泥路。雖然那輛單車已經破舊不堪，經常需要更換零件和進行維修，但范神父仍然靠它走遍整個南陝西教區，探訪不同的村落。在中國大陸傳教的日子縱然艱

辛，但范神父的內心依然洋溢着喜樂，充滿着驚人的魄力。在他一封 1939 年的信件中，他是這樣對他的弟兄說的：

> 我每時每刻都感到快樂，而且也很健康。我的雙腳仍舊健壯，足以應付漫長的旅程。我的房間寧靜，讓我每晚都能夠沉睡，而且沒有造夢。這裏實在有太多工作了，足以使人喘不過氣來。[15]

在戰亂時期的中國進行傳教工作實在是凶險萬分。雖然教堂的鐘樓塗上了意大利國旗的顏色，但依然逃不過被日本空軍轟炸的命運。神學院、修道院和傳教士所住之房子都被炸彈破壞。當日本士兵抵達後，范神父更被關進了集中營，兩年後才重獲自由。[16]

然而，日本投降並不代表一切困難就此完結。1949 年，中國政權轉易，主張唯物主義的共產黨上台執政。教會的一切行動受到了警察部門的嚴密監控；教徒被禁止前往教堂，而傳教士亦被禁止進行傳教活動。此時范神父又再次遭到逮捕。他原本被判處入獄，但後來改為在家軟禁。據范神父所記，當時中共政府透過收取龐大的稅金，試圖令教會向政府屈服。范神父曾經與兩名國內的修女開設了治療眼疾的診所，但一個多月後就因為巨額的稅金而入不敷支，最後被迫停辦。[17]

被標籤為「人民敵人」的范神父最終在 1951 年被中共當局永久驅逐出境。離開內地後，范神父決定在香港暫時安定下來，並一直等待着能夠回到中國內陸的那一天，不過這一天始終沒有到來。然而，香港這個小小的城市，卻成為了范神父為福音奉獻餘生的地方。

范神父初來到港的時候正是香港人口急速膨脹的時期，很多人因為從內地逃到香港，加上本地生育率持續高企，為香港教會帶來了很大的挑戰。范神父首先於 1954 年擔任香港仔聖伯多祿堂的副

助理，其後於 1955 年至 1960 年、1961 年至 1966 年期間擔任沙田耶穌聖心堂和青山聖若翰洗者堂的主管。到了 1966 年，范神父被委任為西貢區的主管和崇真學校的校監。[18]

村民的「教宗若望」

范神父剛到西貢不久便很快受到當地村民的愛戴。一位當時在沙咀居住的村民這樣說：

> 我會永遠記得他（范神父）第一次來到這條村（沙咀）的那一天。我的房屋位於一個小碼頭的前方，每隔兩天都會有來自西貢的船隻駛來，因此我可以看到所有前來沙咀的人。當天，我看見一個又矮又胖的男人上岸。他一下船就打開雨傘遮擋陽光，然後邁着堅定的步伐，奔跑似的向村子走來。沒多久他就看見了站在家門前的我。「嫲嫲！我是新來的神父！」他對我大叫。我很喜歡他稱呼我為嫲嫲（自那天起他就一直稱呼我為嫲嫲），他的笑容給予我自信。我給了他一些茶和兩隻新鮮雞蛋，他立即就毫不客氣地吃了。[19]

范神父又矮又胖的外表以及和藹可親的笑容使村民為他改了一個綽號「教宗若望」。[20] 除此以外，神父溫良的性格也讓他獲得西貢村民的喜愛。一位與范神父共事數年的傳道員就這樣說：

> 他的臉上無時無刻都掛着笑容。他那副經常從鼻樑上滑下來的土氣眼鏡令他看起來很滑稽。首先吸引我注意的就是他燦爛的笑容。起初，他看起來像一個天真的孩子，不明人間疾苦；不過，與他一起生活一段時間後，我開始發現他對現實世界有着深沉的

洞察，而且在每次的討論中他都能觸及問題的根要。他獲得所有人的愛戴，老人、小孩和少年人都喜愛他，這是無法爭辯的事實。他善於適應各種的環境並與不同的人融洽相處。他對老人懷着特別的關愛，因為他知道他們是最受忽略的、最孤獨的和最需要人幫助的。他常常探訪那些老村民，又與他們詳談。他是花了多少的心力來讓他們感到暢談的快樂啊！ 21

考慮到很多人會在農曆新年到城市慶祝，年老的村民卻被留在家中，范神父特別於農曆新年成立「敬老節」，希望讓這些年紀老邁的村民感受到被人尊重，同時希望為他們帶來歡樂。他會擺設宴席款待這些老村民，為他們說一些有趣的故事，又會唱歌娛樂他們，更會奉上美酒給他們享用。對於當時的村民來說，神父所給予的酒是很貴重的禮物。22

范神父習慣每天早晨都會走遍整條村莊，逐家逐戶的探訪村民，向他們傳福音和講道理。這種習慣在他未到西貢之前已一早養成。他非常重視與村民的關係，每天都會花很多時間與他們相處，又會到漁船探望那些在船上生活和工作的漁民，更會在船上舉行彌撒。由於船上的空間非常狹小，船頂很矮，桌子亦只有幾吋高，神父每次在船上舉行彌撒都需要跪着。即使如此，神父亦樂在其中，享受每次在船上的探訪。對神父來說，這樣做是培養信仰團體的重要途徑。23

漁民們都十分喜歡這位經常到船上探訪他們的神父。雖然他們都是文盲，在交談時會用上錯誤的詞語，但神父總是耐心地跟他們相處，從不會對他們生氣。為了讓漁民感到舒適自在，范神父有時還會模仿他們的用詞和說話方式。神父這種既親切又貼心的傳教方法，使他無論走到哪裏都受到當地居民的歡迎。24

范賚亮神父、林伯棟神父與沙咀天主堂教友留影。（圖片提供：黃義天）

范賚亮神父探訪漁民社區。（圖片來源：宗座外方傳教會）

范賚亮神父（前排中）與其他西貢堂區神父留影。（圖片來源：西貢聖心堂）

「麵包神父」

談論起范神父，西貢村民必然會第一時間聯想到麵包。因為范神父經常會親手製作各式各樣的麵包，在探訪村民的時候送給他們。由於范神父的家人在意大利經營麵包生意，因此他也掌握了烘焙麵包的技術。他的家人從意大利為他寄來了一個舊焗爐，好讓他能夠製作麵包。得到了焗爐後，范神父就整理了西貢聖心堂附近的一間小屋，將它作為烘焙麵包的地方。神父會把握晚上的時間製作麵包，那麼到了次日早上，他就可以把新鮮的麵包送給村民，[25] 而且不論對方是否教徒，神父都會非常樂意地送上自己製作的麵包。就是這樣，范神父一方面透過傳講天主的道理滋養村民的靈魂，一方面透過送贈麵包滿足他們肉體的需要。當時西貢的村民普遍生活窮苦，很多小孩都因為缺乏足夠的食物而導致營養不良。因此對當時的西貢村民來說，范神父所送贈的麵包除了象徵着對他們的關懷，同時也是他們賴以維生的糧食之一。

另外，除了親手製作麵包送贈予村民，范神父亦有透過其他方式照顧他們糧食方面的需要。神父有時會派一些「小牌子」給村民，有了這些牌子，村民就可以到當時位於西貢墟的「陳福成餅家」換領麵包。如今，這間餅家已經結業了。

范神父因為其又矮又胖的身形，給人有趣滑稽的感覺，而他本人也確實不缺乏幽默感。在一封寫給他侄女寶拉的信中，神父就這樣寫到：

今天我本來需要解釋好撒瑪黎雅人的比喻，不過我略過了它，然後對村民說這段經文太困難了。其實這是因為在這個比喻中，司祭們給人的印象實在不好，於是我就問自己，我為什麼要說司祭

們的壞話呢？⋯⋯你又認為你的叔叔是個怎樣的人呢？不過寶拉你也知道，儘管我用螞蟻代替提子乾，再用過期麵粉來製作蛋糕，你的叔叔也是一個心地善良的人啊！ [26]

　　他幽默的性格使人喜歡和他交談，而他的樂觀積極更是令人驚訝。在神父眼中，這個世界確實非常美好；眼前所遇見的一切困難都只是幫助人變得更強的機會。傳教的過程縱然充滿艱辛，但每次當他想到西貢的教友懷着堅定的信德，他都會為此感到欣喜。雖然每天都有很多事務需要范神父去處理，但他總是會於晚上抽時間到聖堂祈禱。有一次林柏棟神父碰見剛好在祈禱的范神父，便對他說：「請你也祈完我的那一份吧！」范神父卻對他說：「每個人都應該為自己向上主祈禱。」對范神父來說，禱告非常重要，是他內心的平安和力量的來源，更支撐着他一直以來的傳教工作。

范賓亮神父出席堂區活動。（圖片來源：西貢聖心堂）

村民的回憶

根據西灣村長黎恩憶述，有一次范神父在離開西灣的時候需要走上一條十分陡峭的斜坡。范神父身形肥胖，加上鄉村的路崎嶇難行，要自己一人走上斜坡，對神父來說絕對是非常困難的事。正因如此，學生們都想方設法幫助神父。當時，兩個學生站在斜坡的頂端，一同拿着一條繩子，神父抓着繩子的另一端，而他們就把范神父拉上去；另外，范神父的後方亦有兩個學生合力把神父推上斜坡。最後，經過眾人的一番努力，神父終於順利走上斜坡，離開西灣。黎恩形容當時的情景十分滑稽，令他至今依然印象深刻。

對黎恩來說，范神父除了是一個很「搞笑」的人，同時也是一個他非常感激的人，有許多點滴都令他難以忘懷。小時候的黎恩希望能夠進入崇真學校讀書，但因為在能力和學歷方面都較人遜色而自知機會渺茫。當時負責管理崇真學校事務的范神父和林柏棟神父知道黎恩的渴望後便決定讓他豁免面試，可直接入讀崇真學校。就是這樣，黎恩獲得了正式教育的機會。范神父更親切地邀請黎恩到他的麵包房，說要教他製作麵包和蛋糕。

某次范神父從海星學校的學生口中得知西灣有一個製炭的窯，他十分好奇，學生便帶他看看。雖然上山的過程非常吃力，但神父沿途都十分雀躍，絲毫沒有抱怨。找到了炭窯後，神父非常高興，又走進炭窯仔細觀察，驚訝西灣竟然會有一座如此漂亮的炭窯。現在那座炭窯已經倒塌，而范神父是唯一一個到過西灣炭窯的神父。或許范神父之所以會為炭窯感到如此雀躍，是因為喜歡製作麵包的他對如此巨形的窯有一種嚮往吧！

震驚全港的兇案

在 1974 年 10 月 28 日，深受村民愛戴的范神父遭到兇徒殺害。當日，范賚亮神父、林伯棟神父和馮家仁神父一同晚飯，並一起安排提前彌撒。其後，林神父和馮神父各自外出探訪村民，留下范神父獨自在神父宿舍。約晚上 11 時 45 分，馮神父由白鶴村回來，看見范神父的房門虛掩着，於是上前查看。他推門進去後驚見范神父全身赤裸，倒臥血泊之中。馮神父立即上前搖動范神父，發現他已經失去了知覺。范神父的手腳被人用浴巾反縛，雙手被勒至腫起，口裏亦塞着面巾；他的頭部和背部被割三十餘刀，當場傷重死亡。馮神父看見浴室內的浴缸盛滿了水，推斷范神父在遇害前正準備浸浴，而就在這個時候兇徒闖進了宿舍，把范神父殺害。[27]

范神父、林神父和馮神父共同居住在聖心堂上面的兩層高神父宿舍。宿舍二樓有三間小房，三名神父均住在二樓，而范神父則住在樓梯右邊睡房。另外，宿舍附近有一間麵包房，有一名姓李的保安員和兩名小孩於裏面居住。然而在事發當晚，兩名小童都放假外出，保安員則已入睡，加上麵包房距離神父的宿舍甚遠，所以兇案發生時未有驚動任何人，行兇者及行兇過程亦無從得知。[28]

探員指兇徒應該是從浴室的窗戶潛入，而根據現場留有的掙扎痕跡，相信神父遇害前曾對兇徒作出抵抗；[29] 現場留下一把於宿舍廚房取來的菜刀，是為殺害神父所用之兇器。不過，為了讓需要食物的人可以隨時取得麵包，宿舍廚房的大門總是為他們開着，因此兇手亦有可能是透過廚房進入宿舍。[30] 另外，宿舍樓下的電話線被人割斷，電燈亦受到毀壞，相信是兇徒所為，[31] 目的可能是為了堵截神父對外求救的方法，同時亦令其難以逃離。不過，對於它們是在神父遇害之前還是之後才遭到破壞，這點則無法確認。

於崇真學校任教的郭修女聲稱於當晚十時，宿舍曾傳出男子的聲音，但她不肯定是什麼語言，只是聽起來不像廣東話。她於十一時回到自己的住所，看見范神父房間的燈還亮着。[32] 另外，根據附近西貢居民的口供，宿舍附近的空地在事發當晚的十時曾經停泊了三輛私家車，但事發後就只剩下兩輛仍舊在原處，一輛白色私家車經已不知所蹤。另兩輛私家車均為神父所擁有，[33] 而范神父則表示過不會學習駕駛，[34] 因此該輛消失了的私家車很可能為兇徒所有，並於行兇後用它快速逃離現場。

范神父一直不辭勞苦服務西貢村民，又慷慨照顧他們的物質需要，故一直深受西貢村民愛戴，更從未與人結怨。得悉范神父遇害的消息後，所有村民都感到非常悲痛，更是不明所以。一個如此善良的神父為什麼會遭到殺害呢？行兇的人究竟是出於什麼原因動殺機？對於范神父遇害的原因，坊間有不同的揣測，但終究沒有一個確切的定論。由於神父遇害的日子與崇真學校的糧期十分接近，因此有人推測這次案件是一宗劫殺案：兇徒潛入神父宿舍，打算用嚴

范賚亮神父逝世後，村民對他的回憶收錄在以意大利文寫成的書《西貢》中。
（圖片來源：宗座外方傳教會）

刑逼供的方法逼使神父交出糧款，但想不到神父寧死拒絕屈服，最後決定將他殺害。[35]

　　然而，根據另一個推測，范神父之所以遭到殺害，可能是因為林柏棟神父為西貢漁民積極爭取在陸上興建漁民村，破壞了一些發展商打算於當地興建豪華房屋的計劃，惹來報復。然而，主要負責漁民村計劃的是林神父而非范神父，因此根據這個推測，范神父被殺有可能是因為兇徒認錯目標，同時亦意味着林柏棟神父有機會面臨生命危險。[36] 直到如今，殺害范神父的兇徒仍然逍遙法外，而他遭到殺害的原因，依然是一個未能解開的謎團。

　　范神父的追思彌撒於 10 月 1 日下午三時於跑馬地聖瑪加利大堂舉行。當日參與彌撒的神父、修女和教友人數眾多，而香港聖公會會督白約翰亦親臨為亡者祈禱。追思彌撒由林焯煒和另外二十多位神父主持共祭，講道則由范神父的同窗濟利祿神父主持。當日下午四時，范神父的遺體於跑馬地天主教墳場舉行殯葬儀式，並按照神父家人的意願，運回他的故鄉意大利安葬。[37]

　　范神父的遇害使西貢的村民悲痛不已，亦對當時在西貢練習粵語的林柏棟神父和馮家仁神父造成了很大的心理衝擊。與此同時，考慮到繼續於西貢逗留可能會遇到危險，兩位神父迫於無奈，決定暫時離開。作為臨時措施，江志堅神父再次被委任為西貢區的主管，並由莫保祿神父協助，管理區內的教會事務，但並不負責管理崇真學校。1975 年，陸之樂神父出任西貢區的主管，兼任崇真學校校監。[38]

萬宜水庫：村落重置與教會發展

　　上世紀六七十年代的香港人口急速膨脹，加上工業發展蓬勃，

致使食水需求大增。雖然香港當時已經有多座水塘，但儲水量依然不足以應付如此龐大的需求；政府不時實行食水管制以保障供水。為了確保香港有充足的淡水資源，政府於 1960 年代後期開始籌劃興建一個新水塘，並於 1971 年展開萬宜水庫的建造工程。水庫最終於 1978 年建成，儲水量高達六百億加侖，整個工程合共花費十三億五千萬元。[39] 受萬宜水庫工程影響，爛泥灣和沙咀村的村民告別了他們本來的家園。同時，位於沙咀村的聖母無玷之心小堂亦從此永遠沉沒於水底。這座聖母無玷之心小堂於 1953 年建成，主要為官門水道沿岸的教徒服務。1956 年，小堂加設聖心小學，作為附近村民接受教育的地方。當神父巡迴西貢，到各個村落進行探訪時，亦會在小堂裏留宿。

萬宜水庫的興建工程令西貢的各地村民都受到不同程度的影響，特別是爛泥灣與沙咀村：水庫建成以後，這兩條村落將永遠沉沒於水底，因此在計劃興建萬宜水庫的同時，政府亦為這兩條受影響村落的村民提供補償方案。

起初政府把受影響的村民分為兩組，並按其受影響程度作出相應的補償。第一組為分佈於西面水壩地盤附近的爛泥灣區內的三條村落。這些村落於當地建村已有數代之久，村落一旦被水淹沒，即意味着村民將失去他們一直以來的家園，同時亦無法再過鄉村生活，因此被歸類為最受影響的一群。而第二組則為東面水壩地盤附近的沙咀村村民。他們移居到當地生活的時間不長，可以遷回他們位於浪茄灣的原居地，繼續其鄉村生活，而浪茄灣的交通亦會因為水庫計劃變得更為方便，為了公平起見，他們獲得的補償相對前者較少。按照最初的安排，每戶受影響村民都能得到位於西貢墟的新建居住單位和數項津貼，而萬宜灣的村民則能另外獲得一間住宅下方的舖位作為失去祖先土地的額外補償。[40]

昔日位於沙咀村的聖母無玷之心小堂

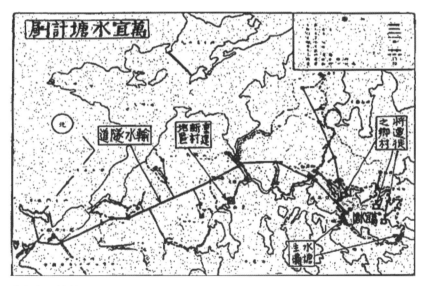

萬宜水庫計劃圖 [41]

　　1972 年 12 月 8 日早上十時，一羣沙咀村村民於村內進行抗議，指未有獲得合理的補償，並阻止工人於該村範圍內施行工程。對於爛泥灣村民的未婚女子可以得到半個居住單位，沙咀村的未婚女子則不獲分配單位，沙咀村村民認為這個安排對他們不公平，並曾多次向有關當局表達不滿，要求得到一個他們認為公平的補償方案，但始終未有達成共識，因而強行阻止工程進行。由於村民奮力阻止，工人無法施工，只好派人向西貢理民府報告事件。其後，十多名警員和理民府職員到達現場進行調解，並勸導村民離開。經過一輪對峙後，村民逐漸離去。最後，村長鄧生帶領數名村民代表前往理民府和警署，與相關人士理論並進行談判。[42]

　　跟眾多受影響的村民就搬村條件達成協議實在不是一件容易的事。經過雙方漫長的談判後，村民與政府之間最終達成共識：爛坭灣（後稱萬宜灣）和沙咀村的村民都能夠得到相同的補償。每戶家庭（一夫一妻）可以獲得地下舖位一間，如不接受物業則可兌現十九萬元；每一男丁可以獲得樓上住宅一層，如不要住宅則可兌現八萬元；每一女丁可以獲得樓上住宅半層，如不要住宅或無法湊合為一層，則可兌現四萬元。另外，每戶人家都能得到入伙裝修費、搬遷費、水費等各項津貼。[43]

　　除了照顧村民的居住需要，對於他們祖先靈位的安置，政府亦作出了妥善的安排。因為水庫工程，爛泥灣七間祠堂需要進行搬遷。[44] 新建的祠堂全由政府撥地和負責興建，一切建築費用均由政府支付。為了尊重村民的傳統，政府聘請了堪輿學家測量新址的風水，得到了村民的同意後才開始建造新祠堂。七間新建造的祠堂位於木棉山，附帶一個洗手間和一條連接西貢公路的行車路，建造費合共約一百三十多萬元。[45]

然而，因為水庫工程而受影響的其實並不止爛坭灣和沙咀村的居民。萬宜水庫的興建使船隻從此不能再經官門海峽來往大鵬灣，損害了當地漁民的生計。為了補償這些漁戶所受到的損失，政府自1971年起便邀請所有漁戶進行磋商，並仔細研究他們所提出的要求和受水庫工程影響的程度。漁農處經過調查後，把受影響的漁民按受影響程度分為甲、乙及丙三等。[46]

對於最受影響的甲等漁民，政府為他們在對面海興建了一批兩層高樓宇，作為安置他們的居所。這批樓宇於1975年建成，合共三十個單位，總共可容納二百六十名漁民。每五名漁民可免費獲配一層面積五百呎的單位，作為他們的物業，同時亦獲得相應的津貼

《華僑日報》，1974年12月18日。

補助。另外，對於所受影響相對較少的乙等漁民，政府同樣為他們於對面海興建了一批四層高的樓宇。他們每戶不論人口多少只能獲配一層面積約四十六平方米的樓宇，同時亦需要先繳付六千元方能入住。至於受影響最小的丙等漁民則沒有獲得住屋補償。[47]

萬宜水庫的落成緩解了香港的食水短缺問題，為整體市民都帶來了益處，同時使爛泥灣和沙咀村從此被水淹沒。這或許提醒我們現在所擁有的東西其實都得來不易，需要我們懷着感恩的心好好珍惜。

合一象徵：浪茄聖誕小堂與福音戒毒村

位於浪茄的聖母聖誕小堂（以下又簡稱「浪茄小堂」）由宗座外方傳教會傳教士丁味略神父於 1917 年向北區理民府申請撥地建立，並於翌年完成建造工程。小堂建成以後，天主教會將之委託予浪茄村民黃灶喜管理。當時浪茄的村民除了黃氏，還有劉、鄧及李氏等，而黃氏則是當時浪茄村的主要姓氏。相信當時黃灶喜經已成為天主教徒，因而才會受教會委託管理這座剛剛建成的小堂。1954年，小堂由西貢聖心堂的司鐸管理，屬於大浪堂區。1955 年，小堂改屬西貢聖心堂區，但一年後又再回到大浪堂區的管轄範圍。最後，自 1957 年起，小堂歸屬西貢聖心堂區，直至 1966 年為止。然而自 1960 年代開始，因為村民放棄耕作以及萬宜水庫的建設計劃所帶來的影響，浪茄的村民和教徒陸續他遷，村落和小堂因而逐漸荒廢。

另一方面，從 1960 年代開始荒廢的浪茄聖母聖誕小堂亦先後借用予兩個新教團體作為發展福音戒毒工作的地方。1968 年，陳保羅牧師在浪茄灣建立了一條福音戒毒村，以浪茄小堂作為會址，

嘗試單以福音的力量幫助吸毒人士脫離毒癮。陳牧師的嘗試獲得了成功，福音戒毒這種新興的戒毒方法亦在香港獲得了大眾的認可。1976 年，陳牧師把戒毒村遷往政府為其安排的新基址，而浪茄小堂則告停用。1980 年，創立基督教互愛中心的宋和樂牧師於浪茄成立「互愛福音戒毒村」，浪茄小堂又再次成為了福音戒毒所的會址，直至今日。

香港的福音戒毒之父——陳保羅牧師 [48]

　　陳保羅牧師（1922－2010）原本是一位飛機工程師，三十多歲時獻身成為一位基督新教的傳道人，並於美門浸信會擔任牧職工作。對陳牧師而言，基督的福音是一個回應人整全需要的福音。牧者除了要帶領人認識耶穌，亦要回應他們肉身上的需要。一直注重於服務弱勢社群的他曾開辦流動診所，為貧窮階層提供收費低廉的診症服務；他又曾於七層大廈開辦小學，為貧窮的兒童提供教育，同時向他們灌輸基督教的道理，而當中更有畢業生於陳牧師後來成立的福音戒毒村的開創初期參與服務工作。[49]

　　1960 年代初期，香港毒品問題漸趨嚴重，陳牧師起初服侍的美門浸信會正正位於毒品問題最嚴重的九龍城寨附近。每當陳牧師經過大井街旁的破舊石屋，都會看見屋內坐着很多骨瘦如柴的吸毒者；屋內烏煙瘴氣，惡臭難當，恍如「人間地獄」。有一次，陳牧師看見幾個放了吸毒者屍體的麻包袋被人從城寨的公廁拖出來，又有人大喊：「誰人高抬貴手，賺碗糖水錢！」接着便有人來把這些麻包袋拋到垃圾車上。看着吸毒者的屍體被人當作垃圾處理，陳牧師深感難過。此時的他便向上主禱告，希望能夠幫助這些吸毒者，並展開了他推行福音戒毒的計劃。[50]

　　陳牧師起初並未有一個完整的計劃，只是印製一些福音單張，派給城寨裏的吸毒者，向他們傳福音。吸毒者大多都對福音態度冷淡，更常常取笑陳牧師。有一天，陳牧師遇見了一位名叫蔣偉民的吸毒者，他有很深的毒癮，卻對福音很感興趣。有一次他問道：「陳牧師，你又沒有戒毒所，如何幫助我戒毒呢？」[51] 陳牧師於是萌生了成立戒毒所的念頭。根據他的自傳，陳牧師向上主祈禱，希望上主能夠為他預備一個合適的地方。幾天後，他在西貢偶然遇見一位在當地經營雜貨店的基督徒朋友。他一知道陳牧師正在尋找地方開辦戒毒所，就告知他浪茄灣有一條荒廢了的村莊，環境優美而且與外界隔絕，非常適合作為戒毒地點。陳牧師聽後便興奮地乘船前往浪茄，看看這個美麗的地方。[52]

　　波濤洶湧的旅途未有消減陳牧師的決心。經過幾次嘗試，陳牧師登上了浪茄灣。看見如此美麗的景色，陳牧師非常歡喜，認為這個地方非常適合作為戒毒村的選址，遂和浪茄村代表黃貴商議，[53] 並以年租一百元的價錢租下了兩間村屋。[54]

　　「晨曦會」這個名字出於羅馬書 13 章 12 節，意指白晝即將來到，勸喻戒毒者脫去往日暗昧的行為，[55] 而這段聖經也是晨曦會的會訓。[56] 陳牧師並不使用藥物來幫助戒毒者戒毒，而是單單靠着福音的力量，使他們從根本擺脫毒品的控制。陳牧師向戒毒者傳講福音，明言吸毒是罪，勸導他們向上主認罪悔改，從此遠離毒品；每當戒毒者毒癮發作時，陳牧師就會透過禱告和唱詩等方式幫助他們捱過那段難以忍受的時間。另外，浪茄灣遍遠的地理位置亦令戒毒者難以獲得毒品，增加他們戒除毒癮的機會。[57]

　　在開展福音戒毒工作初期，陳牧師遇到不少困難和阻礙。按 1969 年的《華僑日報》所記，陳牧師和浪茄的村民之間曾經出現有關村屋使用權的糾紛。一些已經遷離浪茄的村民，在回村掃墓時

發現他們的村屋在未得到同意的情況下被陳牧師佔用，非常不滿，便要求陳牧師遷出他們的村屋，但兩個月後發現情況依然持續，於是向西貢鄉事委員會作出投訴。委員會為此舉行了會議，並要求陳牧師於兩星期內從所佔用的村屋遷出。[58] 然而，對於陳牧師最後有否如會議所要求的那樣從村屋遷出，由於陳牧師的自傳並未有記述他和村民的糾紛，筆者亦找不到相關資料，恐怕無從稽考。

　　與此同時，浪茄灣由於景色優美，一直吸引着當時皇家輔助空軍的人士三五成群的到那裏度假消遣，這個情況在陳牧師成立了戒毒村依然持續。軍人們在沙灘上喧嚷嬉戲，對戒毒者構成了嚴重騷擾，令陳牧師十分煩惱。後來空軍更向當時的教區主教徐誠斌主教提出申請，希望能借用浪茄村的聖母聖誕小堂，將之作為他們的俱樂部地址。對於空軍的申請，陳牧師向教區表達了強烈的反對，他的反對亦激起了空軍的憤怒。1969 年 12 月 2 日早上，一架英軍的軍用直升機在浪茄灣的沙灘上降落，驚動了陳牧師和戒毒者，致使他們趕緊跑到沙灘察看。只見皇家輔助空軍的軍人從直升機走出來，進入教堂，把裏面的聖經、書本和家具全部搬到屋外，接着用鐵鏈把教堂的門鎖上，並於門上貼上理民府的封條，禁止陳牧師和戒毒者繼續使用教堂。面對空軍無禮的挑釁，陳牧師和戒毒者都感到既害怕又憤怒。然而他們卻選擇保持冷靜，未有作出任何反抗。[59]

　　事件於翌日成為了《德臣西報》（又名《中國郵報》，*The China Mail*）的頭條新聞，標題為「英軍空襲戒毒所」，為當時的香港社會帶來了很大震撼；相關政府部門以及不同的教會和基督教機構都向陳牧師表示關注和慰問，而時任香港聖公會會督白約翰亦致電陳牧師，對他的福音戒毒事工表示支持和鼓勵。除此以外，無綫電視更多番報道戒毒村的相關新聞，亦向陳牧師作了多次的訪問。[60] 正因為空軍的逼迫，原本寂寂無名的陳牧師和他鮮為人知的

西貢浪茄村有村屋糾紛
村民投訴鄉事會昨調處
理民府亦重視正予密切注意

《華僑日報》，1969 年 12 月 11 日。

福音戒毒工作變得為香港市民所知曉，而戒毒村亦開始得到一些實際的援助。1970 年 10 月，嘉道理農業輔助會向福音戒毒村捐贈一千二百元，用來購買三頭耕牛作拓荒之用，藉此增加田地的生產；[61]1971 年，該會又向戒毒村贈送三頭乳牛，以改善戒毒者的生活環境。[62] 同年 5 月，九龍聯青社向戒毒村捐款二千五百元，協助戒毒村購買摩打引擎，作為來往浪茄灣的交通工具。對於沒有公共交通工具抵達的戒毒村來說，這確實是一項非常大的援助。[63]

然而，陳牧師和皇家輔助空軍之間的衝突並未就此完結。在白會督和禁毒專員利尚志的支持下，政府願意為福音戒毒村預備一個新地方。1976 年，陳牧師在白會督和政府官員的陪同下乘坐金文泰號出海，尋找戒毒村的新選址。陳牧師最後選擇了西貢的伙頭墳洲，並於同年 10 月 11 日把戒毒村正式搬遷到這個小島上。從此，這個島被稱作晨曦島，陳牧師的戒毒所有了一個全新的開始，並繼續藉福音的力量幫助戒毒者擺脫毒癮，直到今日；與此同時，浪茄的小堂復歸荒廢。

　　1980 年 10 月，由宋和樂牧師創立的基督教互愛中心得到教區的批准，於 1981 年起連續五年免費借用浪茄的天主堂，作為建立福音戒毒村的地方；另外，政府亦以每年一元的租金把浪茄灣租用予互愛中心進行福音戒毒的事工。1981 年 4 月 20 日，互愛福音戒毒村正式開幕。開幕儀式由香港禁毒專員利尚志、天主教香港教區副總務長康建璋神父、香港戒毒會社會福利會總監錢明年和互愛中心董事會主席李鴻澤共同主持。[64] 自此，互愛中心便於浪茄灣延續了陳牧師的精神，倚靠福音的力量幫助戒毒者脫離毒癮，直至今日。

　　浪茄聖母聖誕小堂的聖堂建築為金字頂，主要分為南北兩部分。北面為聖堂，南面則為會所，並附設閣樓，相信閣樓是昔日天主教堂神父的宿舍。現時聖堂稱作「舊教堂」，是基督教團體舉行崇拜或聚會的地方，牆上懸有十字架。而南面原為戒毒者的宿舍，現則用作會議室及辦公室，閣樓則為貯物室。另有新教堂建於山坡之上。

　　浪茄小堂除了見證着戒毒者的重生，更見證了天主教會與新教教會在社會服務和福音傳播上的合作。香港天主教區把小堂借予新教團體開設戒毒所，讓受毒品捆綁的人士得到幫助，同時讓大眾知道天主教會和其他派別的教會團體都同樣以基督的精神服務人群。[65]

　　1970 年代西貢墟港內有不少漁船聚集，西貢區的神父探訪水上人，如同理民官一樣了解他們的需要，並為他們向政府爭取地方建屋，讓他們上樓改善生活，於西貢市與政府協調建成漁民村，幫忙分配單位入住，神父又坐船到伯多祿村開彌撒，修女則在平日教導漁民子弟學習，該村現時仍是一條教友漁民村。范神父愛教友之情令人懷念，他的離世是教友的一大損失，亦令西貢的傳教事業一度蒙上陰影。林柏棟神父領養誼子及誼女，曾幫助他們早年的生活

今日的互愛福音戒毒村
（現已改名為「男成人訓練中心」。）

所需，就如同親生父親一樣。在林神父過身後，這些誼子及誼女亦十分懷念神父的養育之恩及他對西貢教友及非教友的無私奉獻，他們更到意大利神父的家鄉參與紀念活動。我們從他們兩位的事跡，充份了解到信仰並不單純是禮儀，故有梵二改革之後，西方傳教士在西貢推展信仰使用了不一樣的方式，與村民建立信任，亦使教外人士感受到他們的無私。此段傳教歷程亦是香港六十至七十年代的複雜的政治環境的歷史寫照。

影星喬宏曾到浪茄分享見證。

約 1970 年代的聖母聖誕小堂

注釋 ——————————————————————————————

1　龍國全等編：《西貢崇真中小學鑽禧紀念（1924－1984）》（香港：西貢崇真學校，1984），頁 99－100。

2　湯漢：《懷念林柏棟神父》（香港：天主教香港教區，2006），https://www.youtube.com/watch?v=oJiCZrppCvw&feature=youtu.be（瀏覽日期：2020 年 6 月 29 日）。

3　梁錦松編：《70－72 西貢崇真中學》（香港：西貢崇真學校，1972），頁 86。

4　同上。

5　〈西貢菠蘿輋建成太平村　美總領事令主持開幕〉，《華僑日報》，1971 年 10 月 6 日，https://mmis.hkpl.gov.hk/home（瀏覽日期：2020 年 6 月 4 日）。

6　梁錦松編：《70－72 西貢崇真中學》，頁 86。

7　〈西貢太平村互助會就職　合力改善居住環境〉，《華僑日報》，1978 年 9 月 22 日，https://mmis.hkpl.gov.hk/home，瀏覽日期：2020 年 6 月 4 日。

8　梁錦松編：《70－72 西貢崇真中學》，頁 86－87。

9　〈西貢太平村互助會就職　合力改善居住環境〉，《華僑日報》，1978 年 9 月 22 日，https://mmis.hkpl.gov.hk/home（瀏覽日期：2020 年 6 月 4 日）。

10　曾志康編：《社情》（香港社會服務聯會季刊），第五十二期（2016 年 6 月），http://101.78.134.197/uploadFileMgnt/0_2016722175551.pdf

11　梁錦松編：《70－72 西貢崇真中學》，頁 86。

12　同上，頁 87。

13　「范賚亮神父」，https://archives.catholic.org.hk/In%20Memoriam/Clergy－Brother/V－Fraccaro.htm（瀏覽日期：2020 年 6 月 4 日）。

14　Mariagrazia Zambon, *Crimson Seeds: Eighteen PIME Martyrs* (Detroit, Mich.: PIME World Press, 1997), p. 113.

15　Ibid.

16　Ibid., pp. 113－114.

17　Ibid., pp. 114－115.

18　「范賚亮神父」，https://archives.catholic.org.hk/In%20Memoriam/Clergy－Brother/V－Fraccaro.htm（瀏覽日期：2020 年 6 月 4 日）。

19　Mariagrazia Zambon, *Crimson Seeds*, p. 115.

20　Ibid., p. 117.

21　Ibid., p. 116.

22　Ibid.

23　Ibid., p. 117.

24　Ibid., pp. 117－118.

25　Ibid., p. 117.

26　Ibid., pp. 116－117.

27　〈赤裸神父手腳反綁遭亂刀殺死　口腔塞毛巾　背部有刀傷　死者屍橫宿舍　浴缸水滿疑入浴前後遇害〉，《東方日報》，1974 年 9 月 30 日。轉引自「范賚亮神父」，https://archives.catholic.org.hk/In%20Memoriam/Clergy－Brother/V－Fraccaro.htm（瀏覽日期：2020 年 6 月 4 日）。

28　同上。

29　"Priest found murdered in his quarters", *South China Morning Post*, September 30, 1974, as cited in "Rev. FRACCARO, Valeriano PIME", https://archives.catholic.org.

hk/In%20Memoriam/Clergy－Brother/V－Fraccaro.htm (date of access: June 4, 2020).

30　Mariagrazia Zambon, *Crimson Seeds*, p. 119.

31　〈赤裸神父手腳反綁遭亂刀殺死 口腔塞毛巾 背部有刀傷 死者屍橫宿舍 浴缸水滿疑入浴前後遇害〉,《東方日報》,1974 年 9 月 30 日,轉引自「范賚亮神父」,https://ar-chives.catholic.org.hk/In%20Memoriam/Clergy－Brother/V－Fraccaro.htm(瀏覽日期:2020 年 6 月 4 日)。

32　"Priest found murdered in his quarters", *South China Morning Post*, September 30, 1974, as cited in "Rev. FRACCARO, Valeriano PIME", https://archives.catholic.org.hk/In%20Memoriam/Clergy－Brother/V－Fraccaro.htm (date of access: June 4, 2020).

33　〈赤裸神父手腳反綁遭亂刀殺死 口腔塞毛巾 背部有刀傷 死者屍橫宿舍 浴缸水滿疑入浴前後遇害〉,《東方日報》,1974 年 9 月 30 日,轉引自「范賚亮神父」,https://ar-chives.catholic.org.hk/In%20Memoriam/Clergy－Brother/V－Fraccaro.htm(瀏覽日期:2020 年 6 月 4 日)。

34　Mariagrazia Zambon,, *Crimson Seeds*, p. 113.

35　〈赤裸神父手腳反綁遭亂刀殺死 口腔塞毛巾 背部有刀傷 死者屍橫宿舍 浴缸水滿疑入浴前後遇害〉,《東方日報》,1974 年 9 月 30 日,轉引自「范賚亮神父」,https://ar-chives.catholic.org.hk/In%20Memoriam/Clergy－Brother/V－Fraccaro.htm(瀏覽日期:2020 年 6 月 4 日)。

36　Mariagrazia Zambon, *Crimson Seeds*, p. 119.

37　〈范賚亮神父追思彌撒 濟利祿神父講道 范鐸為信仰受殉道榮冠〉,《公教報》,1974 年 10 月 11 日,轉引自「范賚亮神父」,https://archives.catholic.org.hk/In%20Memori-am/Clergy－Brother/V－Fraccaro.htm(瀏覽日期:2020 年 6 月 4 日)。

38　龍國全等編:《西貢崇真中小學鑽禧紀念(1924－1984)》(香港:西貢崇真學校,1984),頁 100。

39　〈萬宜水庫啓用 港督主持揭幕〉,《華僑日報》,1978 年 11 月 28 日,https://mmis.hkpl.gov.hk/home(瀏覽日期:2020 年 6 月 8 日)。

40　〈萬宜水庫影響各村安置解決 開始遷村民〉,《華僑日報》,1972 年 10 月 4 日,https://mmis.hkpl.gov.hk/home(瀏覽日期:2020 年 6 月 8 日)。

41　〈現目供水充足 萬宜水庫正從各方面着手進行〉,《華僑日報》,1972 年 11 月 6 日,https://mmis.hkpl.gov.hk/home(瀏覽日期:2020 年 6 月 8 日)。

42　〈西貢沙咀村居民阻止興建萬宜水庫工程 宣稱因未獲得合理補償〉,《工商日報》,1972 年 12 月 9 日,https://mmis.hkpl.gov.hk/home(瀏覽日期:2020 年 6 月 4 日)。

43　〈萬宜水庫建設艱鉅 遷徙村民已獲協議〉,《華僑日報》,1974 年 10 月 23 日,https://mmis.hkpl.gov.hk/home(瀏覽日期:2020 年 6 月 4 日)。

44　李屋人家有四十一家,有宗祠和家祠各一間。鄒屋有二十三家,有宗祠和家祠各一間。陳姓有兩家,有宗祠一間。萬姓人家數目不詳,有宗祠和家祠各一間。

45　〈因建萬宜水庫遷建七間祠堂共費百餘萬 全由當局負責官紳剪綵開光〉,《華僑日報》,1974 年 12 月 18 日,https://mmis.hkpl.gov.hk/home(瀏覽日期:2020 年 6 月 4 日)。

46　同上。

47　同上。

48　其實陳牧師並不是在香港使用福音戒毒的第一人。早在 1956 年,挪威信義差會的鄭錫安牧師(A. Espegren)已經在調景嶺創辦了香港第一間福音戒毒所,依靠教導聖經和詩歌來幫助戒毒者戒毒,同時提供成方中藥幫助戒毒者脫癮,亦曾使用腳鐐防止戒毒者逃走。資料出自陳瑞璋、張大衛、林希聖、邵日坪:〈福音戒毒在香港〉,明愛樂協會,

https://web.archive.org/web/20190906051046/https://www.caritaslokheepclub.org.hk/7－2－1.html（瀏覽日期：2020 年 6 月 5 日）。

49　〈晨曦會歷史〉，香港晨曦會，https://opdawn.org.hk/zh_hk/our_history/（瀏覽日期：2020 年 6 月 5 日）。

50　同上。

51　同上。

52　同上。

53　根據陳牧師所記，黃貴是他當時在浪茄村內找到的唯一一個村民。

54　〈晨曦會歷史〉，香港晨曦會，https://opdawn.org.hk/zh_hk/our_history/（瀏覽日期：2020 年 6 月 5 日）。

55　陳保羅著：《死啊！你的毒鉤在那裏？》（香港：香港晨曦會，2008），頁 18。

56　同上，頁 2。

57　同上，頁 15－16。

58　會議由鄉事委員會主席李潤壽主持，而參與會議的則包括浪茄村代表黃貴、沙咀村代表鄧生以及事件的相關村民。按村代表黃貴所說，陳牧師的確透過正式的途徑向他租借了兩間村屋，但他在租借的時候聲稱是用作興建農場之用，並未有言明是用作成立福音戒毒村。然而根據租約，該兩間村屋被租予陳牧師，為期三年，由一九六八年起至一九七一年為止。因此，村民無法要求陳牧師就此離開浪茄村，而只能要求他停止佔用他們的村屋。資料出自〈西貢浪茄村有村屋糾紛　村民投訴鄉事會昨調處〉，《華僑日報》，1969 年 12 月 11 日，https://mmis.hkpl.gov.hk/home（瀏覽日期：2020 年 6 月 4 日）。

59　〈晨曦會歷史〉，香港晨曦會，https://opdawn.org.hk/zh_hk/our_history/（瀏覽日期：2020 年 6 月 5 日）。

60　同上。

61　〈浪茄健康村戒毒會昨獲嘉道理農業會贈款〉，《華僑日報》，1970 年 10 月 20 日，https://mmis.hkpl.gov.hk/home（瀏覽日期：2020 年 6 月 4 日）。

62　〈浪茄戒毒所獲嘉道理會贈三頭乳牛〉，《華僑日報》，1971 年 4 月 25 日，https://mmis.hkpl.gov.hk/home（瀏覽日期：2020 年 6 月 4 日）。

63　〈浪茄福音戒毒中心獲九龍聯青社贈款〉，《華僑日報》，1971 年 5 月 13 日，https://mmis.hkpl.gov.hk/home（瀏覽日期：2020 年 6 月 4 日）。

64　〈浪茄灣戒毒村周一揭幕啓用　利尚志錢明年主持儀式〉，《華僑日報》，1981 年 4 月 17 日，https://mmis.hkpl.gov.hk/home（瀏覽日期：2020 年 6 月 4 日）。

65　〈梵蒂岡第二屆大公會議文獻《大公主義》法令〉：「全體基督徒之間的合作，生動地顯示出他們已有的聯繫，也更明顯地揭露出基督為僕人的面目……藉着這樣的合作，全體信仰基督的人，能彼此更深切的互相了解與互相尊重，並為基督徒的合一鋪路。」，https://www.vatican.va/chinese/concilio/vat－ii_unitatis－redintegratio_zh－t.pdf（瀏覽日期：2020 年 6 月 5 日）。

1841

1874

1931

1945

1969

1981

2000

第七章

朝聖與保育時期

　　1981 年西貢聖心堂慶祝百周年紀念，並首次以堂區名義撰寫有關西貢傳教士事跡的歷史，出版書冊及整理歷史照片，包括有關范神父及林神父的軼事，例如他們探訪漁民、與政府打交道、與鄉事會聯繫等，均是堂區以外的點滴，讓人懷緬昔日的傳教事跡之餘，亦希望將傳教心火延續下去。

　　除了 1980 年代初有個別大埔聖母無玷之心堂區的神父到某些小堂舉行特別彌撒外，其餘大部分時間西貢半島歷史小堂被棄置。公教童軍受教區委託，管理位於北潭涌、黃毛應及白沙澳的小堂，作童軍訓練或度假營地用途，直至 1990 年代末，亦有個別熱心教友、村民或神父託管，將昔日的神聖之所更新用途，成為朝聖及靈修聚會之所。到了千禧年代，鹽田梓聖若瑟堂重修，再次喚起教友對歷史小堂的興趣，有個別堂區善會開始組織朝聖團到訪小堂，重拾傳教士的足跡，細味鄉村生活點滴。

　　1980 年代是香港前途問題的肇始，至 1984 年中英兩國簽署《中英聯合聲明》，正式協議香港在 1997 年 7 月 1 日回歸中國。加上隨着市區的建設和交通愈趨發達和便利，以及香港工業發展日趨蓬勃，愈來愈多村民選擇移居外地或市區以謀求更好的工作和生活質素，致使新界的村民人口愈見疏落。過去曾經繁盛一時的鄉村現今已經人去樓空，昔日「香火鼎盛」的神聖之所現在亦變得雜草叢

生，無人問津。不過，當中也有一些荒廢了的小堂在熱心教友的支持和推動下得以進行復修工程，並且再次投入使用。

公教童軍與聖堂復修

自 1970 年代初，一隊公教童軍在隊長的帶領下，於西貢尋找露營的地方，其間無意發現了一些荒廢了的小堂。他們看見這些小堂因為無人打理而變得野草蔓生，感到非常可惜。1974 年的復活節，公教童軍協會邀請了范賚亮神父主持靈修聚會。范神父在講道中搖頭嘆息，感嘆有許多位於鄉村的聖堂都非常需要進行維修和翻新工作，卻沒有人正視這個問題和採取行動。本來就對西貢的廢棄小堂感到可惜的公教童軍，在聽到范神父的嘆息後展開了商討，嘗試制定一些復修和活化這些廢棄小堂的計劃。公教童軍協會於 1974 年上書香港天主教教區總務處，建議重修這些荒廢了的小堂，並於未來撥作教區內的其他用途，例如童軍營地和靜修院等。最後，他們的提議獲得教區的接納，三間荒廢小堂亦先後完成復修工程，並改用作公教童軍訓練中心，它們分別是黃毛應玫瑰小堂、北潭涌聖母七苦小堂和白沙澳聖母無玷之心小堂。[1]

黃毛應玫瑰小堂

自 1960 年代開始，不少黃毛應的教徒已經移居英國，餘下的則大多前往西貢聖心堂參與彌撒，到玫瑰小堂參與彌撒的教友愈來愈少。1971 年至 1974 年間，班嘉理（班嘉禮）神父（Rev. Michele Pagani, PIME, 1920－2012）和一些主教座堂的輔祭每逢主日都會到黃毛應舉行彌撒。[2] 由於日久失修，小堂的屋頂出現破損，但並未有即時進行修補；神父此時仍會在經已破損的小堂或是更樓

公教童軍在黃毛應小堂內舉行活動的情況。（圖片來源：李偉光）

為村民舉行彌撒。到了 1970 年代末，村內大部分的教徒都已經遷出，小堂亦因此荒廢。

後來，在教區的批准和支持下，黃大仙聖雲先堂的童軍領袖決定自掏腰包，捐款為小堂進行修葺，並於 1976 年展開工程。翌年，小堂重修完畢，成為了黃大仙童軍 117 旅的活動和訓練中心。[3] 中心的開幕禮由負責公教童軍的林焯煒副主教主持，而兩名來自黃大仙聖雲先堂和西貢聖心堂的神父以及黃毛應村代表亦共同主持。

1983 年，小堂成為了公教童軍協會的先鋒工程中心，並得到戴麟趾爵士康樂基金撥款，購置長竹和繩索等先鋒工程用品，供童軍製作馬騮橋、瞭望台和空中走廊等設施。2001 年，聖雲先小堂的童軍又再次出資修葺破舊的小堂。不過，由於黃毛應活動中心的位置比較鄰近民居，童軍協會自千禧年起已較少於該處舉行活動。[4]

童軍 117 旅領袖李偉光於小堂前留影。
（圖片來源：李偉光）

現時黃毛應玫瑰小堂內部
（圖片來源：李偉光）。

今日的玫瑰小堂正門

2013 年，古物諮詢委員會將玫瑰小堂列為第二級歷史建築，肯定了它的歷史價值。到了 2019 年，公教童軍協會把玫瑰小堂重新交還給教區管理。「古道行」工作小組現正計劃把復歸空置的玫瑰小堂用來成立一所以西貢小堂歷史為主題的紀念館，向廣大市民推廣天主教信仰和客家文化。

北潭涌聖母七苦小堂

另一間在 1980 年代初由公教軍管理的是聖母七苦小堂。回顧 1950 年代，由於灰磚窰於日佔時期受到破壞，加上青洲英坭有限公司成立[5] 及製磚技術的進步，位於西貢北潭涌的上窰因燒窰業逐漸式微，村民無法以此為生，故紛紛前往九龍市區或香港島打工或移民外國，僅餘少數村民留下。神父每年到訪幾次，向這些村民傳道解惑，施行聖事。據村長所述，在舉行彌撒前一晚，神父會到上窰村留宿，以便在次日早上主持彌撒。1960 年代以前，「六鄉」村民若要外出，可選擇經「榕北走廊」（即榕樹澳至北潭涌之古道）到企嶺下海，再乘船至大埔，或者在上窰附近的小碼頭乘搭木船至西貢墟。據北潭涌村長憶述，其家族曾於「榕北走廊」要衝建青磚房子，它坐落於繁茂的樹林中，除了用作居住，亦經營雜貨店和開辦村塾。房子起居室裏闢了一條有蓋長廊，作為西貢各鄉村民通過及前往「榕北走廊」的公用通道，村民也會在這個通道避雨、歇息和聊天，故被稱為「過路廊」。[6]

1970 年代，北潭涌聖母七苦小堂已逐漸不舉行彌撒。1979 年，教區撥款給公教童軍修葺小堂，使已荒廢的小堂還原為原本融合客家和西式建築的風格。小堂後來用作童軍的水上活動中心，以另一身份繼續服務社區。

與白沙澳類似，在上窰，天主教信仰與客家村落生活相遇並

互相融合。建築上，天主教小堂藏身於曾被用作普通民居的客家房舍，因此其外貌無異於一般客家村屋。位處海邊的聖母七苦小堂建於高台之上，以防潮漲水淹，反映客家人因應地理形勢的建築智慧。小堂也是保留客家村屋結構，並改建成教堂的建築。除了客家的硬山式瓦頂外，小堂正門屋頂的門額既有西班牙的建築風格，也與客家門樓的屋頂相似，均有三個橫向長方形的門額，只是中間的部分稍為凸出，不像客家門樓般完全高於兩側。小堂門前的一坪空地曾作為客家人的曬場，加上小堂門額和內部的西式裝飾，形成特有的中西融合的建築風格。

　　除了建築風格，真正能顯示小堂與村民連成一體的例子就是上窰村民的文化及精神生活。當北潭涌黃泥洲和上窰的村民表示願意信教

1990 年代上窰村一座客家村舍已改成民俗館。（圖片來源：阮志偉）

今天聖母七苦小堂外聖母像

從高空俯瞰今天北潭涌聖母七苦小堂。

今天聖母七苦小堂內部的十字聖架及聖母像。

的時候，他們就要放棄過去所信奉的傳統宗教信仰和參加傳教宗教的儀式，例如放棄拜祖先、大王爺、伯公等神祇。據黃麖地的年長村民憶述，北潭涌每年慶祝兩次大王誕，六鄉每條村落會派一名村民負責主持大王誕各項儀式。由於上窰村的父老是基督徒，他們沒有參與這個儀式。與此同時，他們也保留了傳統婚嫁習俗如哭嫁、迎娶等，男家會舞麒麟、抬花轎去迎接新娘。在壽宴和婚宴時，他們又會大排筵席三日三夜，一起吃「六大簋」。另一方面，天主教的神父進行儀式時也會加入一些中式傳統，如在清明節來聖堂主持彌撒，用松、柏枝在聖堂四處撒水等。這些都反映了中國傳統和西方天主教之間以折衷的方式共存，形成客家人獨特的社群文化。

在上窰村內，康樂及文化事務署把一座客家村舍闢作上窰民俗文物館，當中陳列各種耕種工具及農村家具，希望向公眾呈現客家農村生活。此建築已被列為古蹟，證明上窰村的歷史悠久。不過，博物館未能充分展示古村的面貌：該村曾經全民皈依天主教，若要了解上窰，研究其信仰生活與農耕活動同等重要。距離博物館不遠處的聖母七苦小堂揭視此段鮮為人知的往事，豐富這條客家村落的歷史。

繼黃毛應玫瑰小堂完成復修，北潭涌聖母七苦小堂亦於 1979 年獲得教區撥款進行修葺，並於工程完成後交由公教童軍協會管理，用作建立水上活動中心；翌年更獲政府戴麟趾基金資助，添置船隻、獨木舟和機動艇等設備。[7]

現時北潭涌聖母七苦小堂除了是公教童軍的水上活動中心，也是供教友朝聖和公眾郊遊的地點。與此同時，公眾亦能到小堂附近的上窰民俗文物館和灰窰參觀，認識客家人的建築風格和生活方式，以及當年天主教傳入北潭涌的歷史。2021 年 9 月，古物諮詢委員會建議將聖母七苦小堂列為三級歷史建築。

白沙澳聖母無玷之心小堂

位於西貢半島北部的沙澳村的聖母無玷之心小堂是香港初期天主教在西貢的傳教見證。除了反映新界租借前西貢鄉村的鄉村布局層面造成可見的改變，白沙澳亦是一條相當重要的教友村，客家人放棄其傳統祭祖習俗及其他民間信仰，以教堂取代祠堂，肩負起鄉村社會功能。

在 1980 年代前，由西貢往海下的公路（今海下路）尚未建成。白沙澳的對外交通須經山路小徑到荔枝莊，再從水路經赤門海峽及吐露港到大埔墟。由於昔日村落的對外交通依賴吐露港及赤門海峽的小輪往來大埔墟，所以依香港政府行政區來劃分，該村劃歸大埔區，屬大埔區西貢北約的一條鄉村。於 1980 年至 1998 年，白沙澳小堂仍屬大埔聖母無玷之心堂區。白沙澳村有河溪相畔，河溪流入海下灣，村前北面低地為農耕地；其旁河溪有利耕作灌溉，村的東、西及南方有山嶺作屏障，是個務農的好地方。1980 年，白沙澳村經已變得十室九空，全村人口只剩下約五十人，村中的十七座房舍只有幾幢仍然有人居住。[8]

　　白沙澳的聖母無玷之心小堂於 1970 年代已經停止使用，沒有再舉行主日彌撒。[9] 因此，小堂的內部佈置未有隨同「梵二」的禮儀改革作出改變，昔日的傳統風格亦得以保留下來。[10]

　　1980 年，香港教區應允撥款修葺白沙澳的聖母無玷之心小堂，耗資約十八萬港元。聖堂完成修葺後隨即於 1982 年 3 月交由

1970 年代的白沙澳聖母無玷之心小堂（圖片來源：李偉光）

現今的白沙澳聖母無玷之心小堂（圖片來源：阮志偉）

公教童軍協會管理，並於同年 7 月 1 日進行揭幕禮。小堂本來面積為六百三十八平方米，於重修改建後被劃為小聖堂、宿舍、廚房、洗手間和浴室。另外，小堂亦跟先前兩間被改作童軍活動中心的小堂一樣，獲得戴麟趾基金撥款購置露營器具。[11] 活動中心分別可用作舉行露營、度假、避靜、大自然祈禱等活動，同時亦會為各男女童軍、堂區、善會以及大眾安排朝聖遠足旅行，帶領他們參觀西貢的地區小堂。[12]

2016 年 3 月 13 日，公教童軍協會於小堂舉行彌撒，慶祝白沙澳堂建堂 135 周年。彌撒由陳日君樞機主持，而昔日於西貢主導福傳工作的宗座外方傳教會當中亦有神父前來共祭。雖然當日天氣非常寒冷，但參加彌撒的人數多達三百人，當中包括數十位東九龍區的童軍。由於小堂座位不敷使用，一些教友甚至需要在小堂外的草地參與彌撒，足見他們對宗教的熱忱。彌撒結束後，公教童軍協會於小堂外的聖母岩前種植了一棵橄欖樹，作為對白沙澳傳教先賢的紀念，同時亦寓意協會願意效法傳教士的言行，向人們伸出橄欖枝，歡迎他們到白沙澳小堂祈禱和朝聖。

就是這樣，本來看似已經進入風燭殘年的三間小堂，因為朝氣勃勃的公教童軍又再次變得充滿活力。在童軍和教區的努力下，三間歷史猶久的小堂都得到了妥善的保存，直至今日。

小堂更新：從天主教學校、營地到朝聖地

在西貢半島的其他小堂，例如深涌的三王來朝小堂、赤徑的聖家小堂以及大浪的聖母無原罪小堂，亦因為大部分天主教教友已移居市區或外地而變得日漸荒廢，而服務該區的神父只會不定時到訪這些小堂及探訪。

1962 年至 1987 年期間，擔任 1922 年建立、1961 年重建的

1960 年代《香港天主教手冊》內所載大埔墟聖母無玷之心堂所轄小堂。

大埔墟聖母無玷之心堂（當時又名大埔墟天主堂）主任司鐸的桑得嵐神父（Rev. Narciso Santinon, 1916－1995, PIME）負責管理現在已停用的「樟上村天主堂」、「高流灣天主堂」、小塘新村「聖母諸寵中保小堂」及平洲大塘村「耶穌聖心小堂」四間在西貢北約的小堂，[13] 因此桑神父亦曾到訪這些小堂。根據前嶂上彌撒中心教友的憶述，當時桑得嵐神父從深涌碼頭上岸後，先到訪深涌村，然後經榕樹澳村步行俗稱「天梯」的登山石級到達位於山上高原的嶂上，他携帶的皮筴內裏盛載的就是開彌撒用的禮儀用品及祭衣。[14] 據村民說，到了 1970 年代，雖然嶂上的教友只餘下數位，然而神父仍堅持每周來嶂上一次主持彌撒，及與他們一起吃飯，令他們十分感動。

　　至於位於赤徑的聖家小堂，1959 年的教友約有 248 位。直到 1960 年代，村內仍然有許多居民，在新年時仍可見家家戶戶貼上門聯，內容都與天主教教義和聖經章節有關。鑑於人口日增，適齡

兒童較多，但村內並無村校設立，只在小堂神父樓開辦的小學學位有限，故堂區特向大埔理民府申請在小堂鄰近的山坡撥地二萬二千多方呎，以擴建四間新課室及一個小型運動場。[15] 學校名為「銘新學校」，該校校舍原是神父宿舍下層的一間房，旁邊有乒乓球室、廚房（飯堂）。赤徑村有原居民。銘新的校長本是族人，他退休後由一位外來的教師胡振海擔任，[16] 胡振海與村民子弟均打成一片，一起耕田、聊天、玩耍及生活，但他對學生亦有要求，每個學期要背誦五首唐詩，到六年班畢業時便要懂得背六十首，如果背不到，不會容許畢業及獲發證書。當時村內仍未有電力及自來水供應，故這位老師兼校長也要上山擔柴及取水。但學生知道他沒柴用，亦會上山幫忙，以及割菜給他吃。村民有時更叫他去他們家裏用大木桶加上熱水沖涼。即使在「六七暴動」其間，他們的師生關係未有受到大影響：

> 暴動嘅時候呢，成條村都貼滿大字報。（村民）全部都信天主教，但係百分之九十九都係有左派思想嘅，擁護共產黨㗎，冇擁護香港政府㗎。大字報個內容咪英國帝國主義呀，半殖民地呀咁。我間學校喺個山坳度，但係我學校教堂冇貼大字報。我諗住一返到學校，梗係貼滿晒㗎啦，佢貼到路口就唔貼喇，上面就屬教會嘅範圍，個地都係教會嘅。
>
> 咁我就覺得奇吖，點解上面靜英英又乜都冇貼？佢嗰個村長呢都好講道理嘅。

然而到了 1990 年代，整條赤徑村的村民幾乎都已遷離，村內只餘下三個村民，小堂亦隨着村落日漸人煙稀少而變得荒廢。[17] 到了 20 世紀末，小堂不僅猴子頻繁出沒，也因非法入境者問題而遭到破壞，部分屋頂倒塌。2001 年 5 月，由大浪村居民陳國安負責

維修小堂，維修費為 88,000 元。[18]

　　至於大浪的聖母無原罪小堂，亦隨着村民的搬離而使小堂停用及逐漸荒廢。[19]大浪灣自 1950 年代，人口最盛有六七百人，由劉榮耀神父及曾子光神父負責大浪堂區，初時劉神父在赤徑的聖家小堂的神父樓住宿，後來劉神父被調回，由曾子光神父擔任本堂，他當時亦住在赤徑小堂的神父樓，有時亦會到大浪住在教友預備的宿舍。[20]1979 年超強颱風「荷貝」襲港，令小堂的鐘樓塌陷，前村長曾在英國向移居當地的大浪村村民籌款，可惜不夠應付重建的費用，教區結果答應支付修建部分的款項，當年因為鐘樓已日久失修而拆卸。

　　至 1981 年，胡振中主教親臨大浪主持小堂的重修開幕禮，鑑於當時天主教青年亟需一個戶外活動場所，故建議當時由大埔助理司鐸溫以政神父將已荒廢的鄉村聖堂改為營地。[21]當中大浪、赤徑、深涌等小堂及附設的學校舊址被改為天主教營地，而蛋家灣聖伯多祿小堂附設的崇明學校則名為「天主教會所」。當地於 1996 年減少至不足十四人居住，幸得溫神父受胡振中主教委託，每星期至

大浪村門戶上的新春對聯，反映
信仰與中國傳統的融合。

蛋家灣崇明學校仍有「天主教會所」牌匾。

少一至二次前往這些偏遠的小堂，前去大浪、赤徑、蛋家灣、東平洲、荔枝莊及深涌等地，將其活化為天主教營地，令這些古老小堂能夠更新為教友一起祈禱、靈修及避靜的好去處。[22] 在當時交通不便的時代，溫神父的熱心確實難能可貴，而且這份熱誠更感染身邊很多的教友，甚至非教友。

1997 年時已退休、住在大浪村的居民陳國安，曾經常見到負責管理這些小堂的溫以政神父，每周均從大埔滘乘小輪到達赤徑，並擔負着物資上山，走約四十五分鐘才能越過大浪坳到達大浪村。陳國安憶述：「他（溫神父）時常在小堂清理雜草，又與教友抬着三匹冷氣機上山。村民與溫神父關係良好，時常為神父煮食，但神父飯後堅持付膳食費，不肯讓村民花費。」陳國安深受溫神父的認真態度感動，因此當某天他途經鄰近的赤徑聖家小堂時，見小堂正門已被風吹毀，他不忍小堂就此被破壞下去，故就算自己並非教友，仍在得到大埔聖母無玷之心堂的允許下，自費修復小堂。憑着他退休前從事電機工程時所獲得的知識，他只用了七十天便將聖家小堂

赤徑聖家小堂仍可見「天主教營地」的牌匾。

的損毀部分修復妥當，其後溫神父邀請他繼續保養小堂，他便由大浪搬入赤徑聖家小堂的神父樓居住，至今已十多年。

雖然陳國安一直相信要待完全領悟天主的恩澤才會接受洗禮，但他在神父的帶領下，其實與一位已接受基督信仰的教徒無異。三年前，他無意走進九龍灣聖若瑟堂，遇見多年不見的溫神父是該堂的主任司鐸，自此他每個主日均會遠道從赤徑來到九龍灣參與感恩祭，其後更加入了歌詠團，成為讚頌天主的一員。[23]

溫神父接掌大浪堂區的這些古老小堂，漸漸將它們發展為教友退省的營地後，很大程度上令小堂免被當局以空置為由收回土地，小堂遂得以在神父及教友的努力下，成為更多人的朝聖景點。雖然溫以政神父在 1997 年調離大埔堂區到九龍灣聖若瑟堂，但到偏遠小堂服務及避靜的傳統仍然在延續下去。2010 年前後，歐陽輝神父任大埔堂區主任司鐸，每年農曆年初三均會帶同一班教友到大浪開彌撒，讓更多教友認識這些小堂。於 2008 年出任大埔堂區助理司鐸一職的潘子光神父（Rev. Raja Duggimpudi, PIME），亦有帶領教友到北潭坳行山到赤徑及大浪兩間小堂朝聖，並且探訪陳國安及村民，清理野草及清潔小堂等。[24] 大浪村的村民現時亦在村口介紹大浪村的歷史及小堂的導賞圖，讓遊客更能了解村落與信仰的關係。

至於在西貢海沿岸的小堂，包括沙咀（已沉在水底）、西灣及浪茄，昔日神父前往這些小堂主要是以步行及坐船的方法，其中在萬宜水庫未興建前，往西灣及浪茄的其中一個方法是先坐船到水徑碼頭，然後上岸步行往沙咀、西灣及浪茄（由於風浪太大，鮮有坐船直到西灣及浪茄村）。1970 年代，隨着萬宜水庫的興建，有道路通往萬宜灣（前稱爛泥灣），進出西灣的交通較以往便利。但由於官門水道已建成萬宜水庫，原通往浪茄及西灣的水路被阻斷，社會及鄉村生活開始轉型。到 1970 年代後期，隨着英國計劃收緊移民法例，新界原居民大量移居英國。很多西灣村民為謀生計遷移到英

國，令村民人口亦愈來愈少，只剩下少數女性村民留守，村落因而逐漸荒廢。

由於教友數目漸少，神父也開始減少到西灣。到了 1980 年代末，村民人數已不多於十人，學生也只剩下兩個，然而西貢聖心堂

昔日的大浪育英學校。白英奇主教於 1960 年到西貢牧訪其間祝聖剛完成重建工程。

教友贈送自製鹹魚予白英奇主教。
（圖片來源：西貢聖心堂）

2018 年，教友跟隨潘子光神父到訪大浪聖母無原罪小堂朝聖。

的本堂神父仍堅持每月前往西灣主持一次彌撒及探望村民。1990年，小堂易名為海星彌撒中心，據西貢堂區的教友所述，雖然自此之後未有定期彌撒，1997年前胡永文神父每年亦會帶同一班輔祭前往西灣打理聖堂。

聖若瑟堂的復修：啟動西貢小堂的保育之路

跟其他西貢的村落一樣，鹽田梓的村民於1960年代開始逐漸遷到市區居住又或是移民英國，島上人口日漸下降。1997年，最後一戶居民從島上遷出，鹽田梓亦正式成為了一條荒廢的村落。經過十多年的荒廢，村民昔日所居住的地方經已變得草木叢生，很多原本的道路亦長滿了雜草。[25]

即使島上早已無人居住，但鹽田梓村村長陳忠賢幾乎每天早上都會從西貢坐船到鹽田梓，清理道路和修補破爛的村屋，希望這個美麗的生活環境得以保存下去，不致徹底成為一個廢墟。[26] 單靠他一人的努力或許不會有太大的作用，但事情就是如此奇妙：島上的核心建築——聖若瑟堂使這個荒廢了的小島再次變得活潑起來。

聖若瑟堂復修工程

鹽田梓雖然在1980年代已成為一條荒廢的村落，但每逢到了聖若瑟堂的主保瞻禮，即大聖若瑟的瞻禮，移居城市甚至是移民英國的村民都會回到這個小島，共同慶祝這個一年一度的重要慶典。[27]

不過，由於長期缺乏維修和打理，聖堂逐漸變得殘破不堪。聖堂的玻璃窗全部已然破碎，牆壁出現剝落甚至滲水，而屋頂更是破落至可以透光，並且雜草叢生。基於安全考慮，西貢堂區的神父於2003年提議取消聖若瑟堂每年一度的彌撒，改為在西貢的聖堂舉

行。然而，這個建議引起了村民的不滿。村長陳忠賢致函當時的香港教區主教胡振中樞機，表示反對停止在鹽田梓舉行彌撒。有見及此，胡樞機委派作為鹽田梓村民的陳志明神父（當時為香港教區副主教）處理這個問題。陳神父提議由他負責為村民舉行彌撒，但前提是必須先把聖堂復修好，才能確保眾人的安全；此時剛好又有一位熱心教友向教區捐出了一筆款項，可以作為復修工程的資金。因此，聖若瑟堂的復修工作於 2003 年底正式展開了。當時負責教區建築發展事務的建築師鄺心怡被陳日君樞機委派擔任這項工程的主管。[28]

由於沒有聖堂的圖則，對於一些建築細節，建築師只能夠根據推測進行復修，盡可能恢復聖堂原來的面貌。經過了團隊的一番努力，復修工程順利於 2004 年 5 月按時完成，鹽田梓的村民得以在復修完畢的聖堂內如期慶祝當年的主保瞻禮。[29]

殘破的聖堂經過復修後變得煥然一新，更於 2005 年榮獲聯合國亞太區文化遺產保護優良獎，獲得了國際權威的肯定，亦吸引了更多遊客前往鹽田梓參觀和朝聖。[30] 這次復修工程對鹽田梓這個西貢的離岸村落來說確實別具意義，同時亦是香港聖堂保育之路上的一個重要里程碑。

然而，聖堂復修工程的完結並不標誌着保育工程的結束。對教會和村民來說，眼前仍然有問題需要他們思考和解決：復修好的聖堂需要有人定期維護和打理，但在這個荒廢的小島上由誰來承擔這項工作呢？另外，既然島上無人居住，那麼聖堂只在聖若瑟瞻禮時才使用豈不是十分可惜嗎？這些問題促使村民對鹽田梓這個小島的現況進行更多反思，同時亦逐漸開始探索更多的可能。

由陳神父擔任會議召集人的鹽田梓大聖若瑟小堂發展聯席議會每隔三個月就會在西貢聖心堂聚會一次，討論有關鹽田梓的工作和發展事宜。起初大家關注的都只是聖若瑟堂的復修工作，後來逐漸衍生了保育和活化鹽田梓的計劃。議會將鹽田梓的保育計劃制定為

四個方向，即宗教、環境、文化和旅遊四方面，並根據這四個向度思考保育鹽田梓的各種可能性。[31]

鹽光保育中心與鹽田保育

由於聖若瑟堂於得獎後吸引了更多人前來參觀和朝聖，村委會在接待遊客方面逐漸感到壓力，同時亦有感難以獨自承擔文化復修方面的工作，遂於 2005 年開始籌組一個基金，希望更有組織地處理遊客事務以及往後的保育工作。然而，因為村委會並非正式的法人團體，所以他們有需要成立一個獨立的法定組織。他們於 2010 年向政府提出申請，並於翌年取得慈善機構的資格，成為一間註冊的非牟利有限公司。這個新成立的機構改名為「鹽光保育中心」，並由鹽田梓村村委會秘書陳子良擔任中心的董事會主席，負責帶領一眾成員推動鹽田梓的保育工作。「鹽光」這個名字一方面凸顯了其作為鹽田梓保育組織的身分，同時亦反映了鹽田梓村村民的共同信仰，表達他們對基督召叫的回應以及成為「地上的鹽，世上的光」的願景。[32]

鹽田梓，顧名思義，就是一個產鹽的鄉村。對鹽田梓來說，鹽的生產可以說是其獨特標記。然而，原來的鹽田早在 20 世紀初便已經荒廢，於戰後便再沒有產鹽了。現今的村民從未看過昔日的鹽田，亦不知道他們祖先曬鹽的方法。[33] 陳子良認為，要保育鹽田梓，首要的任務就是令這個村落再次成為一個產鹽的地方，重新散發出昔日的「鹽味」。[34] 因此，鹽光保育中心成立後的首個工作就是對荒廢多年的鹽田進行復修工程。

2011 年 11 月，陳子良和鹽田工程義務顧問林社鈴帶領一眾有意參與鹽田復修工程的建築承辦商前往鹽田梓進行投標前的實地考察，向他們講解計劃的內容。起初，工作小組只有由熱心人士捐出的三百萬作為工程的經費，但投標的價格卻超出了他們的預計，竟

高達二千三百萬至二億港元。這個龐大的數字使得工作小組需要重新制定計劃的內容和規模，務求得出一個成本較低的復修方案。另外，本來由村民作主導的工作小組由於缺乏經驗和專業意見，在執行計劃的過程中遇上了不少棘手的問題，因而需要教區協助統籌並提供支援。[35]

在專家和義工們的協助下，鹽田復修計劃於 2012 年 8 月準備重新啟動。昔日一手策劃聖若瑟堂復修的建築師鄺心怡獲邀擔任這次復修計劃的顧問，全權監督工程的進行。基於財政考慮，會議決定工程分期進行，希望工程的初步成果可以鼓勵人們作進一步的捐款，最後使整個復修計劃得以完成。同年 11 月，鄺心怡帶領有意投標的承建商視察環境，繼而進行招標工作。[36] 2013 年 3 月，鹽田工程動土禮正式舉行，籌備多時的復修工程終於得以展開。[37]

為了能夠更清楚製鹽的過程以及制訂復修工程的細節，工程團隊於 2013 年 4 月前往廣東汕尾的鹽場進行實地考察，參考他們的製鹽方法。[38] 對復修團隊來說，控制工程開支固然是首要考慮，但對紅樹林和周遭小動物的保護亦是一個重要考量。在制訂計劃細節其間，團隊盡量保留工地原有的生態環境，務求在功能和環保兩者之間取得平衡。[39] 另外，鹽田梓的地理環境亦增加了工程的難度：所有建造器械和材料都需要用船運往島上，而工程團隊亦需要先清除一些樹木，並開闢出一條通道方能展開工程。[40]

由於工程期間正值夏季，連場的大雨使得工人難以施工。工程進度雖然因此一再受到拖延，但在團隊的努力趕工下，復修工程最終得以於 2014 年 4 月完成，並進入驗收程序。同年的 5 月 4 日，即大聖若瑟的主保瞻禮，陳神父於彌撒前為剛剛復修完畢的鹽田舉行祝福禮，欣慰地向一眾村民和教友展示復修團隊連月來的工作成果。[41]

2014 年 5 月，鹽田正式開始營運，並於半年後成功產出第一批鹽。2015 年 9 月，鹽田更獲聯合國教科文組織頒發亞太區文化遺產保

護卓越項目獎。[42] 直到現在，鹽田依然有舉辦產鹽工作坊，讓公眾可以認識產鹽的過程，同時亦可一嘗製鹽的滋味。不過，基於安全考慮，所有於鹽田生產的鹽都不會用於烹調，只會當作紀念品出售。[43]

聖福若瑟神父成聖之路

「聖福若瑟神父成聖之路」是另一個由教會主力統籌的靈修項目，旨在紀念曾於鹽田梓逗留傳教的聖人福若瑟神父，並鼓勵教友效法他不畏艱苦和無私奉獻的榜樣。

緊隨着鹽田復修工程進入最後階段，成聖之路的建造工程亦開始進行，而負責鹽田工程的承建商亦同時承接了這項工程。[44] 工程團隊對鹽田梓的舊聖堂遺址（同時亦是福若瑟昔日於鹽田梓的故居）進行了清理和復修，盡可能保持建築的原本面貌。設計師於遺址的石壁上裝上由鋼鐵造成的十字架，並於旁邊豎立了一座由青斗石雕成的聖福若瑟像，供朝聖者瞻仰。另外，從入口通往舊聖堂遺址的路上亦設立了記述福若瑟神父生平的展覽板，其中講述了聖人在傳教旅途上所遇到的困難，以及他對天主一次又一次的奉獻：朝聖者能夠於路上回顧聖人的一生，同時亦彷彿在跟隨他走上這條通往天主的道路。

作為一位由奧地利橫渡遠洋來華傳教的傳教士，福神父相信愛能夠克服語言的障礙，感動別人的心靈。因着這份對天主和中國人的愛，他在中國不辭勞苦地傳教和服務，最後因為感染傷寒病逝。

成聖之路工程的小插曲：漢代陶片的出土

在成聖之路工程進行期間，有一隊由香港考古學會資助的考古工作人員進入了工地，於舊聖堂遺址展開了發掘工作。事實上，他

復修後的鹽田梓聖若瑟堂（圖片來源：西貢聖心堂）

鹽田梓舊村屋

們的目的只是想確認島上是否存在史前的人類遺址，與成聖之路的工程並無關係。[45]

經過接近一個月的發掘，考古團隊雖然沒有特別發現，但卻意外地發掘了一些漢代的陶器碎片，足以證明早於漢代時期經已有人於鹽田梓居住和生活。另外，考古團隊得知成聖之路的計劃後亦主動幫助發掘，想要考查是否有直接的證據支持這處地方就是昔日舊聖堂的遺址。雖然考古團隊最後未能找到明確的證據證明這廢棄建築就是舊聖堂的遺址，然而在他們的幫助下，建築的地基和面積範圍已經清楚顯露出來，為成聖之路的工程團隊帶來了很大的方便。[46]

靈修之家

「靈修之家」是一項由陳志明神父和他的兄弟姊妹出資和籌劃的工程。陳氏一家合力復修島上一間破舊的村屋，並把它佈置成一間供人靈修和祈禱的房舍。[47]

靈修之家內的家具全都是陳神父的哥哥陳敬明從市區運來，並且用雙手一件一件搬進去。雖然佈置工程因為連日大雨而受到影響，但陳敬明還是把握時間，最後趕及在大聖若瑟瞻禮前完成佈置。[48] 2013 年 5 月 5 日，陳神父在主持聖若瑟堂主保瞻禮彌撒前為靈修之家舉行了祝福禮，標誌着它的正式啟用。[49]

陳神父表示，共同分享天主教信仰和靈修的文化，是鹽田梓這條村落的重要特色。倘若沒有了靈修的文化，鹽田梓也就跟其他村落沒甚麼分別。聖堂固然是祈禱和靈修的地方，但靈修之家還提供了一個寧靜舒適的環境，讓人進行靜修和默想。在生活節奏急速的香港，陳神父希望靈修之家能夠成為讓都市人洗滌心靈的地方，盼望他們能夠在這裏與天主相遇。[50]

鹽田梓聖若瑟堂外貌（復修前）
（圖片來源：天主教香港教區）

鹽田梓聖若瑟堂外貌
（圖片來源：天主教香港教區）

陳志明副主教主持 2004 年主保瞻禮，旁為
柯毅霖神父。（圖片來源：天主教香港教區）

靈修之家

澄波學校與客家文物展覽館

位於鹽田梓的澄波學校是一所由教會於 1920 年開辦的小學，為島上以及西貢其他村落的村民提供教育。隨着島上的居民陸續向外搬遷，澄波學校的學生人數亦逐漸下降，最後於 1997 年停辦。[51]2004 年正值聖堂重修，鹽田梓的村民亦藉此時機翻新經已荒廢的澄波學校。[52]

2007 年，香港科技大學人文學部的張兆和教授在遊歷鹽田梓的時候於一些荒廢了的房屋中發現了一些昔日村民所使用的生活用具和遺留下來的物品。他認為這些物品都是能夠反映村民過去生活的理想材料，因而有需要妥善保存它們。[53]

事實上，鹽田梓村村委員早在村民搬離鹽田梓時已經收集了一些具代表性的農耕器具和生活器具，存放在澄波學校的一間小房舍內。然而，村委會所保留的文物並不是很多，這些文物未有涵蓋

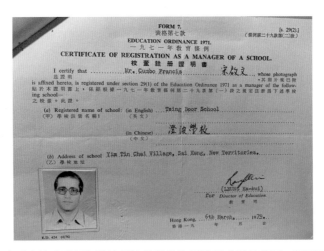

1979 年宋啟文神父登記為澄波學校校董的註冊證明（圖片來源：西貢聖心堂）

村民昔日生活的各個範疇；同時，村民昔日遺留下來的紙張文本亦未有得到妥善的整理和保存。[54] 有見及此，張教授提出了全面搜集鹽田梓文物的計劃，相信能夠發掘出更多反映村民昔日生活的歷史材料。

得到了村長和村委會的同意後，張教授於 2007 年的聖誕節組織了四十多名學生前往鹽田梓，從各個破舊的房舍中整理出不同的物品，並把它們聚集在一處。[55] 不過由於缺乏資源和經驗，這些文物在沒有專人管理的情況下逐漸面臨朽壞的危險。因此，村民需要盡快調動資源並制訂一個完善的計劃，以妥善管理這些文物。

2013 年，在教會的同意下，鹽光保育中心計劃把澄波學校改建成一間客家文物展覽館，並成立了文物館工作小組，專責處理有關文物管理和展覽的工作。除了本來的張兆和教授，小組亦邀請了不同的專家參與，包括中文大學文物館前館長林業強教授，為計劃提供專業意見，務求使整個文物保育工作更臻完善。[56]

2013 年 9 月，張教授再次找了一些科大的學生當義工，用人手把文物館所需的物資搬運往島上，並清潔文物館內部。另外，又有其他義工前來利用由學生搬來的角鐵和木板搭建層架，好能有系統的保存村中的文物。學生們一連三天清點文物，並按照博物館的標準，仔細為文物編目、攝影和存檔。在張教授的帶領下，為期三個月的學生義工計劃為文物館整理了上千件的文物。[57]

鄉村農具博物館

文物館內的展品

1　〈公教童軍協會管理　白沙澳聖母無玷之心小堂新貌〉，《公教報》，1983 年 4 月 22 日。

2　宗座外方傳教會在西貢的福傳工作。

3　〈公教童軍協會管理　白沙澳聖母無玷之心小堂新貌〉，《公教報》，1983 年 4 月 22 日。
　　〈公教童軍協會　協助堂區西貢朝聖〉，《公教報》，2004 年 9 月 19 日。

4　〈公教童軍協會　協助堂區西貢朝聖〉，《公教報》，2004 年 9 月 19 日。

5　John Strickland, ed., *Southern District Officer Reports–Islands and Villages in Rural Hong Kong*, 1910-60 (Hong Kong: Hong Kong University Press, 2010), pp. 266－267

6　《黃樹基訪談錄》，2019 年 1 月 19 日。

7　〈公教童軍協會　協助堂區西貢朝聖〉，《公教報》，2004 年 9 月 19 日。

8　〈西貢白沙澳村沒落　十室九空僅餘 50 人〉，《工商晚報》，1980 年 1 月 31 日，https://mmis.hkpl.gov.hk/home（瀏覽日期：2020 年 9 月 9 日）。

9　〈公教童軍協會獻祭　慶祝白沙澳堂 135 周年〉，《公教報》，2016 年 3 月 13 日。

10　楊錦泉：《白沙澳：歷史、文化與信仰的傳承》（香港：公教童軍協會，2014），頁 12。

11　〈公教童軍協會管理　白沙澳聖母無玷之心小堂新貌〉，《公教報》，1983 年 4 月 22 日。

12　〈公教童軍協會　協助堂區西貢朝聖〉，《公教報》，2004 年 9 月 19 日。

13　*Catholic Directory of Hong Kong, Calendar for the year 1962* (Hong Kong: Hong Kong Catholic Diocese, 1963), pp. 132－133.

14　《嶂上許毅生訪談錄》，2020 年 11 月。

15　《華僑日報》，1963 年 4 月 17 日。

16　胡振海於 1960 年至 1972 年間出任銘新學校的校長、教師。見〈胡振海口述歷史訪問紀錄〉，《香港口述歷史集體記憶的採集》（香港：香港大學，2005），頁 28。

17　韓佑祺編著：《溫以政神父傳略》（芙蓉：石秀蘭基金會，出版日期不詳），頁 260－261。

18　古物古蹟辦事處：《赤徑聖家小堂歷史建築記錄》，研究於 2002 年至 2004 年進行，識別號碼：AM04－2029。

19　根據前大浪村村長湛貴勝的口述，大浪村的聖堂原本於較近鹹田灣的一處名為「沿山仔」的地方，後來信天主教的人眾多才重建成現時所見的小堂，他家人全部是天主教徒，他爺爺協助神父傳教，並曾在浪茄教書及傳道。見《大浪村湛貴勝訪談錄》，2018 年 10 月 7 日。

20　見《大浪村湛貴勝訪談錄》，2018 年 10 月 7 日。亦見張小蘭、黃奕清編：〈守護聖堂、以聖言拓天國──溫以政神父〉，《東西薈萃：香港天主教會口述歷史》（香港：香港中文大學天主教研究中心，2019），頁 189－196。

21　韓佑祺編著：《溫以政神父傳略》，頁 260－261。

22　劉淑蓮、竇潔甜、劉植航編：《溫以政神父晉鐸鑽禧九十大壽紀念特輯》（香港：編輯小組，2020），頁 38－39。

23　《陳國安訪談錄》，2017 年 12 月 9 日。

24　《潘子光神父訪談錄》，2018 年 3 月 3 日。

25　陳志明：《前世．今生──鹽田梓（一）》（香港：天主教香港教區，2016），https://www.youtube.com/watch?v=9Rqrc7KDtqA&ab_channel=catholicvgoffice（瀏覽日期：2020 年 9 月 15 日）。

26　同上。

27　陳志明：《前世・今生——鹽田梓（四）》（香港：天主教香港教區，2016），https://www.youtube.com/watch?v=oGGL4a_w7ow&t=204s&ab_channel=catholicvgoffice（瀏覽日期：2020 年 9 月 15 日）。

28　陳志明：《前世・今生——鹽田梓（二）》（香港：天主教香港教區，2016），https://www.youtube.com/watch?v=_bPV－36VFo8&t=1399s&ab_channel=catholicvgoffice（瀏覽日期：2020 年 9 月 15 日）。

29　同上。

30　同上。

31　同上。

32　陳志明：《前世・今生——鹽田梓（二）》（香港：天主教香港教區，2016），https://www.youtube.com/watch?v=_bPV－36VFo8&t=1399s&ab_channel=catholicvgoffice（瀏覽日期：2020 年 9 月 15 日）。

33　陳志明：《前世・今生——鹽田梓（一）》（香港：天主教香港教區，2016），https://www.youtube.com/watch?v=9Rqrc7KDtqA&ab_channel=catholicvgoffice（瀏覽日期：2020 年 9 月 15 日）。

34　同上。

35　同上。

36　陳志明：《前世・今生——鹽田梓（二）》（香港：天主教香港教區，2016），https://www.youtube.com/watch?v=_bPV－36VFo8&t=1399s&ab_channel=catholicvgoffice（瀏覽日期：2020 年 9 月 15 日）。

37　陳志明：《前世・今生——鹽田梓（三）》（香港：天主教香港教區，2016 ），https://www.youtube.com/watch?v=RSCuXgqm－bo&ab_channel=catholicvgoffice（瀏覽日期：2020 年 9 月 15 日）。

38　同上。

39　陳志明：《前世・今生——鹽田梓（二）》（香港：天主教香港教區，2016），https://www.youtube.com/watch?v=_bPV－36VFo8&t=1399s&ab_channel=catholicvgoffice（瀏覽日期：2020 年 9 月 15 日）。

40　陳志明：《前世・今生——鹽田梓（四）》（香港：天主教香港教區，2016），https://www.youtube.com/watch?v=oGGL4a_w7ow&t=204s&ab_channel=catholicvgoffice（瀏覽日期：2020 年 9 月 15 日）。

41　陳志明：《前世・今生——鹽田梓（六）》（香港：天主教香港教區，2016），https://www.youtube.com/watch?v=oJm8nGUXqog&t=283s&ab_channel=catholicvgoffice（瀏覽日期：2020 年 9 月 15 日）。

42　同上。

43　〈失傳百年鹽田再現 西貢孤島重生記〉，https://www.youtube.com/watch?v=Sm-MT49NOGvw&ab_channel=%E8%98%8B%E6%9E%9C%E5%8B%95%E6%96%B0%E8%81%9EHKAppleDaily（瀏覽日期：2020 年 9 月 15 日）。

44　陳志明：《前世・今生——鹽田梓（四）》（香港：天主教香港教區，2016），https://www.youtube.com/watch?v=oGGL4a_w7ow&t=204s&ab_channel=catholicvgoffice（瀏覽日期：2020 年 9 月 15 日）。

45　陳志明：《前世・今生——鹽田梓（五）》（香港：天主教香港教區，2016），https://www.youtube.com/watch?v=AndBblL_6sA&t=1128s&ab_channel=catholicvgoffice（瀏覽日期：2020 年 9 月 15 日）。

46　同上。

47　陳志明：《前世・今生——鹽田梓（三）》（香港：天主教香港教區，2016），https://www.youtube.com/watch?v=RSCuXgqm－bo&ab_channel=catholicvgoffice（瀏覽日期：2020 年 9 月 15 日）。

48　同上。

49　陳志明：《前世・今生——鹽田梓（四）》（香港：天主教香港教區，2016），https://www.youtube.com/watch?v=oGGL4a_w7ow&t=204s&ab_channel=catholicvgoffice（瀏覽日期：2020 年 9 月 15 日）。

50　同上。

51　「鹽田梓文物陳列室（澄波學校）」，鹽田梓藝術節，https://www.yimtintsaiartsfestival.hk/Attractions.php?n=6&lang=tc（瀏覽日期：2020 年 9 月 15 日）。

52　陳志明：《前世・今生——鹽田梓（四）》（香港：天主教香港教區，2016），https://www.youtube.com/watch?v=oGGL4a_w7ow&t=204s&ab_channel=catholicvgoffice（瀏覽日期：2020 年 9 月 15 日）。

53　同上。

54　夏其龍編：《天主作客鹽田仔　香港西貢鹽田仔百年史蹟》（香港：香港中文大學天主教研究中心，2010），頁 53。

55　陳志明：《前世・今生——鹽田梓（四）》（香港：天主教香港教區，2016），https://www.youtube.com/watch?v=oGGL4a_w7ow&t=204s&ab_channel=catholicvgoffice（瀏覽日期：2020 年 9 月 15 日）。

56　同上。

57　陳志明：《前世・今生——鹽田梓（五）》（香港：天主教香港教區，2016），https://www.youtube.com/watch?v=AndBblL_6sA&t=1128s&ab_channel=catholicvgoffice（瀏覽日期：2020 年 9 月 15 日）。

結語

先賢之路與宗教遺產

　　天主教會定 2015 年 12 月 8 日（聖母無玷始胎節）至 2016 年 11 月 20 日（基督君王節）為「慈悲特殊禧年」，鼓勵眾信友默觀基督的面容、體驗天主慈悲的奧跡，並以言行宣揚天主的慈悲。[1] 在慈悲特殊禧年內，香港教區特定七個朝聖地點（當中包括鹽田梓聖若瑟小堂），鼓勵教友以個人或團體形式朝聖，以獲得教宗方濟各在慈悲特殊禧年向信友頒賜的「全大赦」。另外，教區亦出版了香港朝聖手冊，當中講述了七間小堂的歷史、建築特色和前往方法，方便教友進行朝聖。

　　天主教教義裏，朝聖是以基督為中心、朝向天父的旅程。信徒在前往聖地的過程中尋找天主，使信仰得到更新；同時亦意味着捨棄塵世，刻苦自己，作為一種補贖。透過置身聖地，朝聖者能夠更深刻地體驗到天主的臨在，同時亦能感受到與聖人和教會的共融；藉着紀念昔日聖人的事跡，朝聖者能夠得到激勵，效法聖人的芳表，在生活中變得更肖似天主。

　　本書所描述的西貢天主教傳教歷史是以十間歷史小堂為經，與

1　香港教區慈悲禧年專責小組編：《慈悲禧年香港朝聖手冊》（香港：香港教區慈悲禧年專責小組，2015），頁 2。

其相關的村落為緯。這些小堂除了富有歷史價值及建築特色外，他們在社會功能方面亦作出不少貢獻。現在雖然大部分教徒，尤其是那些原以客家語為主的居民已經離開，但他們以客家話誦念天主教經文，反映了中西文化融合。西貢區目前還有很多具有歷史的小堂空置或失修，「古道行」團隊走遍山頭，找出其中十間，分別位於深涌、白沙澳、蛋家灣、赤徑、大浪、西灣、浪茄、糧船灣、北潭涌及黃毛應。這些小堂見證着香港由早期的傳統鄉村社會發展至今天的大都會，這段歷史鮮為香港人所知，古道行的使命便是發掘這些早期傳教士對鄉村生活的華人的貢獻。從回顧天主教在西貢的歷史，我們可以從東西文化交流、區域研究、鄉村信仰文化以及公共資源的角度作出以下的初步總結。

首先，西貢在清朝時代直至戰後都是香港與廣東寶安、惠陽等地的橋樑。事實上，天主教 1841 年在香港成立時，傳教士在中環一帶主要服務出入大陸的傳教士及當地的西方人士，但他們希望向大陸傳教，因此便坐船首次踏入西貢如鹽田梓。當時西貢仍屬於清政府新安縣的管轄範圍，因此可算是西方傳教士的首度訓練場所去接觸東方文化的肇始，他們亦可以經由西貢直接坐船到大鵬灣沿岸的新安縣村落及深入內陸。這點是此研究初步建立的歷史觀點。

此外，區域研究跟鄉村與小堂的關係在香港史的地位值得重視。西貢是教友村特別密集的地區：如白沙澳、大浪、赤徑等，以往的西貢研究基本忽略此方面的研究，如講及西貢墟及漁民社區，卻沒有提及由神父及天主教福利會倡建、位於西貢墟附近的伯多祿、明順及太平村等教友社區。另外，過往研究提及客家群體，但沒有留意到有村落是沒有祠堂的，因此其維繫並非只着重於華南研究所看重的宗族組織，而是宗教群體（如白沙澳及大浪等的信仰團體組織力強），而且相對於六約及十四鄉地區，較少研究涉及東海區西貢分區。

西貢的鄉村信仰社區的研究可以地道反映西方人士接觸華人社會所遇到的問題，如在戰時及戰後兩位神父遇害的分別，他們在當地建立小堂時所遇到的來自地方勢力的阻礙，如破壞風水的指控。當中的關鍵因素未有在學界有過詳細的探討。此研究亦可以彌補香港歷史研究較少觸及的少數族裔如意大利人在港的歷史，特別是在日治時期，意大利作為日本盟友時，他們異常危險以及兩難的處境，尤其他們作為神職人員既要保護普羅百姓及教友，另一方面，他們與日軍亦保持着一定的微妙關係。當中他們亦要面對游擊隊視他們為敵人的境況，傳教士捨己救人的精神將永遠寫在香港這一黑暗時期的歷史記述當中。事實上，西貢天主教歷史反映宗教團體透過彌撒、靈修、祈禱及默想等有意義的活動，將村民連在一起。

研究範圍的小堂分佈於西貢半島的不同角落。這些小堂其中有些已經獲得政府確認評為二級至三級的歷史建築，但亦有其他小堂未被評級或正在申請評級之中，這些小堂均可以串連成為香港首條宗教文物徑。由於西貢有著名的世界地質公園等自然遺產，這些小堂的文化歷史亦可以增添西貢區的文化資源，將香港一個重要的歷史部分藉不少慕名而來的遊客推廣出去。

　　我們從昔日傳教士所巡迴的村落分佈，大致可以將這條「先賢之路」歸納為三條主要路線：

　　（一）從黃毛應，經大網仔至北潭涌、糧船灣（包括沙咀及北丫），目的地為浪茄及西灣為主，於西貢半島呈西北東南走向的路線（西貢堂區路線）；

　　（二）從大浪、大浪坳、高流灣、蛋家灣以至赤徑的一條大致沿海遊走的路線（前大浪堂區路線）；

　　（三）以白沙澳為中心，經南山洞至荔枝莊（小塘），過蛇石坳到深涌，南下榕樹經天梯至嶂上，然後下高塘返回白沙澳的一條環迴路線（大埔堂區路線）。

　　以上三條路線除了是昔日早期傳教士行進的路徑（除坐船）之外，亦是在戰後不少教友常作朝聖之路的路線。因此保護這些天主教財產，是為了保存香港以往發展的一部分歷史，向大眾傳達保育訊息。善於利用公共資源、天主賦予的文物來發揮功用，規劃一條真正的「朝聖之路」以及如何保育這些宗教遺產，將會是香港人與教區未來十年的重要挑戰。

附錄

附錄一 │ 西貢傳教士及聖職人員小傳 *

聖福若瑟神父

(St. Joseph Freinademetz, SVD, 1852 – 1908)

出生日期	1852 年 4 月 15 日
晉鐸日期	1875 年 7 月 25 日
抵達香港	1879 年 4 月 20 日
服務西貢時期	1879 年至 1881 年
離世日期	1908 年 1 月 28 日
列真福品	1975 年 10 月 19 日
列聖品	2003 年 10 月 5 日

　　聖福若瑟神父於意大利的蒂羅爾出生，在一個虔誠天主教家庭中長大。他在二十三歲晉鐸，兩年後加入了剛成立的傳教修會——「聖言會」，由 1879 年 8 月至 1880 年 4 月期間，作為首批傳教士獲派至中國傳教，他先到達香港，在西貢服務了兩年。

　　聖福若瑟神父於西貢服務期間，學習客家話，首次接觸中國社會、人民及傳教區，他稱客家話是難於咀嚼的，這裏的食物也不充裕。他大部分時間過着獨個兒的生活，使他能專心學習中文及中國人的文化，並與米蘭外方傳教會的神父一起從事傳教及牧民工作。聖福若瑟曾與和神父（Fr. Luigi Maria Piazzoli）一度被派駐大嶼山，其後主要服務西貢、其沿海小島及沿岸的村落，包括鹽田梓及北潭涌，但主要是每月在鹽田梓為不足七十位村民舉行兩次彌撒，因為當地差不多所有村民已成為教徒，在那裏施洗及度宿。

　　1881 年尾，他與安治泰神父（John Baptist Anzer, 1851－1903）到達華北，於翌年 1 月 18 日在山東省南部（魯南）開始傳

教工作時，那裏只有 158 位教友。在之後的三十年裏，他為聖言會傳教區而在山東不斷工作，對中國人的愛以及刻苦耐勞的精神，獲得了當地人的歡迎及愛戴。在福神父病歿時，教友人數已達 46,000 人，包括十二位國籍神父及七十四位修士。在此期間，他六次出任代理主教及聖言會省會長，為培育中國本地的傳道員及司鐸付出貢獻。1908 年 1 月 28 日，他因服侍傷寒病人而感染惡疾，於山東濟寧逝世，享年 56 歲。

聖福若瑟在生前已成為眾人心目中的聖人。在魯南天主教會，百姓至今稱他為「福神父」，又盛讚他為活聖人，具有中國偉大的孔聖道德風範。他於 1975 年 10 月 19 日被教宗保祿六世封為真福，再在 2003 年 10 月 5 日被教宗若望保祿二世列為聖品。

穆神父

(Rev. Burghignoli, Giuseppe, MEM, 1833 – 1892)

出生日期	1833 年 5 月 21 日
晉鐸日期	1856 年 5 月 17 日
抵達香港	1860 年 4 月 12 日
服務西貢時期	1863 年
離世日期	1892 年 1 月 2 日

穆神父在 1833 年出生於意大利波隆那。他於 1860 年抵港，曾服務於主教座堂（舊址），任前香港宗座監牧區副代牧，以及引領六位嘉諾撒仁愛女修會修女來港，促使該會在港開展教育孩童及照顧孤兒的工作。他也協助籌建現今的堅道主教座堂。穆神父在多方面均貢獻良多，尤其關心香港的鄉村福傳工作，其後他被派駐荃

灣，在大埔碗窰居住其間樂於與村民住在簡陋的村屋，為他們興建學校。他又曾擔任駐守香港英軍的神師。然後他在三年後被派往西貢大浪做傳教及牧民工作。

1874 年香港宗座監牧區晉為代牧區時，他獲委任為傳信部的總務長，負責將宗座的書信及通函傳達到中國傳教區。他同時兼任設在砵甸乍街的意大利傳教會的總務處主管。在 1888 年 12 月 8 日教區主保瞻禮當天，由於高主教身在美國，主教座堂的開幕禮儀由取道香港的緬甸宗座代牧主持，而有關慶祝活動則由穆神父負責。他在 1891 年中患病後拒絕回歐洲治療，堅持留在香港服務，最後於 1892 年安息主懷。

高主教

(Rev. Raimondi, Giovanni Timoleon, MEM, 1827 – 1894)

出生日期	1827 年 5 月 5 日
晉鐸日期	1850 年 5 月 25 日
抵達香港	1858 年 5 月 15 日
離世日期	1894 年 9 月 27 日

高主教於 1827 年於意大利米蘭出生，在 1850 年於米蘭晉鐸，同年 10 月 7 日加入米蘭外方傳教會，1858 年按照傳信部的計劃，香港監牧區交由米蘭外方傳教會負責管理。高神父於 5 月 15 日和達徹尼修士（Br. Tacchini）抵港。1860 年 6 月，獲委任為副監牧及副總務，接替回意大利的雷納神父（Fr. Reina）。1867 年 11 月 17 日奉委為宗座監牧，接任較早前逝世的盎監牧。1874 年，香港監牧區晉升代牧區，高神父即於 11 月 22 日獲委任為首任宗座

代牧，及阿坎索主教。

　　高主教順理成章成為香港首任宗座代牧後，積極發展教務，尤其是公教教育。他亦同期籌建位於堅道的「聖母無原罪總堂」，總堂於 1888 年落成。

和神父

(Rev. Volonteri, Simeone, MEM, 1831 – 1904)

出生日期	1831 年 6 月 6 日
晉鐸日期	1857 年
抵達香港	1860 年 2 月 7 日
服務西貢時期	約於 1862 年至 1869 年間
離世日期	1904 年 12 月 21 日

　　和神父，亦名安西滿主教，於 1831 年在意大利米蘭出生。他在 1855 年加入米蘭外方傳教會，於 1857 年晉鐸。1860 年他被派往香港傳教，同年被派駐在香港仔，1862 年被派到汀角一帶建立傳教站。他是最初從荃灣沿山路到大埔傳教的神父之一，第一個傳教站便是在大埔南部的碗窰村，其後他轉到西貢鹽田梓、赤徑、大浪及內地的淡水傳教，1869 年他離開香港到河南出任代牧傳教士，其後升任主教時改成安。

梁子馨神父

(Rev. Leong, Chi-Hing Andreas, 1837 – 1920)

出生日期	1837 年
晉鐸日期	1862 年 4 月 25 日
服務大陸鐸區時期	1875 年至 1877 年
離世日期	1920 年 5 月 15 日

　　梁子馨神父代表首批香港國籍神職人員，見證香港教會發展的重要一步，開始擁有本地的神職班。梁神父原籍廣東南海，1850年 2 月進入香港傳教區修院。1862 年，梁神父於香港晉鐸，在新安縣、歸善縣和香港傳教。他與和神父一起通過實地考察，繪製成《新安縣全圖》。1868 年至 1870 年期間，在赤徑及新安縣服務（當時未稱新界）。1874 年在歸善城工作，1875 年至 1877 年則陪同高主教前往中國內地的大陸鐸區周遊訪問及處理香港傳教區的債務問題。1877 年，他被派到惠州工作。1882 年至 1890 年間在白沙澳村聖母無玷之心小堂工作，直至 1898 年重返堅道主教座堂服務，至 1912 年適逢晉鐸金慶，前往羅馬領受「宗座傳教士」的榮譽。

　　梁神父亦為香港天主教華人會所的總監及監督（1910－1918）。他又精通拉丁語、普通話，以及其他中國方言如廣東話、客家話及鶴佬話等。他於 1920 年在港逝世。

和主教

(Bishop Piazzoli, Luigi Maria, MEM, 1845 – 1904)

出生日期	1845 年 5 月 12 日
晉鐸日期	1868 年 11 月 1 日
到港日期	1869 年 12 月
服務大陸鐸區時期	1875 年至 1877 年
離世日期	1904 年 12 月 26 日

　　和主教是香港第二任宗座代牧。他於 1845 年在意大利貝加莫出生。1864 年進入當地修院，於 1868 年晉鐸，屬米蘭外方傳教會。經過一年的培訓後，和主教於 1869 年起程來港，於同年 12 月抵港，並被派到中國內地服務，期間主要居於大埔首個傳教站汀角。1875 年至 1877 年期間，他出任大陸地區的主管，1891 年他因健康欠佳而返回香港。

　　他會六種歐洲語言及三種中國方言，是一位富有語言天份的傳教士。和主教於 1892 年繼承了穆神父成為羅馬傳信部代表處在港的總務長，兩年後，香港發生嚴重鼠疫，大批人離開香港，和主教親自與其他神父及修女前往醫院探訪病人。1895 年和主教獲任命為香港宗座代牧，同年晉牧接替高主教。在和主教的領導下，天主教在九龍半島的傳教及牧民工作取得明顯進展。他又關心教徒的信仰生活，會到主教座堂親自聽告解，有時更聽上三至四小時。

　　1904 年和主教因病情轉差返回意大利養病，惜於同年 12 月在當地逝世。

師多敏主教

(Bishop Pozzoni, Domenico, MEM, 1861 – 1924)

出生日期	1861 年 12 月 22 日
晉鐸日期	1885 年 2 月 28 日
到港日期	1885 年 12 月 19 日
離世日期	1924 年 2 月 20 日

師主教在 1861 年於意大利 Como 出生，其後加入米蘭 St. Pe-tri M. 教區修院，1882 年 7 月加入米蘭傳教會，並於 1885 年晉鐸。1885 年抵港後二十年間，先後在寶安南頭、惠陽和海豐等地傳教。

師主教離開米蘭前往國外傳教時，被派去內地工作，並在海豐和惠州地區度過了幾年。他在當地非常受歡迎。他對惠州傳教區十分熱愛，以至於他被任命為塔維亞主教（Titular Bishop of Tavia）和香港教區宗座代牧後，每年仍會到訪惠州。他對那個地區的關懷，源於有一年在那裏建立了醫院和孤兒院，現在由格蘭帕神父（Kampa Grampa）負責。

師主教在香港亦受歡迎，他積極地促進天主教徒的社交和其他活動。他除了提升天主教組織外，亦贊助其他活動、出席及協助籌辦。1905 年 7 月 12 日，他被委任為香港代牧區第三位代牧，同年 10 月 1 日祝聖為主教。1924 年 2 月 20 日逝世。

恩理覺主教

(Bishop Valtorta, Enrico, PIME, 1883 – 1951)

出生日期	1883 年 5 月 14 日
晉鐸日期	1907 年 3 月 30 日
到港日期	1907 年 10 月 5 日
離世日期	1951 年 9 月 3 日

　　1883 年 5 月 14 日在意大利米蘭市郊出生。1907 年 3 月 30 日晉鐸，並於同年 10 月 5 日來港傳教。恩理覺主教曾在香港、寶安、惠陽，以及海豐等地傳教。1924 年 5 月至 6 月，他與德神父（J. M. Spada）參加在上海舉行的第一屆中國天主教會議。1926 年 3 月 8 日，繼任為香港代牧區第四任代牧，並於同年 6 月 13 日祝聖為主教。1946 年 4 月 1 日，教會聖統制在中國建立；香港代牧區晉升為聖統制主教區，於 1948 年 10 月 31 日正式升為教區首任主教。他於 1951 年 9 月 3 日逝世。

　　恩主教晉牧二十五年以來，所創立的社會事業頗多，如深水埗的寶血醫院、薄扶林道的凌月仙小兒調養所、九龍塘的聖德肋撒醫院、銅鑼灣的聖保祿醫院，並把律敦治肺病療養院交由聖高隆龐會修女擔任看護及醫藥工作。關於教育方面，在他的主教任內，建立而較重要的學校有：香港和九龍的華仁書院、九龍喇沙書院、香港和九龍的瑪利諾女校、九龍柯士甸道德信男校，和香港的聖貞德英文夜校等。總計社會事業和教會事業，在他管理之下的，計有醫院七座、診所九座、嬰兒院三所、安老院二所、盲女院二所、中小學校一百五十一所，錄取男女生二萬餘人，而教友人數約四萬餘人。1949 年，恩主教開辦救濟難民的工作，首先在調景嶺設立中心，交由耀漢兄弟會負責。

　　他亦歡迎各修會和傳教團體來港，例如：道明會、方濟會、耶穌會、慈幼會、聖言會、巴黎外方傳教會、瑪利諾會、熙篤會、耀漢兄弟會，和基督學校修士會等。至於女修會方面則有：聖衣會、瑪利亞方濟各傳教女修會、天神母后傳教女修會、聖母無原罪女修會、聖高隆龐傳教女修會、巴黎外方傳教會、母佑會等。他並且創立香港仔華南總修院，和西貢的聖神小修院。至於公教真理學會，和公教進行社也都在這個時期創立。

司徒廷昭神父

(Rev. Situ, Teng-Chiu John, 1872 – 1947)

出生日期	1872 年 12 月 11 日
晉鐸日期	1902 年 1 月 6 日
服務西貢時期	1902 年至 1914 年
離世日期	1947 年 8 月 9 日

　　在澳門出生，其後加入香港傳教區修院，並於 1902 年晉鐸後被委派到西貢傳教，期間有到訪歸善（1908）、屯洋及沙魚涌（1909–1912）等地協助教務。直至 1914 年，接替已故梁敬之神父，出任灣仔聖方濟各堂主任司鐸。1925 年，司徒神父出任新落成的跑馬地聖瑪加利大堂主任司鐸。1926 年，他獲頒「宗座傳教士」榮銜。1929 年 9 月，在堅道主教座堂工作，負責該堂的華人教友團體。1934 年 6 月，出任香港仔聖伯多祿堂主任司鐸至 1941 年。

羅奕安神父
(Rev. Ferrario, Angelo, PIME, 1876 – 1933)

出生日期	1876 年 3 月 13 日
晉鐸日期	1899 年 2 月 25 日
首次抵達香港日期	1900 年 10 月 15 日
服務西貢時期	1900 年至 1910 年 及 1913 年至 1914 年
離世日期	1933 年 6 月 17 日

　　羅神父於 1876 年在意大利米蘭的 Inzago 出生，1896 年 8 月 17 日進入修院，並於 1899 年晉鐸。羅神父抵港後在西貢服務至 1910 年，他於 1911 年至 1912 年間到沙魚涌及土洋一帶傳教。 1898 年至 1913 年，在師神父（後被委為主教）及羅神父努力福傳下，西貢的教務發展迅速，先後建成糧船灣（1910）及企嶺下（1913）教堂。他曾於 1905 年向政府申請豁免繳納十多間西貢小堂的地租，但不獲當局接納。羅神父於 1914 年離開香港，於 1933 年 6 月 17 日在意大利米蘭逝世。

丁味略神父
(Rev. Teruzzi, Emilio, PIME, 1887 – 1942)

出生日期	1887 年 8 月 17 日
晉鐸日期	1912 年 6 月 29 日
首次抵達香港日期	1912 年 12 月
服務西貢時期	1914 年至 1927 年及 1942 年
離世日期	1942 年 11 月至 12 月期間

　　丁味略神父在意大利北部米蘭的萊斯莫鎮（Lesmo）出生，其後加入米蘭外方傳教會，並於 1912 年 6 月 29 日晉鐸，同年 12 月到港，在西貢學習當地的語言及適應習俗，由主管新界的羅奕安神父指導。

　　1914 年 11 月，因羅神父病重需離港，晉鐸僅兩年多的丁神父接替他管理新界，下轄十五間教堂及小堂。丁神父到訪不同村落傳教，包括西貢、元朗、八鄉、大埔等地。他在各村舉行彌撒、修復被損壞的聖堂，又在浪茄、蛋家灣、黃毛應建設新聖堂。丁神父的服務不限於聖堂範疇，亦與民政部門交涉，捍衛村民的利益，也在西貢墟建立崇真學校。

　　他在西貢的工作面臨龐大經濟壓力，因此在 1927 年辭任，轉到主教公署擔任秘書長、檔案主任及禮儀主管等職位，後來被任命為殖民地監獄的神師，亦曾短暫出任主教座堂和跑馬地聖瑪加利大堂的主任司鐸。他熱心鼓勵教友成立公教進行會及提倡公教童軍運動。1937 年至 1940 年，丁神父離港到意大利、英國服務。但他心繫香港，在恩主教力邀下回歸服務，再次擔任離港前在主教公署的職位。

　　時至 1942 年 8 月，香港已被日軍佔領，服務西貢的郭景芸神父被擄走和殺害。丁神父自薦接替，在 10 月重返西貢，且堅持探訪各村教徒，希望救濟他們並帶來鼓勵。不幸地，他在 11 月 25 日於大洞村的教徒家中被武裝游擊隊擄走。約一星期後，有人在深涌的淺灘發現其浮屍。丁神父就此光榮殉道。

盧履中神父

(Rev. Lo Lee-Tsung Philip, 1889 – 1970)

出生日期	1889 年 6 月 15 日
晉鐸日期	1917 年 6 月 2 日
首次抵達香港日期	1912 年 12 月
服務西貢時期	1917 年至 1923 年
離世日期	1970 年 5 月 6 日

　　盧神父在廣東順德出生，他於晉鐸後即被派往西貢任助理本堂一職，任丁味略神父的助手。他與丁神父不斷造訪每一條村，為忠實的信友舉行聖祭，並吸引新的慕道者入教，及在有需要時停留較長的時間。他們增加造訪元朗、八鄉、大埔等地，甚至遠至屯門的龍鼓灘以增加與信友的接觸。盧神父引導村民領洗入教。他因誠懇和樂助的態度，頗博得眾人的愛戴。

白英奇主教

(Bishop Bianchi, Lorenzo, PIME, 1899 – 1983)

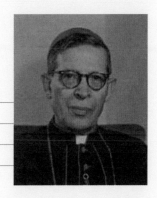

出生日期	1899 年 4 月 1 日
晉鐸日期	1922 年 9 月 23 日
首次抵達香港日期	1923 年 9 月 13 日
離世日期	1983 年 2 月 13 日

　　1899 年在意大利歌丹諾出生，1911 年進入當地的小修院，1922 年晉鐸，屬宗座外方傳教會。白主教於 1923 年來港，即前往

惠州及海豐一帶傳教，1949 年獲任命為香港教區助理主教，其時政局不明朗，但仍無懼時局回惠州傳教。

1950 年白主教與幾位意大利傳教士在海豐被拘禁，至 1951 年香港恩理覺主教（Enrico Valtorta）逝世，白主教仍無法回港處理教務，直至 1952 年他才獲釋，出任香港教區第二任主教。

1950 年代大批內地新移民來港，白主教致力救濟難民，成立香港天主教福利會。他同時又推動教育與慈善工作。

白主教任內，本地天主教徒人數由二萬四千多人增加至二十五萬人；他集合本地教友團體，於 1959 年組成教友傳教總會（教友總會的前身），鼓勵教徒福傳。他出席梵蒂岡第二屆大公會議回港後，致力落實教會的革新工作，推動基督徒合一，促進禮儀改革等。他亦在任內多次到訪新界的教友村，特別是在偏遠地區的鄉村，他曾經到訪的包括西貢的聖心堂及位置非常接近大陸的平洲天主堂（於 1964 年新建耶誕聖心小堂）。

白主教品性謙和，關心貧弱，一生亦熱愛中國教會，他爭取由國籍司鐸管理香港教區，本地教會亦於 1967 年祝聖徐誠斌為輔理主教 —— 本地教會的首位國籍主教 。

白主教為香港教會打下基礎後，1968 年呈辭獲准，次年返回意大利，回鄉後他仍惦念中國，每天在彌撒中為香港、海豐和惠州祈禱。1983 年 2 月 13 日白主教安息主懷，享年八十三歲。

范慕琦神父

(Fr. J. Famglietti, PIME, 1916 – 2004)

出生日期	1916 年 12 月 17 日
晉鐸日期	1940 年 6 月 29 日
首次抵達香港日期	1947 年 10 月 6 日
服務西貢時期	1949 年至 1964 年
離世日期	2004 年 1 月 3 日

　　范神父在 1916 年生於意大利南部。1940 年在米蘭祝聖為司鐸，其後在宗座外方傳教會的修院任教數學，在 1947 年獲派前往香港，並在 1949 年至 1955 年擔任西貢堂區的助理主任司鐸，協助文明德神父傳教，直至被召回意大利教授數學。

　　1960 年他返回香港後，在 1961 年至 1964 年間曾任西貢聖心堂本堂。他亦在 1950 年代擔任西貢沙咀村的聖心學校校董。1965 年至 1990 年任元朗洪水橋玫瑰堂的主任司鐸。

江志堅神父

(Rev. De Ascaniis, Quirino, PIME, 1908 – 2009)

出生日期	1908 年 8 月 5 日
晉鐸日期	1932 年 9 月 24 日
首次抵達香港日期	1933 年 8 月
服務西貢時期	1956 年至 1961 年
離世日期	2009 年 1 月 11 日

　　江神父 1908 年 8 月 5 日在意大利出生，1929 年加入宗座外方傳教會，1932 年晉鐸，1933 年 8 月奉派來香港學習中文，稍後前往華南的寶安和惠陽服務，至 1941 年因戰亂而暫停。返港後江神父出任玫瑰堂副本堂，1944 年轉派到澳門。

　　江神父 1945 年再次到惠陽傳教，幫助當地基督徒於戰後重過信仰生活。他在 1950 年與同會的白英奇主教等一起，遭送往惠州軟禁，1951 年 10 月獲釋並返回香港。江神父返港後曾在西貢擔任修院院長，他 1955 年至 1961 年服務當地堂區，其間有份參與建立西貢的聖心堂聖堂。1961 年至 1965 年他出任聖德肋撒堂副本堂；1966 年至 1993 年任玫瑰堂副本堂，又參與伊利沙醫院牧靈工作。

　　江神父於 1993 年榮休，入住當時安貧小姊妹會設於牛池灣的聖若瑟安老院遷至上水。2008 年 4 月宗座外方傳教會慶祝來港服務 150 周年時，替江神父慶祝一百歲生辰。江神父生前著有十七冊傳教和靈修筆記。

　　江神父曾服務內地的惠陽縣和寶安縣，來港後服務過西貢聖心堂，九龍的聖德肋撒堂和玫瑰堂，1993 年入住安老院。

范賽亮神父

(Rev. Fraccaro, Valeriano, PIME, 1913 – 1974)

出生日期	1913 年 3 月 15 日
晉鐸日期	1937 年 4 月 4 日
首次抵達香港日期	1952 年
服務西貢時期	1966 年至 1974 年
離世日期	1974 年 10 月 28 日

范賚亮神父出生於意大利特雷維索的威尼托堡（Veneto）。他晉鐸後不久便被派往中國陝西進行傳教工作，同年到達漢中。時值日本侵華，傳教工作凶險萬分，范神父僥倖避過日軍空襲，卻被關進集中營。1949 年，中國共產黨執政，范神父再次被拘禁，後來更被政府永久驅逐出境，在 1952 年抵達香港。

他先後服務於香港仔、沙田和青山的堂區，在 1966 年被委任為西貢堂區的主任司鐸。范神父的身形又胖又矮，臉上掛着和藹可親的笑容，為人親切慈祥，深受西貢村民歡迎。范神父喜歡與西貢居民相處，除了逐家逐戶探訪村民並傳福音，亦會探望漁民及在狹小的漁船上為他們舉行彌撒。此外，家族經營麵包生意的范神父每天早上都向村民送上他親手烘焙的麵包，教友與非教友人人有份。由此可見，范神父既透過講授天主的道理滋養村民的靈魂，亦贈送麵包滿足他們的生理需要。范神父同時擔任崇真學校的校監，他讓缺乏自信的小孩入讀，更授予製作麵包的技巧，讓他們學得一門手藝。

1974 年 10 月 28 日，范神父在聖堂附近的宿舍內被殺害，當時他全身赤裸倒臥於血泊中。范神父一直不辭勞苦服務西貢村民，備受村民愛戴，從未與人結怨。他遇害的原因仍是個謎，兇手至今依然逍遙法外。

林柏棟神父

(Rev. Lambertoni, Adelio, PIME, 1939 – 2006)

出生日期	1939 年 9 月 20 日
晉鐸日期	1963 年 3 月 30 日
首次抵達香港日期	1965 年 9 月
服務西貢時期	1967 年至 1974 年
離世日期	2006 年 7 月 7 日

林柏棟神父是宗座外方傳教會會士，出生於意大利米蘭教區的維拉特（Velate），1963 年 3 月 30 日晉鐸，由其後成為教宗保祿六世的蒙蒂尼樞機授予司鐸聖秩。他晉鐸僅兩年多後抵港，暫居大埔聖堂學習廣東話，自 1967 年起被委任為西貢堂區的副本堂。

林神父認為傳教士應積極關心社會議題，其在西貢的服務貫徹此信念。在任期間，他駕駛電單車到訪各村，了解村民及漁民的生活所需，包括為沒人照顧的孤兒申請入住兒童院、領養八個有家庭問題的孩子，並將他們撫養成人、為小孩舉辦不同暑期活動、培訓青年教友的領袖能力和社會責任、引入聖母軍團體讓西貢教友藉此服務社區等。但最為人津津樂道的莫過於他促成建立太平村和明順村，改善西貢漁民的生活環境。

由於范賚亮神父在 1974 年被殺，林神父被調離香港，輾轉到泰國及意大利服務。他在 1978 年重返香港，相繼服務黃大仙、葵芳、石籬堂區，期間領導宗座外方傳教會的社會關注小組，為寮屋區居民、小販、船民請命，並關注當時香港各種社會議題，例如：馬仔坑災民事件、油麻地艇戶事件、九龍灣臨屋居民事件、越南船民問題等。同時，他亦服務社區組織協會——一個致力改善本地邊緣團體和貧窮問題的社會組織。

林神父在 1995 年發現患上淋巴癌，仍繼續工作，一直服務至離世前兩個月。林神父家鄉的地方政府把當地一條小徑命名為「林柏棟徑」，並追頒「最高市民榮譽獎狀」給他，以表揚其服務貧苦者的貢獻。

溫以政神父

(Rev. Wan Yee- Tseng Paul)

出生日期	1930 年 3 月 24 日
晉鐸日期	1960 年 7 月 2 日
首次抵達香港日期	1949 年 9 月
服務西貢時期	1977 年至 1997 年

　　溫神父出生於廣東省汕頭教區揭西小坡洋村，他在 1946 年 9 月以十六歲半之齡進入揭陽聖伯多祿小修院，後來在 1949 年 9 月因戰亂先後進入香港的西貢聖神小修院及華南總修院（今香港仔聖神修院）。

　　溫神父於 1960 年 7 月 2 日由白英奇主教祝聖晉鐸，同年前往吉隆坡服務當地華人，為期十五年，期間大力發展聖母軍，把當地的兩個支團擴展至十一個。溫神父除了管理堂區，也服務痳瘋病院，經常與院友一起晉餐及為他們主持彌撒。

　　他在 1975 年 5 月返港，先在長沙灣基督君王堂擔任副本堂，然後於 1977 年調任大埔聖母無玷之心堂的副本堂，服務至 1997 年。當時，大埔堂區管理數個鄰近吐露港的西貢小堂，分別是深涌三王來朝小堂、赤徑聖家小堂、大浪聖母無原罪小堂及蛋家灣聖伯多祿小堂，也負責東平洲耶穌聖心小堂。溫神父受胡振中樞機所託，完整保存這些小堂，以免它們因荒廢而被政府收回。溫神父便與一班青年教友合力，將之修葺為朝聖景點、天主教營地等。除了東平洲的小堂，其他地方仍能保存至今。

　　此外，他在 1989 年成立了「聖言生活會」，其宗旨之一，是藉着到國內朝聖，建立與中國教會共融的信仰團體。該會擔任香港教區和中國教會的橋樑，推動中國教會內不同團體共融合一，且幫

助中國教會培養修生、修女發展。該會朝着小團體方向邁進，在本港五十二個堂區設有小組。在 2010 年，這些小組集合並成立聯會，統稱為「以政聖言生活會」。

桑得嵐神父

(Rev. Narciso Santinon, PIME, 1916 – 1995)

出生日期	1916 年 1 月 23 日
晉鐸日期	1939 年 8 月 6 日
首次抵達香港日期	1952 年 4 月 2 日
服務西貢時期	1960 至 1980 年代
離世日期	1995 年 5 月 18 日

　　桑神父於 1916 年生於意大利特雷維索的巴干迪維他那哥市一個虔誠的基督徒家庭。他十一歲進入特雷維索宗座外方傳教會的小修院，於晉鐸後七年一直擔任教師、聖召推行人和小修院副院長的工作。

　　1947 年，桑得嵐神父到中國河南漢中傳教。1949 年大陸解放後，他和助手們曾被捕、監禁和勞役。1952 年獲釋抵港，正值難民潮，因他能說一口流利普通話，被白英奇主教委派照顧難民的信仰和需要，在主教座堂及竹園的難民中心工作直至 1957 年。

　　在返回意大利出任特雷維索小修院院長四年後，桑神父於 1961 年重返香港。1961 年 6 月 11 日，香港教區白英奇主教（Bishop Lorenzo Bianchi）為大埔聖母無玷之心堂主持祝聖禮，桑神父為第一任司鐸。1962 年被任命為大埔及大浪地區的堂區主任司鐸，他曾不定時到深涌、嶂上主持彌撒，當時他攜帶的公事包仍由教友

保留作紀念,而他曾主持禮儀的博愛公立學校現仍存。直至 1988
年,他在擔任牧民工作期間,創辦聖母無玷聖心學校及恩主教書
院。他在 1988 年至 1991 年出任元朗聖伯多祿聖保祿堂助理司
鐸,又於 1991 年被委派為牛池灣聖若瑟安老院的院牧。1995 年,
他因病辭去安老院的職務,並在其修會會院居住。

文明德神父

(Rev. Caruso, Giorgio, PIME, 1908 – 2004)

出生日期	1908 年 1 月 11 日
晉鐸日期	1931 年 9 月 19 日
首次抵達香港日期	1932 年 9 月 30 日
服務西貢時期	1936 年至 1953 年; 1962 年至 1966 年
離世日期	2004 年 12 月 6 日

　　文神父 1908 年 1 月 8 日生於意大利拿坡里,1918 年進入小
修院,1927 年加入宗座外方傳教會,1931 年 3 月發永願,同年 9
月晉鐸。文神父於 1932 年 9 月 30 日抵港,在聖瑪加利大堂學習廣
東話,1930 年代先後在長洲、大嶼山和西貢服務。日治期間,他
於 1940 年 4 月開始服務九龍玫瑰堂,同年 9 月往澳門修院協助牧
民工作,1941 年返回香港的西貢,1943 年又返回澳門服務當地的
香港難民。

　　戰後,文神父於 1946 年返回西貢服務,1952 年出任當時修院
的神師,1953 年起任教區諮議員(至 1961 年),1953 年服務北
角聖猶達堂,期間開始患病,1955 年調往長洲教授同會會士廣東

話。及至 1961 年，神父病重暫停職務，回西貢修院舊址居住，休息後，於 1965 年到九龍聖德肋撒堂任副本堂，直至 1990 年在該堂退休。

神父自 1932 年抵港後，從未返回家鄉意大利，在香港一直熱心教會工作。

嘉畢主神父
(Rev. Pietro Galbiati, PIME)

出生日期	1930 年 12 月 14 日
晉鐸日期	1957 年 6 月 28 日
首次抵達香港日期	1961 年 10 月 26 日
服務西貢時期	1987 年至 1990 年

1930 年嘉神父在意大利米蘭附近的蒙薩（Monza）出生，1948 年中五畢業後加入宗座外方傳教會，在米蘭攻讀神學，至 1957 年晉鐸，由後來成為教宗的保祿六世的蒙迪尼卜垆祝聖。晉鐸後，嘉神父曾在米蘭會的修院裏教書，並負責修生事務，為期四年。1961 年他獲派來港，初時在長洲居住，並學習廣東話及英語。1962 年，他獲當時的白英奇主教任命，到尖沙咀玫瑰堂擔任副本堂。1969 年 12 月 23 日，教區正式在九龍油麻地成立聖保祿堂區，嘉畢主神父調任為該堂助理司鐸。他於 1977 年至 1981 年服務元朗堂區聖伯多祿聖保祿堂的主任司鐸。

1981 年 7 月 PIME 總會長調他回國，在修院內致力培育修士，三年後到另一所修院擔任會長，至 1986 年才來港。他先在西貢聖心堂出任本堂神父，其間訪問多條鄉村，包括伯多祿村、窩尾村、

西灣村及黃毛應村等，雖然已沒有聖堂，他間中會到企嶺下村老教友的家中探訪。他亦為鄉村中的教友登記戶籍，而且由於路途遙遠，在元朗及西貢均要以車代步，在沙田則踏單車。1990 年 9 月至 1999 年 1 月期間，擔任沙田大圍聖歐爾發堂之主任司鐸。1999 年 12 月，他被派往主教座堂出任助理司鐸，並擔任多個善會的神師，他每個星期亦會到嘉諾撒醫院探望病者。

陳子殷神父

(Rev. Chan, Chi Yan, Philip, DHK)

出生日期	1925 年 5 月 1 日
晉鐸日期	1957 年 7 月 6 日
服務西貢時期	1957 年至 1960 年

　　陳神父在 1925 年於廣州出生，他的家人其後移居香港及澳門。在 1938 年，他進入澳門的聖若瑟修院，那時他十三歲，並於其後入讀香港的華南總修院（即其後的聖神修院），於 1957 年在香港受白英奇主教祝聖晉鐸，1957 年服務西貢聖心堂，1960 年代服務元朗及錦田的堂區，1967 年到意大利深造。

　　陳神父與原居民有過難忘的經歷：陳神父剛晉鐸時被派到西貢擔任副本堂，每一個周末，本堂江志堅神父都會派他到不同的村落開彌撒。有一次，陳神父被委派到泰家灣（蛋家灣）的漁村為一對男女主持婚配彌撒，於是他便攜同傭人和食物前往。婚禮舉行的那天，一對新人遲遲未見，於是陳神父一心準備離去。就在這時候，離岸不遠有一隻艇遙遙向神父的方向前進。準新人赤着腳、滿頭大汗的，甫下艇便走到陳神父跟前，原來他們通宵在海上捕魚，陳神

父見狀也把鞋脫下，光着雙腳與他們一同走進聖堂開彌撒。

　　陳神父於 1972 年服務薄扶林露德聖母堂，1973 年至 1976 年服務西環聖母玫瑰堂，1977 年 1987 年服務油蔴地聖保祿堂，1988 年至 1993 年轉到長沙灣聖老楞佐堂；他 1994 年至 1997 年為聖神研究中心擔任研究員。

　　陳子殷神父晚年曾長時間在堅道主教座堂聽告解，有時也服務堂區及帶領海外朝聖團。陳神父於 2018 年 7 月 13 日逝世。

張光導神父

(Rev. McASEY, Joseph, SJ, 1913 – 1992)

出生日期	1913 年 3 月 10 日
晉鐸日期	1945 年 5 月 19 日
服務西貢時期	1969 年至 1970 年代中
離世日期	1992 年 3 月 1 日

　　張神父於 1913 年 3 月 10 日於愛爾蘭出生。1931 年 9 月 7 日進入耶穌會修院，1945 年在中國晉鐸。1969 至 1970 年代中期，耶穌會會士張光導神父服務大浪堂區，擔任大埔堂區的助理主任司鐸。他每星期五至日都會前往大浪堂區傳教，由星期五黃昏開始抵達赤徑，於晚餐後舉行彌撒，及至星期六中午，抵達白沙澳和深涌，並於三王來朝小堂舉行彌撒及聖體聖事。最後於星期日在赤徑、大浪及西灣舉行彌撒。根據《天主教手冊》，1970 年代每星期六正午十二時是深涌小堂舉行彌撒的時間，張光導神父正是在這段時間前往深涌小堂舉行彌撒。

　　1992 年 3 月 1 日在都柏林逝世。

顧達明神父

(Rev. Kerklaan, Gerard, SDB, 1921 – 2005)

出生日期	1921 年 11 月 18 日
晉鐸日期	1949 年 6 月 29 日
抵達香港日期	1949 年來港
離世日期	2005 年 10 月 11 日

　　顧達明神父 1921 年在荷蘭鹿特丹出生，1943 年 8 月 16 日在荷蘭烏支連（Ugchelen）發願。他畢生致力於神職及教育工作，在 1949 年來港後在鮑思高慈幼會轄下的學校服務，並於同年晉鐸。顧神父亦長期服務於香港童軍運動，曾擔任港島第 16 旅（聖類斯中學）旅長及創辦港島第 35 旅（香港鄧鏡波書院），並兼任旅團負責領袖，同時亦擔任總會司鐸。他更接受及完成正式及嚴格的童軍領袖木章訓練。為表揚他於童軍運動的優異服務，總會於 1984 年頒發功績榮譽十字章予顧神父。

　　顧神父將童軍牧民工作放在第一位，對於旅團邀請他到營地主持感恩祭，從不推搪。最難得是他單人匹馬、騎着電單車，穿着整齊制服，遠赴大埔汀角深山之營地：西貢石坑營地，為當時露營的童軍舉行感恩祭，由馬路到營地的步行時間，大概要四十五分鐘，他不介意長途跋涉到營地替公教童軍舉行感恩祭，包括在黃毛應村的天主教堂玫瑰小堂。現時小堂內仍放着顧神父的照片以作紀念。

　　顧神父在 1990 年退休後，返回荷蘭故鄉，雖然身體欠佳，但仍非常支持童軍活動，2002 年他更坐輪椅從荷蘭到訪加拿大溫哥華，與當地的香港童軍友好及來自港澳慈幼會的同學聚舊。顧神父於 2005 年 10 月 11 日在荷蘭西潭逝世。

陸之樂神父

(Rev. Ruggiero, Nicola, PIME, 1925 – 2012)

出生日期	1925 年 2 月 27 日
晉鐸日期	1949 年 6 月 26 日
抵達香港日期	1951 年 1 月 14 日
服務西貢時期	1976 年
離世日期	2012 年 7 月 13 日

　　陸之樂神父曾服務香港教會三十八年，並在加拿大牧養港人移民。陸神父 1925 年 2 月 27 日生於意大利佩魯賈，六兄弟姊妹中排行第四。他在宗座外方傳教會的修院接受培育。陸神父於 1951 年、二十五歲時來港服務，學習廣東話及英文後，首先獲派到深水埗的寶血堂（後併入聖方濟各堂）擔任助理司鐸，1952 年至 1963 年服務長洲、坪洲及大嶼山的聖堂，期間建立了長洲花地瑪聖母堂。他於 1964 年至 1969 年服務深水埗聖方濟各堂，1969 年起轉往荃灣葛達二聖堂，1975 年再服務西貢聖心堂。他亦為長洲、西貢和九龍區的公教學校擔任校監。

　　陸神父個性平易近人，深受教徒歡迎。他曾擔任好些公職，包括西貢鄉事委員會成員、民政事務總署顧問，及為一個受政府資助的康樂團體出任監督。陸神父於 1980 年至 1985 年擔任宗座外方傳教會香港區會長，與傳教士共同面對社會的新挑戰。他能夠平衡不同意見、富幽默感，並真誠對待每位朋友。

　　1989 年，陸神父獲派遣到加拿大多倫多牧養當地華人教徒移民。他先後服務中華殉道真福堂及聖曹桂英堂，並為移民到加國的港人籌建牧養設施。陸神父後因健康問題退休，1998 年入住宗座外方傳教會位於意大利萊科（Lecco）的護老院，晚年需要用輪椅

代步。1999 年，他在家鄉佩魯賈與當地主教、神父及友好慶祝晉
鐸金禧。

　　陸神父於 2012 年 7 月 13 日在意大利安息主懷，享年八十七歲。

莫保祿神父

(Rev. Morlacchi, Paolo, PIME, 1936 – 2016)

出生日期	1936 年 8 月 26 日
晉鐸日期	1961 年
抵達香港日期	1971 年 11 月 14 日
服務西貢時期	1980 年至 1987 年
離世日期	2016 年 8 月 24 日

　　莫神父在香港傳教四十一年。他於 1936 年 8 月 26 日生於意
大利北部貝加莫的 Azzano S. Paolo，1961 年被任命為貝加莫教區
的神父。在晉鐸後，他曾在不同的意大利教區服務過，其中包括神
職人員稀少的教區。1970 年他加入宗座外方傳教會，於 1971 年
11 月 14 日首次抵達香港，他一直說他想在深愛的土地上度過他的
日子。曾服務過西貢、元朗、何文田、尖沙咀及沙田的堂區，他勤
於到醫院探望病人。莫神父於 1973 年遇嚴重交通意外，1997 年亦
曾遇意外，這些長時間的住院經驗令他更關懷病弱者的困苦。

　　莫保祿神父於 2016 年 8 月 24 日在上水聖若瑟安老院與世
長辭。

先賢之路：西貢天主教傳教史

黃毛應玫瑰小堂

1750 年至 1840 年	客家人定居黃毛應
1870 年	傳教工作發展至黃毛應
1923 年	黃毛應村小堂祝聖啟用
1939 年	黃毛應村小堂擴建（玫瑰小堂）完成、恩理覺主教主持落成典禮及彌撒
1941 年	東江縱隊在黃毛應村駐紮作據點
1942 年	游擊隊在玫瑰小堂成立東江縱隊港九獨立大隊
1944 年	黃毛應村被日軍圍攻，有村民於小堂殉難
1970 年代	玫瑰小堂漸被荒廢
1974 年	黃毛應路（後改稱「武英路」）開幕
1976 年	玫瑰小堂經修葺後成為童軍活動中心營地
2013 年	香港特別行政區古物諮詢委員會將玫瑰小堂列為第二級歷史建築
2019 年	玫瑰小堂重新交還給教區管理

西灣海星小堂

17 世紀	先祖來自江西的黎姓族人開始定居西灣
1910 年代	西灣村民表示入教意願
1940 年代初	西灣村民到內地逃避戰亂後，再回到西灣
1940 年代末	傳教工作發展至西灣
1949 年	戰後第一批慕道者於西灣領洗
1953 年	海星小堂及學校於西灣下村建立
1962 年	西灣村民因颱風「溫黛」襲港而損失甚大，海星小堂亦遭毀壞
1963 年	海星小堂完成重修
1970 年代	西灣大部分村民外遷居住及工作
1990 年	海星小堂易名為「海星彌撒中心」
1992 年	海星小學停辦

赤徑聖家小堂

19 世紀	赤徑村在清嘉慶二十五年（1819 年）編纂的《新安縣志》已有紀錄
1866 年	穆神父到赤徑展開傳教事業
1867 年	赤徑村小堂建成，是為聖家小堂的前身
1874 年	因受颱風破壞，聖家小堂重建成更大的教堂
1879 年	宗座代牧高主教到赤徑進行牧訪
1942 年	聖家小堂成為東江縱隊港九獨立大隊的游擊隊基地
1953 年	白英奇主教到赤徑為村民施行堅振
1954 年	聖家小堂由大埔墟天主堂管理，屬大浪堂區
1980 年	聖家小堂屬大埔聖母無玷之心堂區管轄
1990 年代	赤徑村只剩數名居民，聖家小堂發展為天主教營地，不久以後亦告空置

大浪聖母無原罪小堂

1867 年	位於大浪村的小堂建成，是為聖母無原罪小堂的前身。穆神父為首批信徒施洗
1906 年	丙午風災小堂受颱風破壞，損毀嚴重
1931 年	大浪堂區成立，由黃子謙神父管理
1942 年	黃子謙神父遭到殺害
1954 年	小堂由赤徑聖家小堂的司鐸負責管理，並易名為「聖母無原罪小堂」
1957 年	育英學校完成重建工程
1960 年	白英奇主教到西貢進行牧訪，並為大浪村民施行堅振聖事
1979 年	小堂在颱風「荷貝」襲港其間受到破壞，教區為小堂進行重修
1981 年	胡振中主教到大浪為復修完畢的聖母無原罪小堂主持開幕儀式

蛋家灣聖伯多祿小堂

1865 年	和神父（Fr. Simeone Volonteri）與柯神父（Fr. Gaetano Origo）前往西貢各村落傳教，途經蛋家灣
1872 年	高主教（Mgr. Raimondi）探訪西貢村落其間，到達蛋家灣，並在這裏開拓新的傳教站。當時有十二名村民信奉天主教
1873 年	蛋家灣聖伯多祿小堂建成

（續上表）

1874 年	香港經歷嚴重颱風災害，整個西貢包括蛋家灣小堂受到破壞
1875 年	高主教牧訪蛋家灣，並指出新小堂的屋頂被颱風吹走
1880 年	蛋家灣另一座小堂建成
1895 年	和主教牧訪西貢其間，探訪蛋家灣
1908 年	天主教會與政府簽換地契約，建成現在坐落於蛋家灣的聖伯多祿小堂
1931 年	大浪堂區建立，1931 年至 1941 年蛋家灣聖伯多祿小堂由黃子謙神父主管，黃神父日常會到蛋家灣小堂主持彌撒
1954 年	蛋家灣聖伯多祿小堂歸赤徑聖家小堂司鐸管理
1960 年	蛋家灣小堂由西貢堂區神父管理
1962 年至 1970 年	蛋家灣小堂由大埔墟天主堂管理
1967 年	崇明學校停辦
1997 年	基督教信義會芬蘭差會租借聖伯多祿小堂，以此作為靈愛戒毒中心

深涌三王來朝小堂

1705 年	原籍寶安縣的李氏始遷祖於康熙四十四年遷至深涌
1872 年	高主教牧訪西貢，由和神父、譚安當修士和符修士陪伴，其中一站就是深涌
1874 年	譚神父從汀角坐舢舨到深涌時，遇大風墮海溺斃
1875 年	高主教坐海星號到訪深涌
1879 年	舊三王來朝小堂建立、高主教再訪
1892 年	深涌村民皈依天主教
1908 年	小堂土地由羅奕安神父擔任信託人
1930 年	小堂土地由丁味略神父擔任信託人
1931 年	小堂屬大浪堂區管轄
1942 年	丁神父在企嶺下海對岸大洞村傳教時不幸被持槍歹徒擄走，並於深涌附近海面遇害而殉道
1946 年	劉榮耀神父被派往大浪堂區傳教，他負責修復小堂
1948 年	政府重修橋閘，豎立《修橋閘碑記》
1954 年	由新界赤徑聖家小堂司鐸管理，屬大浪堂區
1956 年	小堂重建，設公民學校

（續上表）

1958 年	李友仁等村民另設深涌公立學校
1959 年	教育司署與天主教會達成共識，建立深涌學校
1960 年	小堂由新界西貢堂區神父管理
1962 年	小堂由大埔墟天主堂管理、深涌碼頭落成、桑得嵐神父開始到大浪堂區各小堂，包括深涌、嶂上天主堂等
1980 年	小堂屬大埔聖母無玷之心堂區

北潭涌聖母七苦小堂

1830 年	祖籍廣東惠州淡水黃草嶺村的黃發升，在上窰的建村立業
1900 年	聖母七苦小堂建成
1905 年	政府發出集體官契，小堂業主登記為「羅瑪堂」
1908 年	小堂持有人由「羅瑪堂」轉交到「香港羅馬天主教會宗座代牧」，羅奕安神父是小堂的管理人
1930 年	丁味略神父代表香港牧區成為小堂的受託人
1954 年及 1956 年	由西貢聖心堂司鐸管理，屬大浪堂區
1955 年、1957 年至 1979 年	小堂屬西貢堂區
1960 年代	范慕琦神父每年有數次前往小堂主持彌撒
1966 年至 1974 年	范賓亮神父和林柏棟神父前往聖母七苦小堂主持彌撒
1980 年	由西貢聖心堂管理，屬西貢聖心堂區。後教會將小堂交予東九龍第 117 旅（黃大仙聖雲先小堂）的公教童軍管理

白沙澳聖母無玷之心小堂

1872 年	首批嘉諾撒仁愛女修會第三會（寶血女修會前身）修女被派往西貢村落居住約幾星期傳教，包括深涌、白沙澳等村落
1880 年	白沙澳小堂建立
1882 年至 1890 年	梁子馨神父駐在白沙澳，並負責這一帶的傳教工作
1895 年	和主教牧訪西貢地區，包括深涌、白沙澳、赤徑和大浪
1915 年至 1927 年	丁味略神父每數個月會徒步前往白沙澳探訪村民及主持彌撒
1916 年	白沙澳聖母無玷之心小堂建成，師多敏主教親臨白沙澳主禮
1931 年	深涌、白沙澳、赤徑、大浪等小堂由西貢堂區分割出來，歸大浪堂區管轄

（續上表）

1931 年至 1941 年	黃子謙神父管理，期間黃神父負責巡迴探訪堂區各村落，及到白沙澳小堂主持彌撒
1954 年	名為聖神小堂，由新界赤徑聖家小堂司鐸管理，屬大浪堂區
1956 年	易名為聖母聖心小堂，由新界赤徑聖家小堂司鐸管理
1960 年	再度易名為聖母無玷之心小堂，由大埔墟天主堂司鐸管理
1980 年至 1998 年	屬大埔聖母無玷之心堂區

浪茄聖母聖誕小堂

1918 年	建立小堂
1954 年及 1956 年	由西貢聖心堂司鐸管理，屬大浪堂區
1955 年、1957 至 1966 年	由西貢聖心堂管理，屬西貢聖心堂區
1968 年	香港晨曦會向政府申請將浪茄的聖母聖誕小堂改為會址，並由陳保羅牧師於此建立全港首間福音戒毒村
1976 年	晨曦會獲政府撥出牛尾海伙頭墳洲為晨曦會永久基址，原址浪茄灣及小堂再度廢置
1980 年	由創立基督教互愛中心的宋和樂牧師，向西貢理民府建議於此建立「互愛福音戒毒村」（現改稱男性成人訓練中心）

糧船灣龍船灣小堂

1910 年	建立龍船灣小堂，屬大浪堂區
1954 年及 1956 年	由西貢聖心堂司鐸管理
1955 年、1957 年至 1979 年	易名為龍船灣天主堂，屬西貢堂區
1980 年	由西貢聖心堂管理，屬西貢聖心堂區

　　「再踏先賢路、永續傳教心」是教區宗座署理湯漢樞機在教區「古道行」工作小組成立時給朝聖者的勉言，而在這條先賢之路的旅程上，我們當會發現在路上被放棄不用的石頭或被主人離棄的屋宇，我們又有否思考過耶穌曾對我們說過的這段說話：

> 匠人棄而不用的石頭，反而成了屋角的基石，那是上主的所行所為，在我們眼中，神妙莫測
>
> ——瑪竇福音 21：42

　　為何「匠人棄而不用的石頭」，反而會成了「屋角的基石」？按照聖保祿的教訓，教會是建立在宗徒及先知們的基礎上，耶穌基督就是這座大建築物的角石（弗 2：20），因此耶穌為信祂的人是基石而建立聖教會，我們當好好保護這偌大的建築，讓朝聖者進入了聖殿時，高歌讚頌上主的良善寬仁，並感謝上主扶弱抑強。正如傳教士辛苦地向西貢的偏遠村落鄉民傳揚福音一樣，他們在危險時期仍捨不得這些天主的子女，也是因為一眾傳教先賢不畏險阻去保護信徒一樣。因此我們的信仰會否經不起考驗而就此荒廢呢？

　　盼望我們能在行走福傳古道的過程中獲得力量，一同協力向著光明的香港的前景邁進。

　　在這本書的寫作過程中，古道行歷史小組得到不少神職人員、男女修會會士以及教外朋友的協助、支持及鼓勵。我們特別要鳴謝兩位 PIME 的神師，一位是萬籟寂神父，而另一位是潘子光神父。萬神父剛在去年慶祝晉鐸六十年，他是我們在意大利語及拉丁語的導師，又協助我們翻譯數數量相當的外語文獻，亦使我們能在 PIME 的圖書館及檔案室找到有用的資料，不單令我們深入了解到傳教士在西貢傳教時的面貌，亦讓大眾多些了解其歷史的重要；潘子光神父則讓我們閱覽了大量西貢聖心堂的檔案、信件及教務紀錄，尤其是關於范神父及林神父的 1960 至 1970 年代歷史照片，使我們更貼近當時神父與村民的生活與感情。此外亦十分感謝教區檔案處讓我們使用及複製有關西貢傳教區及小堂的歷史檔案及照片作出版用途，令我們保育西貢天主教傳教士的工作更進一步；此外大埔聖母無玷之心堂亦借出許多舊照片及朝聖者在千禧年前後到訪歷史小堂的照片，讓我們更認識當時小堂的情況。謹在此後記對下列機構及個人致以萬分的謝意（排名不分先後）：

香港教區檔案處　　　　　　　天亞社

宗座外方傳教會　　　　　　　田英傑神父

寶血女修會　　　　　　　　　陳國輝神父

香港明愛　　　　　　　　　　葉寶林神父

西貢聖心堂　　　　　　　　　潘子光神父

西貢崇真中學　　　　　　　　盧賢喆神父

大埔聖母無玷之心堂　　　　　梅樂珍修女

沙田聖本篤堂　　　　　　　　余淑貞修女

大角咀中華聖母堂聖母軍　　　郭少棠教授

公教報　　　　　　　　　　　劉義章教授

公教進行社　　　　　　　　　李偉光先生

聖保祿書局　　　　　　　　　梁憬慧先生

塔冷通心靈書室　　　　　　　曾家明先生

公教真理學會　　　　　　　　吳笑嫻女士

基督教互愛中心　　　　　　　黃懷訢女士

信義會靈愛中心　　　　　　　林思明女士

香港晨曦會　　　　　　　　　陳國安先生

道風山基督教叢林　　　　　　林伯

梁佩儀女士　　　　　　香港中央圖書館

李潤松女士　　　　　　恩主教書院

林珍女士　　　　　　　深涌農場

黃冠麟先生　　　　　　發記士多

黃漢忠先生　　　　　　黎恩村長

新界鄉議局　　　　　　黎育如村長

西貢北鄉事委員會　　　黃樹基村長

香港歷史博物館　　　　薛波村長

香港歷史檔案處　　　　蕭麗娟女士

古物古蹟辦事處　　　　阮美賢博士

政府新聞處　　　　　　李俊輝村長

香港大學孔安道圖書館　李國安村長

香港中文大學圖書館　　Ms. Maria Lam

香港中文大學亞太研究中心　Ms. Eddith Chin

香港中文大學天主教研究中心　Ms. Pauline Poon

聖神修院　　　　　　　Basel Mission Archive

聖神修院神哲學院圖書館

主編阮志偉

西貢小堂歷史研究計劃

參考文獻

天主教檔案資料

Archives of Sisters of the Precious Blood.

Archives of the Sacred Congregation of Propaganda Fide, Rome.

Hong Kong Catholic Diocesan Archives.

PIME, *Hong Kong Regional Archives.*

PIME, *Le Missioni Cattoliche*（Vol. II,IV,VII,XV,XVI,XVIII,XX,XXI,XXIII,XXIV,XXVII,XXIX）
（1895,1896,1913－1916）.

Register of Baptisms, Vicar General's Office, Catholic Diocese of Hong Kong.

*Repertoire des members de la societe des Missions Etrangeres 1659－2004, Archives
de Missions Etrangeres*（Paris, 2004）.

天主教教會刊物

Catholic Diocese of Hong Kong – Annual Report（Hong Kong: Catholic Diocese of
Hong Kong）.

Monita and Missionarios Vicariatus Hongkonensis（Hong Kong: Typis Reformatorii S.
Aloysii, 1877）.

政府檔案資料

政府檔案處。《銘新學校，新界赤徑》。原檔案編號：NT913/60C。現存檔案編號：
HKRS 943-2-95。

政府檔案處。西貢（北）區宗族歷史。原檔案編號：N.T.6/442/56。現存檔案編號：
HKRS 634-1-9。

地政總署測繪處。丈量約份 297 號，年份：自 1905 年起。區域：大埔。

AMO, Record of Historical Buildings/Historic Building Appraisal: Pak Tam Chung,
Long Ke, Sai Wan, Tan Ka Wan, High Island/Leung Shuen Wan.

Hong Kong Annual Report.

Hong Kong Blue Book.

*List of Religious Institutions:*1872,1890,1900.

*Return of the Number of Churches, Chapels:*1910,1917,1920,1930,1939.

Hong Kong Cadastral Survey Record.

Hong Kong Gazette Plan.

Hong Kong Government Gazatte.

Hong Kong Government Rates Book.

The Land Registry, Government Lease.

Schedule of Crown Lessees: Kei Ling Ha, Wo Mei, Siu Tong San Tsuen, Cheung Sheung, Pak A, Tai Long, Chek Keng, Pak Sha O, Wong Mo Ying, Pak Tam Chung, Long Ke, Tan Ka Wan, High Island/Leung Shuen Wan, Ko/Kau Lau Wan.

Hong Kong Sessional Papers.

Reference No. of Hong Kong Records Service

Land Lot: Kei Ling Ha, Wo Mei, Siu Tong San Tsuen, Cheung Sheung, Pak A, Tai Long, Chek Keng, Sham Chung, Pak Sha O, Wong Mo Ying, Sai Wan, Pak Tam Chung, Long Ke, Tan Ka Wan, High Island/Leung Shuen Wan, Ko/Kau Lau Wan.

HKRS1075-3-82: Shan Chung School, Sham Chung.

HKRS156-1-4707: Lot No. 773 In D. D. No. 214, Wo Wei, Sai Kung‐Grant Of‐By Private Treaty To The Sai Kung Catholic Mission for the Erection Of a Chapel.

HKRS156-2-4035: High Island Reservoir Scheme (Leung Shuen Wan) Sai Kung‐Construction Of Road In Connection With...(1969－1970)

中文書籍

大埔聖母無玷之心堂區：《傳情無間：大埔傳教一百五十周年暨大埔聖母無玷之心堂建堂五十周年紀念特刊》（香港：大埔聖母無玷之心堂區，2011 年）。

天主教香港教區檔案處編輯組：《先賢錄：香港天主教神職及男女修會會士，1841－2010》（香港：天主教香港教區檔案處，2010 年）。

公教童軍協會：《白沙澳聖母無玷之心小堂紀念特刊》（香港：公教童軍協會，2016 年）。

田英傑著、游麗清譯：《香港天主教掌故》（香港：香港聖神研究中心，1983 年）。

西貢區議會編：《西貢風貌》（香港：西貢區議會，1994 年）。

西貢區議會編：《西貢東西遊》（香港：西貢區議會，2002 年）。

西貢區議會編:《西貢鄉文化探索》(香港:西貢區議會,2013 年)。

西貢區鄉事委員會編:《細訴鄉情五十載:西貢區鄉事委員會五十週年特刊》(香港:西貢區鄉事委員會,1997 年)。

西貢崇眞天主教中學七十五周年紀念文集編輯小組編,東瑞主編:《眞意:西貢崇眞天主教中學七十五周年紀念文集》(香港:獲益出版事業有限公司,1999 年)。

司馬龍:《新界滄桑話鄉情》(香港:三聯書局,1990 年)。

朱益宜著,朱益宜、周玉鳳譯:《關愛華人:瑪利諾修女與香港,1921－1969》(香港:中華書局,2007 年)。

邱逸、葉德平:《戰鬥在香港:抗日老兵的口述故事》(香港:中華書局,2014 年)。

邱逸等:《圍城苦戰:保衛香港十八天》(香港:中華書局,2013 年)。

邱逸等:《坑口口述歷史》(香港:香港歷史文化研究會,2018 年)。

李添福:《香港客家村情懷》(香港:超媒體出版,2009 年)。

巫秋玉、黃靜:《客家史話》(北京:中國華僑出版社,1997 年)。

周輝、朱曉紅:《香港天主教》(北京:宗教文化出版社,2016 年)。

張展鴻:《漁翁移山:香港本土漁業民族誌》(香港:上書局,2009 年)。

張慧真、孔強生:《從十一萬到三千:淪陷時期香港教育口述歷史》(香港:牛津大學出版社,2005 年)。

林麗華:《東西薈萃:香港天主教的傳教歷程》(香港:香港中文大學天主教研究中心,2019 年)。

柯毅霖:《從米蘭到香港:150 年傳教使命:宗座外方傳教會,1858－2008》(香港:良友之聲出版社,2008 年)。

胡希張等:《客家風華》(廣州:廣東人民出版社,1997 年)。

胡綽謙主編:《西貢鄉文化探索》(香港:西貢區鄉事委員會,2013 年)。

原東江縱隊粵贛湘邊縱隊香港老戰士聯誼會編:《東江·邊縱香港老戰士:抗日戰場回憶》(香港:共融網絡,2013 年)。

〔明〕孫宜撰、何崇祖:《皇明本紀:不分卷;洞庭集:四卷·盧江何氏家記·不分卷》(台北:國立中央圖書館,1985 年)。

馬木池:《西貢歷史與風物》(香港:西貢區議會,2011 年)。

香港中文大學天主教研究中心:《活在鹽田仔》(香港:香港中文大學天主教研究中心,2009 年)。

《香港天主教手冊》(香港:香港公教眞理學會,1957 年)。

香港天主教教友傳教總會：《香港天主教教友傳教總會會章》（香港：香港天主教教友
　　傳教總會，1967 年）。

香港天主教教友總會：《香港天主教教友總會銀禧特刊（1959－1984）》（香港：香港
　　天主教教友總會，1985 年）。

香港官立鄉村師範專科學校同學會編：《鄉村情懷：香港官立鄉村師範專科學校校
　　史（1946－54）及活動》（香港：香港官立鄉村師範專科學校同學會有限公司，
　　2004 年）。

香港教區司鐸代表會議：《香港教區會議文憲》（香港：香港教區司鐸代表會議，1974
　　年）。

香港教區慈悲禧年專責小組編：《慈悲禧年香港朝聖手冊》（香港：天主教香港教區，
　　2015 年）。

香港歷史博物館編製：《香港抗戰：東江縱隊港九獨立大隊論文集》（香港：香港康樂
　　及文化事務署，2004 年）。

陳迹等：《西貢風貌》（香港：西貢文娛康樂促進會，1982 年）。

陳天權：《被遺忘的歷史建築：新界離島篇》（香港：明報出版社，2014 年）。

陳運棟：《客家人》（台北：台北聯亞出版社，1980 年）。

陳瑞璋：《東江縱隊：抗戰前後的香港游擊隊》（香港：香港大學出版社，2012 年）。

陳敬堂：《香港抗戰英雄譜》（香港：中華書局，2014 年）。

陳穎姿等編：《打開話匣：走進沙頭角、塔門、高流灣長者的記憶》（香港：香港中文
　　大學博群計劃，2016 年）。

陸鴻基：《從榕樹下到電腦前：香港教育的故事》（香港：進一步多媒體有限公司，
　　2003 年）。

夏其龍：《天主作客鹽田仔：香港西貢鹽田仔百年史蹟》（香港：香港中文大學天主教
　　研究中心，2010 年）。

夏其龍：《香港傳教歷史之旅——碗窰、鹽田仔、汀角》（香港：天主教香港教區福傳
　　年專責小組，2005 年）。

夏其龍：《香港傳教歷史之旅——旅途上的古人》（香港：天主教香港教區福傳年跟進
　　小組，2006 年）。

夏其龍等：《香港傳教歷史之旅——艱辛的旅程》（香港：天主教香港教區福傳年跟進
　　小組，2009 年）。

夏其龍著，蔡迪雲譯：《香港天主教傳教史，1841－1894》（香港：三聯書店，2014 年）。

夏其龍：《了解天主教》（香港：三聯書店，2016 年）。

胡振海：《校長手記》（台北：文史哲出版社，1995 年）。

高添強：《香港今昔》（香港：三聯書店，1994 年）。

梁炳華：《北區風物志》（香港：北區區議會，1994 年）。

梁煦華：《穿村》（香港：香港野外學會；天地圖書有限公司，2002 年）。

黃棣才：《圖說香港歷史建築，1920－1945》（香港：中華書局，2015 年）。

黃惠貞、蔡寶瓊編：《華人婦女與香港基督教：口述歷史》（香港：牛津大學出版社，2010 年）。

麥漢楷、梁錦松編：《西貢堂區百週年紀念特刊》（香港：西貢聖心堂百週年紀念籌備委員會 ，1981 年）。

葉德平、邱逸：《古樹發奇香：消失中的香港客家文化》（香港：中華書局，2016 年）。

廣東省檔案館編：《東江縱隊史料》（廣州：廣東人民出版社：廣東省新華書店，1984 年）。

楊錦泉：《白沙澳：歷史、文化與信仰的傳承》（香港：公教童軍協會，2014 年）。

鄧振南：《香港九龍新界西貢區黃毛應村原居民登記冊（族譜）》（香港：黃毛應村，2008 年）。

廖迪生等編：《大埔傳統與文物》（香港：大埔區議會，2008 年）。

劉李林：《香港廢墟導賞》（香港：萬里書店，2013 年）。

劉佐泉：《觀瀾溯源話客家》（桂林：廣西師範大學出版社，2005 年）。

劉智鵬、丁新豹主編：《日軍在港戰爭罪行：戰犯審判紀錄及其研究（上下冊）》（香港：中華書局，2015 年）。

劉智鵬、周家建：《吞聲忍語：日治時期香港人的集體回憶》（香港：中華書局，2009 年）。

劉義章編：《香港客家》（桂林：廣西師範大學出版社，2007 年）。

鄭宇碩：《變遷中的新界》（香港：大學出版印務公司，1983 年）。

蔡子傑：《香港風物志》（香港：環球實業香港公司，2008 年）。

蕭國健：《清初遷海前後香港之社會變遷》（台灣：商務印書館，1986 年）。

蕭國健：《香港史地探索文集》（香港：著者自刊，1986 年）。

蕭國健：《大埔風物志》（香港：大埔區議會，2007 年）。

蕭國健：《香港新界之歷史與鄉情》（香港：中華文教交流服務中心，2008 年）。

蕭國健：《居有其所：香港傳統建築與風俗》（香港：三聯書店，2014 年）。

謝重光：《福建客家》（桂林：廣西師範大學出版社，2005 年）。

謝劍：《香港的惠州社團：從人類學看客家文化的持續》（香港：中文大學出版社，1981 年）。

羅香林：《客家源流考》（北京：中國華僑出版社，1989 年）。

羅慧燕：《藍天樹下：新界鄉村學校》（香港：三聯書店，2015 年）。

糧船灣天后宮古廟壬辰年重修慶典籌備委員會：《糧船灣天后宮壬辰年重修慶典紀念特刊》（香港：糧船灣天后宮古廟壬辰年重修慶典籌備委員會，2013 年）。

饒玖才：《香港的地名與地方歷史》（香港：天地圖書有限公司，2011 年）。

《鹽田梓 2005 年村刊》。

鮫島盛隆著，龔書森譯：《香港回想記──日軍佔領下的香港教會》（香港：基督教文藝出版社，1971 年）。

Daniel C.：《情牽大浪灣》（Hong Kong: Hong Kong Observers of Wildlife & Landscape，2001 年）。

英文書籍

Archer, Bernice, *The Internment of Western Civilians under the Japanese 1941-1945: a patchwork of internment* (Hong Kong: Hong Kong University Press, 2008).

Blake, C. Fred, *Ethnic Groups and Social Change in a Chinese Market Town* (Honolulu: The University Press of Hawaii, 1981).

Bord, Marie Paul, *In China*, trans (Sister of St Paul of Chartres, 1996).

Bornemann, Fritz, *As wine poured out, Blessed Joseph Freinademetz SVD, Missionary in China 1879-1908* (Rome: Divine World Missionaries, 1984).

Centre for East Asian Studies, *Sai Kung 1940-1950: The Oral History Project* (Hong Kong: Hong Kong Centre for East Asian Studies, Chinese University of Hong Kong, 1982).

Cheung, Joseph Koon Wing, *In Memoriam: A Tribute to the Deceased Salesians Who Worked in China (1986-2009)* (Hong Kong: Vox Amica Press, 2009).

Chu, Cindy Yik－yi (ed.), *Foreign Communities in Hong Kong, 1840s-1950s* (New York: Palgrave Macmillan, 2005).

Chu, Cindy Yik－yi (ed.), *The Diaries of the Maryknoll Sisters in Hong Kong, 1921-*

1966 (New York: Palgrave Macmillan, 2007).

Criveller, Gianni, *From Milan to Hong Kong: 150 Years of Mission: Pontifical Institute for Foreign Missions, 1858-2008* (Hong Kong: Vox Amica Press, 2008).

Criveller, Gianni, *500 Years of Italians in Hong Kong & Macau: An Initiative of the Consul General of Italy in Hong Kong and Macau* (Hong Kong: Società Dante Alighieri di Hong Kong, 2013).（中譯本：《意大利人在港澳的 500 年》〔香港：快樂傳媒集團有限公司，2014 年〕）。

Diocese of Hong Kong and Macao, *The Diocese (1894-1974): a Brief History and the 1974 List of Churches, Primary and Secondary Schools, Social Welfare Centres* (Hong Kong: Diocesan Office, 1975).

Downs, William J., *The Kaying Diocese—A Historical Sketch 1845-1961* (unpublished manuscript 1961).

Emerson, Geoffrey Charles, *Hong Kong Internment, 1942 to 1945: life in the Japanese Civilian Camp at Stanley* (Hong Kong: Hong Kong University Press, 2008).

Endacott, G.B., *A History of Hong Kong* (Hong Kong: Oxford University Press, 1978).

Faure, David, *The Structure of Chinese Rural Society: Lineage and Village in the Eastern New Territories, Hong Kong* (Hong Kong: Oxford University Press, 1986).

Galvin, William J., *Maryknoll Fathers and Brothers in Hong Kong, 1920-2010* (Hong Kong: Maryknoll Fathers and Brothers, 2010).

Gheddo, Piero, *Lawrence Bianchi of Hong Kong* (Hong Kong: Catholic Truth Society, 1992).

Ha, Louis, *The History of Evangelization in Hong Kong—The Forerunners of our Missionary Journey* (Hong Kong: Follow up Group on Year of Evangelization, 2007).

Ha, Louis and Taveirne, Patrick, *History of Catholic Religious Orders and Missionary Congregations in Hong Kong Vol. I: Historical Materials* (Hong Kong: Centre for Catholic Studies, CUHK, 2011).

Ha, Louis and Taveirne, Patrick, *History of Catholic Religious Orders and Missionary Congregations in Hong Kong Vol. II: Research Papers* (Hong Kong: Centre for Catholic Studies, CUHK, 2011).

Ha, Louis and Tavierne, Patrick, *History of Catholic Religious Orders and Missionary Congregations in Hong Kong Vol. III: Historical Materials* (Hong Kong: Centre for Catholic Studies, CUHK, 2011).

Hong Kong Urban Council, *Education in Hong Kong, past and present* (Hong Kong: Hong Kong Museum of History, 1993).

Johnson, Elizabeth, *Recording a Rich Heritage: Research on Hong Kong's New Territories* (Hong Kong: Leisure and Cultural Services Department, 2000).

Latourette, K. S., *A History of the Expansion of Christianity* (New York: Harper and Brothers, 1944).

Lazzarotto, A. (ed.), *Catholic Hong Kong: A Hundred years of Missionary Activity on the Occasion of the Centenary Year Arrival in Hong Kong of the Pontifical Foreign Missions Institute* (Hong Kong: Catholic Press Bureau, 1958).

Morrissey, Thomas J., *Jesuits in Hong Kong, South China and Beyond: Irish Jesuit Mission: its Development 1926-2006* (Hong Kong: Xavier Publishing Association Co. Ltd, 2008).

McAsey, J. J. S. J. (張光導神父), *China Mission Station 1971: A Report on a Priest's Work in a Remote Chinese Village.* Hong Kong: Shum Shing Printing Co., 1972?.

Peter, Y. L. Ng, *New Peace County—a Chinese Gazetteer of the Hong Kong Region* (Hong Kong: Hong Kong University Press, 1983).

Rassiga, Mario, *One Hundred Years of Salesian Presence in China* (Hong Kong: Vox Amica Press, 2009).

Reuter, James B, *For the Young at Heart: Highlights from the history of the Sisters of St Paul of Chartres* (Manila, 1965).

Roberts, Lorette E., *Sketches of Sai Kung* (Hong Kong: Blacksmith Books, 2007).

Roland, Charles G., *Long night's journey into day: prisoners of war in Hong Kong and Japan, 1941-1945* (Waterloo, Ont.: Wilfrid Laurier University Press, 2001).

Ryan, Thomas. F., *The Story of a Hundred Years, the Pontifical Institute of Foreign Missions (PIME), in Hong Kong, 1858-1958* (Hong Kong: Catholic Truth Society, 1959).

Ryan, Thomas F., *Jesuits Under Fire: In the Siege of Hong Kong, 1941* (London: Burns Oates & Washbourne, 1944).

Ryan, Thomas F., *Catholic Guide to Hong Kong* (Hong Kong: Catholic Truth Society, 1962).

Sala, Ida, *History of our Canossian Missions* (Hong Kong: Daughters of Charity of Canossa, 1997).

Sacred Heart Church Sai Kung, *Conservation of St. Joseph's Chapel: A Catalyst Project for Enhancement of the Cultural Landscape at Yim Tin Tsai, Sai Kung, Hong Kong SAR, China* (Hong Kong: Sacred Heart Church, 2006).

Smith, James F., *Maryknoll: Hong Kong chronicle* (Hong Kong: Catholic Foreign Mission Society of America, 1978).

Smith, James, *The Maryknoll Mission, Hong Kong, 1941-1946* (Hong Kong: History Workshop, The University of Hong Kong, 1970).

Surface, Bill and Hart, Jim, *Freedom bridge: Maryknoll in Hong Kong* (New York: Coward—McCann, 1963).

Ticozzi, Sergio, *Historical Documents of the Hong Kong Catholic Church* (Hong Kong: Hong Kong Catholic Diocesan Archives, 1997).

Ticozzi, Sergio, *History of the Formation of the Native Catholic Clergy in China* (Hong Kong: Holy Spirit Study Centre, 2017).

Vaudon, Jean, *The General History of the Community of the Sisters of St Paul of Chartres*, trans (Hong Kong: Sisters of St Paul de Chartres, 1979).

Zambon, Mariagrazia, *Crimson Seeds: Eighteen PIME Martyrs* (Detroit, Michigan: PIME World Press, 1997).

法文與意大利文書籍及論文

Bordignon, Sandro, *Sai Kung: questo pane spezzato* (Bologna: EMI, 1976).

Brambilla, G., *Il Pontificio Istituto delle Missioni Estere e le sue Missioni,* Vol. 5 (Milano: PIME, 1943).

Criveller, Gianni, *Piccola Storia Missionaria di Yim Tin Tsai, Sai Kung, Hong Kong* (manuscript 2004), pp. 3, 13 — 16.

Germani, F., Domenico Pozzoni Vescovo—Vicario Ap. di Hong Kong (Napoli: PIME, 1991).

Huebner, Baron de, *Promenade autour du monde 1871, II* (Paris: Hachette et cie, 1877), pp. 382 — 387.

Launay, Adrien, *Historie des Missions de Chine—Mission du Koung-Tong* (Paris: Pontificio Istituto Missioni estere, 1917), pp. 90 — 92.

Lozza, Antonio, *Sangue fecondo, IV Ed.* (Bologna: EMI, 1981).

Teruzzi, Emilio, *Hong Kong—missione e martirio, la storia di padre Emilio Teruzzi ucciso a Saikung nel 1942* (Milano: Tiemme, 1992).

Ticozzi, Sergio, *Il PIME e La Perla Dell'Oriente*（英譯）(Hong Kong: Caritas Printing Training Centre, 2008).

Tragella, G., *Le Missioni Estere di Milano nel Quadro degli avvenimenti contemporanei,* vol. I,II,III (Milano: Pontificio Istituto Missioni estere, 1959).

Zambon, Mariagrazia, *A causa di Gesu* (Bologna: EMI, 1994).

中文論文

田英傑：〈西貢三神父殉道簡史〉，載《公教報》，1992 年 8 月 28 日，頁 1。

田英傑：〈香港天主教會的新舊挑戰〉，載《鼎》，第九十八期（香港：聖神研究中心，1997 年）。

田英傑著，阮志偉譯：〈丁味略神父在香港的傳教使命與貢獻〉，載《天主教研究學報：二十世紀香港天主教歷史》，第七期（香港：香港中文大學天主教研究中心，2016 年），頁 29－68。

申頌詩（著）、馮彩華（譯）：〈沙爾德聖保祿女修會在香港〉，載《神思》，第九十八期（香港：思維出版社，2013 年），頁 59－80。

阮志偉：〈香港新界北區與邊境的天主教歷史研究〉，載《香港天主教修會及傳教歷史學術研討會會議文獻》（香港：香港中文大學天主教研究中心，2009 年 5 月 23 日），頁 176－197。

吳嘉輝：《香港政府與漁民：一個歷史的考察》（香港中文大學碩士論文，2002 年）。

耶穌嘉麗小姊妹（著）、耶穌麗芳小姊妹（譯）：〈耶穌小姊妹友愛會的神恩與使命 ── 追隨納匝肋人耶穌〉，載夏其龍、譚永亮編：《香港天主教修會及傳教會歷史》（香港：香港中文大學天主教研究中心，2011 年），頁 242－287。

馬木池：〈西貢古道行：村落與外部世界的連繫〉，載廖迪生、張兆和、蔡志祥合編：《香港歷史、文化與社會：田野與文獻篇》（香港：香港科技大學華南研究中心，2001 年）。

科大衛：〈日治時期的西貢〉，載趙雨樂、程美寶編：《香港史研究論著選輯》（香港：香港公開大學出版社，1999 年），頁 230－247。

柯毅霖：〈宗座外方傳教會百五年在港傳福音〉，載《鼎》，第一百六十四期（香港：聖神研究中心，2012 年）。

香港加爾默羅修赤足修女：〈德蘭加爾默羅修會〉，載《神思》，第六十四期（香港：

思維出版社，2005 年），頁 49－61。

香港歷史檔案處：〈香港歷史檔案處日治時期資料〉，載《田野與文獻：華南研究資料中心通訊》，第十六期（香港：華南研究中心，1999 年），頁 8。

張家興：〈香港天主教會與一九九七：從回顧過去三十多年的發展說起〉，載《鼎》，第四十期（香港：聖神研究中心，1987 年）。

張學明：〈瑪利亞方濟各傳教修會在香港的貢獻（1947－2008）〉，載夏其龍、譚永亮編：《香港天主教修會及傳教會歷史》（香港：香港中文大學天主教研究中心，2011 年），頁 223－241。

郭乃弘：〈在殖民地統治下香港教會的角色與實踐〉，載《鼎》，第九十八期（香港：聖神研究中心，1987 年）。

郭韻芝：〈耶穌寶血女修會的興起和發展〉，載《神思》，第九十八期（香港：思維出版社，2013 年），頁 49－58。

夏其龍：〈香港客家村落中的天主教〉，載劉義章主編：《香港客家》（桂林：廣西師範大學出版社，2005 年）。

陳天權：〈香港二十世紀天主教堂的設計演變〉，載《天主教研究學報：二十世紀香港天主教歷史》，第七期（香港：香港中文大學天主教研究中心，2016 年），頁 220－234。

楊錦泉：〈白沙澳——客家歷史文化與天主教信仰的傳承〉，載《天主教研究學報》，第七期（香港：香港中文大學天主教研究中心，2016 年），頁 178－192。

劉蘊遜：〈香港天主教三位華人主教（1968－1993）〉，載《思》（香港：香港基督徒學會，1994 年）。

英文論文

Bernd, Manfred Helmuth, "The Diakonia Function of the Church in Hong Kong" (S.T.D. Thesis) (Hong Kong: Concordia Seminary, 1970).

Cheung, Sidney, "Traditional Dwellings, Conservation and Land Use: A Study of Three Villages in Sai Kung", *Journal of the Hong Kong Branch of the Royal Asiatic Society*, Vol. 43 (2003), pp. 1－14.

Chu, Cindy Yik－yi, "From the Pursuit of Converts to the Relief of Refugees: The Maryknoll Sisters in Twentieth－Century Hong Kong", *Historian*, Vol. 65, No. 2. (2008), pp. 353－376.

Criveller, Gianni, "PIME Missionaries and 155 Years of Evangelization in Hong Kong

(1858－2012)", *Tripod*, Vol. 32 (2012) (http://hsstudyc.org.hk/en/tripod_en/en_tripod_164_03.html).

Faure, David, "Sai Kung, The Making of the District and its Experience during World War II", *Journal of the Hong Kong Branch of the Royal Asiatic Society*, Vol. 22 (1982), pp. 161－216.

Ha, Louis, "The Foundation of the Catholic Mission in Hong Kong (1841－1894)" (PhD Dissertation) (Hong Kong: University of Hong Kong, 1998).

James, Hayes, "Itinerant Hakka Weavers", *Journal of the Hong Kong Branch of the Royal Asiatic Society*, Vol. 8 (1968), pp. 162－165.

Joyce, Sau Han Chang, The Development of Social Services in the Hong Kong Catholic Church (1901－2000), *Hong Kong Journal of Catholic Studies*, No. 7 (2016), pp. 93－132.

Li, Ng Suk－kay Margaret, "Mission Strategy of the Roman Catholic Church of Hong Kong, 1949 to 1974" (MA Thesis) (Hong Kong: The University of Hong Kong, 1978).

Smith, J. and Downs, William , "The Maryknoll Mission, Hong Kong 1941－1946" , *Journal of the Hong Kong Branch of the Royal Asiatic Society*, Vol. 19 (1979), pp. 37－159.

Ticozzi, Sergio, "The Catholic Church and The Early Village Life in Hong Kong" , Hong Kong: Its People, Culture and Traditions Seminar (Hong Kong: Centre of Asian Studies, The University of Hong Kong, April 15 & 16, 1983).

Ticozzi, Sergio, "The Social Concern of the Catholic Church for the Hong Kong People 1841－1945" , paper presented at the "Church History of Hong Kong Seminar" (Centre of Asian Studies, The University of Hong Kong, 22－24 September 1993).

Ticozzi, Sergio, "Evangelization in the Chinese World" , *Tripod*, Vol. 101 (1997).

Ticozzi, Sergio, "The Catholic Church and Nineteenth Century Village Life in Hong Kong" , *Journal of the Royal Asiatic Society*, Vol. 48 (2008), pp. 111－149.

Ticozzi, Sergio, "PIME's Evangelization in Sai Kung" , PIME.

Wan, C. J., "From Salt Pan to Resort Plan: Heritage Conservation for the Island of Yim Tin Tsai, Sai Kung" (Thesis)(University of Hong Kong), pp. 14,17,19,40. (http://dx.doi.org/10.5353/th_b3146401)

Wiest, Jean－Paul, *Catholic Activities in Kwangtung Province and Chinese Responses 1848-1885* (Ph. D. Thesis)(University of Washington, 1977).

Zen, Joseph, "Catholic Church Hierarchy in Hong Kong, 1841－1997", *Tripod*, Vol. 98 (1997).

傳單、小冊子及刊物

大埔聖母無玷之心堂區:《無玷之音 ── 大埔聖母無玷之心堂堂區通訊》,第四十期,2008 年 6 月。

公教童軍協會:公教童軍協會－百年足跡 ── 西貢地區小堂水陸遊活動報名表格(2002、2007、2009)。

公教童軍協會:公教童軍協會－百年足跡 ── 西貢地區小堂水陸遊活動廣告(2002、2004、2006、2007、2009)。

公教童軍協會:《白沙澳:歷史、文化與信仰的傳承》小冊子,2014 年。

西貢區議會編:《西貢區抗日遺址尋蹤紀念行 ── 活動簡介》。

西貢區議會編:《舊日築迹 ── 西貢區歷史建築》(香港:西貢區議會,2019 年)。

《西貢鹽田梓 ── 朝聖篇》小冊子。

《西貢鹽田梓 ── 聖若瑟堂》小冊子。

《西貢鹽田梓 ── 聖若瑟小堂》小冊子。

明愛元朗陳震夏中學 2003 年參觀西貢聖母無玷聖心聖堂問卷調查。

楊錦泉、黃麗賢:《西貢鹽田梓聖若瑟小堂》單張(香港:明愛陳震夏郊野學園,2004 年)。

A Hundred Years of Church History 1849-1949 (Hong Kong: The Standard Press, 1949).

中文報章及雜誌

《工商日報》。

《工商晚報》。

《大公報》。

《公教報》。(1949 年 12 月 8 日、1960 年 12 月 23 日、1974 年 10 月 4,8 日、2004 年 5 月 2 日、2004 年 9 月 19 日、2007 年 6 月 10 日、2013 年 10 月 6 日、

2016 年 3 月 13 日）

《公教童軍報》。

辛佩蘭，〈拼砌日治時期 港人黑暗歲月 口述歷史研究員 走訪近百倖存者〉，《香港經
　　濟日報》，2010 年 8 月 13 日，頁 A16。

《東方日報》，1974 年 9 月 30 日。

《明報》，2006 年 5 月 8 日。

《華僑日報》。

英文報章及雜誌

Catholic Register (1883－1887).

Daily Advertiser and Shipping Gazette (1869－1873).

Heaver, Stuart, "The abandoned churches of Sai Kung: how Italian missionaries established Hakka congregations in Hong Kong", *South China Morning Post*, 27 Feb 2016.

Hong Kong Catholic Register, Vol. 2 (1879), No. 22.

Hong Kong Catholic Register (1878－1880).

Hong Kong Daily Press (since 1857).

Hong Kong Mercury (1866).

Hong Kong Paulinian Newsletter.

Hong Kong Standard/Hong Kong Tiger Standard.

Hong Kong Telegraph (since 1881).

Hong Kong Times, DA and Shipping Gazatte (1873－1876).

The China Mail (since 1845).

South China Morning Post/Sunday Morning Post.

百科全書、名錄

Bulletin de La Societe des Missions Etrangeres de Paris, Nov., Dec., 1924, https://gallica.bnf.fr/ark:/12148/cb32724399z/date&rk=21459;2

Catholic Almanac 1996 (Huntington, Indiana: Our Sunday Visitor, Inc, 1996).

Catholic Encyclopedia (New York: Robert Appleton Company, 1910).

Hong Kong Catholic Church Directory（Hong Kong: Catholic Truth Society）.

口述歷史資料

香港大學亞洲研究中心：香港口述歷史檔案計劃，http://sunzi.lib.hku.hk/hkoh/。搜
　　尋赤徑、銘新。

香港大學亞洲研究中心，香港口述歷史檔案計劃：西貢北約白沙澳村（2004 年 6 月
　　至 7 月口述歷史紀錄），http://sunzi.lib.hku.hk/hkoh/。

香港口述歷史，西貢區口述歷史。

香港留聲——口述歷史檔案庫，https://www.hkmemory.hk/collections/oral_history/
　　index_cht.html。

香港記憶：「香港留聲」——口述歷史檔案庫，https://www.hkmemory.hk/collections/
　　oral_history/index_cht.html。搜尋各西貢地名：上窰、赤徑、大浪、白沙澳等。

劉義章教授，2004 年 11 月 11 日口述歷史紀錄。

Centre for East Asian Studies, Chinese University of Hong Kong, *Saikung, 1940-1950:
　　The Oral History Project*（Hong Kong: The Centre, 1982）.

日記

《沙角尾臨屋區友愛之家日記》。

The Diary of Fr. Ascaniis

族譜

《大浪西灣黎氏族譜》。

《香港九龍新界西貢區黃毛應村原居民登記冊（族譜）》。

碑刻

科大衛、陸鴻基、吳倫霓霞合編：《香港碑銘彙編》（香港：市政局，1986 年）。

《修闢碑記》（深涌）。

視聽材料

〈西貢無戰事〉,《山水傳奇》第二集,香港電台電視部製作,1999 年。

《馬灣;鹽田仔》,小島怡情系列,電視廣播有限公司製作,2012 年。

網頁資料

「丁味略神父 (Fr. Emilio Teruzzi)」,香港天主教教區檔案:https://archives.catholic.
org.hk/Online%20Exhibition/CCSWHK/PRI/E-TERUZZI.pdf

「丁味略神父」,宗座外方傳教會:https://pimehkc.catholic.org.hk/en/%e4%b8%81%
e5%91%b3%e7%95%a5%e7%a5%9e%e7%88%b6/

〈大浪灣〉:http://ihouse.hkedcity.net/~hm1203/development/tailongwan.htm

「各聖堂簡史」,香港天主教教區檔案:https://archives.catholic.org.hk/Church%20
Building/CB－Index－Chi.htm#Nt0

「江志堅神父」,天主教香港教區檔案:https://archives.catholic.org.hk/In%20Memori-
am/Clergy－Brother/Q－De%20Ascaniis.htm

西貢抗日史事,《頭條日報》:http://hd.stheadline.com/travel_revamp/travel_attrac-
tion.asp?contid=6290

〈呂女然金〉,寶血女修會網頁:http://spb.org.hk/pass24.html

李家雯:〈走在崎嶇聖召路　陳子殷神父〉,口述歷史,天主教香港教區視聽中心:
http://hkdavc.com/historial/frchan01.html

〈赤徑村民冀政府拓鄉村旅遊〉,2016 年 9 月 15 日,《香港商報》:http://hk.hkcd.
com/content/2016－09/15/content_3589841.htm

〈保育大浪灣十年記〉:https://cybercynic.pixnet.net/blog/post/31766210

「紀念亡者」,香港天主教教區檔案:https://archives.catholic.org.hk/In%20Memori-
am/ME－Index.htm

「范慕琦神父」,天主教香港教區檔案:https://archives.catholic.org.hk/In%20Memori-
am/Clergy－Brother/G－Famiglietti.htm

公教頻道:mms://www.hkdavc.com/katradio/frchan.wma

香港早期報刊:https://mmis.hkpl.gov.hk/basic－search

「訪陳旭明談《情牽大浪灣》」,2014 年 3 月 18 日,開卷樂,香港電台:https://pod-
cast.rthk.hk/podcast/item.php?pid=541&eid=39545&lang=zh－CN

「郭景芸神父」,宗座外方傳教會:https://pimehkc.catholic.org.hk/en/%e9%83%ad%

e6%99%af%e8%8a%b8%e7%a5%9e%e7%88%b6/

陳天權：〈棄置教堂的修復〉，2017 年 5 月 31 日，《大公報》：http://www.takungpao.
　　com.hk/culture/text/2017/0531/85600.html

「黃子謙神父」，宗座外方傳教會：https://pimehkc.catholic.org.hk/en/%e9%bb%83%
　　e5%ad%90%e8%ac%99%e7%a5%9e%e7%88%b6/

黃志俊：〈誰愛大浪灣？〉，可觀自然教育中心暨天文館：http://www.hokoon.edu.hk/
　　weeklysp/1312_2.html

「歷任監牧、代牧及主教生平」，天主教香港教區檔案：https://archives.catholic.org.
　　hk/Succession%20Line/SL－Index.htm

羅奕安神父（Fr. Angelo Ferrario）香港天主教教區檔案：https://archives.catholic.org.
　　hk/In%20Memoriam/Clergy-Brother/A-Ferrario.htm

先賢之路
西貢天主教傳教史

責任編輯 黃懷訢　白靜薇　　**裝幀設計** 黃希欣

排　　版 黃希欣　陳美連　陳先英　　**印　　務** 劉漢舉

出版

中華書局（香港）有限公司

香港北角英皇道四九九號北角工業大廈一樓 B

電話：（852）2137 2338

傳真：（852）2713 8202

電子郵件：info@chunghwabook.com.hk

網址：http://www.chunghwabook.com.hk

發行

香港聯合書刊物流有限公司

香港新界荃灣德士古道 220-248 號

荃灣工業中心 16 樓

電話：（852）2150 2100

傳真：（852）2407 3062

電子郵件：info@suplogistics.com.hk

印刷

美雅印刷製本有限公司

香港觀塘榮業街六號海濱工業大廈四樓 A 室

版次

2021 年 11 月初版

©2021 中華書局（香港）有限公司

規格

16 開（240mm×170mm）

ISBN

978-988-8759-74-3

1 大浪

聖母無原罪小堂
1867 年建成

2 赤徑

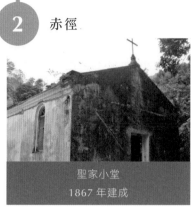

聖家小堂
1867 年建成

3 蛋家灣

聖伯多祿小堂
1873 年建成

4 深涌

三王來朝小堂
1879 年建成

5 白沙澳

聖母無玷之心小堂
1880 年建成

6 鹽田梓

聖若瑟小堂
1890 年建成

大埔
聖母無玷
之心堂

草山

沙田

獅子山

九龍

北
西 — 東
南

蚺蛇尖

1

大浪灣

1

9

船灣洲

7 北潭涌

聖母七苦小堂
1900 年建成

8 糧船灣

龍船灣小堂
1910 年建成

9 浪茄

聖母聖誕小堂
1918 年建成

10 黃毛應

玫瑰小堂
1923 年建成

11 西灣

海星小堂
1953 年建成

12 沙咀村（已淹沒）

聖母無玷之心小堂
1953 年建成

西貢半島歷史小堂分佈

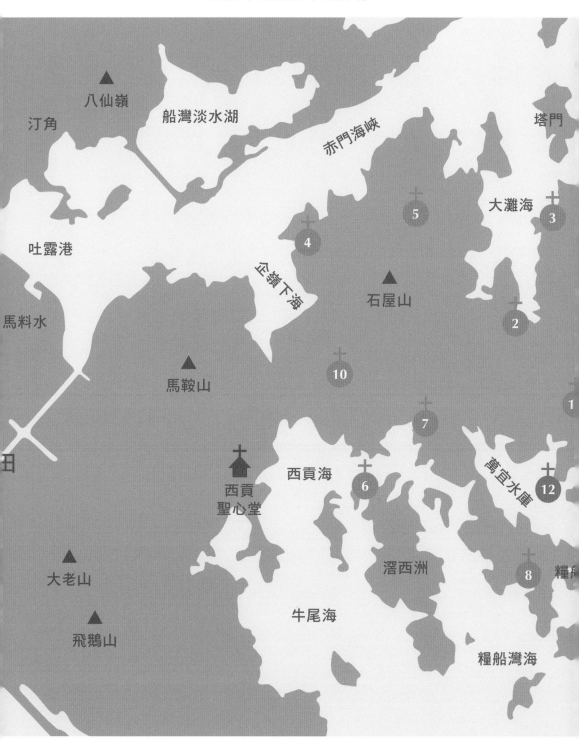